目 录

前 言
"非遗"还是"无形"？
——关于"中国非物质文化遗产体系探索研究"的思考　　　　徐新建/001

专 论
自由与多样性：作为地方知识的文化遗产　　　　（澳大利亚）卢端芳/003

多民族国家的文学遗产
栏目导言：从"遗产"的角度看多民族文学　　　　梁　昭/031
中国文化与文学再认识　　　　张　炯/033
美国与中国：多民族国家的文化和文学　　　　（美国）胡其瑜等/052
"非物质文化遗产"保护下的宜州"刘三姐文化"　　　　梁　昭/064

田野考察
博物馆的人类学
——华盛顿"国立美洲印第安人博物馆"考察报告　　　　徐新建/079

历史书写
人面烛龙、神树烛龙即蜀龙、蚕龙
——三星堆"蟹睛人面"的新研究　　　　萧　兵/113
历史记忆的空缺之一：公共知识分子徐志摩　　　　（新西兰）王一燕/143
两岸与美国：中国近代史研究的相关比较　　　　张朋园、黄克武等/154

"非遗"视界

中国饮食:作为无形遗产的思维表述技艺　　　　　　　　　　　　　彭兆荣/175
谈"工"说"艺":关于刺绣工艺的几个问题　　　　　　　　　　　　徐艺乙/187
苗族刺绣纹样与楚帛画的对比研究　　　　　　　　　　　　　　　范明三/203
生者与死者的节日:喀什维吾尔古尔邦节节日仪式描述
　　　　　　　　　　　　　　　　　　　　　　　　姑丽娜尔·吾甫力/213
吕洞宾形迹考　　　　　　　　　　　　　　　　　　　　　　　　冯广宏/228

个案专题:易经遗产

栏目导言:易经遗产与民族互动　　　　　　　　　　　　　　　　　　/241
特克斯考古记　　　　　　　　　　　　　　　　　　　　　　　　龚鹏程/242
易学对新疆特克斯八卦城选址规划的影响
　　——八卦城"风水"浅析　　　　　　　　　　　　　　　　　杜殿卿/250
彝文献记载的先天八卦文化体系及其社会实用性概论　　　　　　　龙正清/256

对话与访谈

"文化表述":关于表述问题的多学科对话
　　　　　　　　　　　叶舒宪、王明珂、赵毅衡、彭兆荣、牟延林、徐新建/273
文学、历史与人类学的跨界表述
　　——潘英海教授访谈录　　　　　　　　　　　　　　罗安平、付海鸿/295

后　记　　　　　　　　　　　　　　　　　　　　　　　　　　　　/304

Contents

Preface
"Intangible" or "Wu Xing"?
    ——Thinking about "Chinese Intangible Cultural Heritage
    System Study"   *Xu Xinjian*/1

Article
Liberty and Diversity: Cultural Heritage as Local Knowledge
    Lu Duanfang(AUS)/003

The Cultural Heritage of a Multi-ethnic Country
Column Introduction: To look at Multi-ethnic Literature from
the Viewpoint of Heritage   *Liang zhao*/031
The Recognition of Chinese Culture and Literature   *Zhang Jiong*/033
America and China: the Culture and Literature of
Multi-ethnic Countries   *Hu Qiyu*(US)/052
Liu Sanjie Culture in Yizhou under the Protection of Intangible
Cultural Heritage   *Liang Zhao*/064

Fieldwork
Anthropology in the Museum
    ——a Survey Report on National Museum of the
    American Indian in Washington, DC   *Xu Xinjian*/079

History and the Writing of History
The Torch Dragon with a Human Face or as a Divine Tree is Shunosaurus or

Silkworm Dragon
　　——a New Study on the Bronze Mask with Bulgy Eyes in
　Sanxingdui Ruins　　　　　　　　　　　　　*Xiao Bing* /113
A Vacancy of Historical Memory: Xu Zhimo as a Public Intellectual
　　　　　　　　　　　　　　　　　　Wang Yiyan(NZ)/143
Taiwan, Mainland and America: a Correlated Comparison of
China Modern History Study　　　*Zhang Pengyuan, Huang Kewu* /154

The Vision of Intangible Heritage
Chinese Diet: the Skills of Thinking Expression as Intangible Heritage
　　　　　　　　　　　　　　　　　　　Peng Zhaorong /175
Skill and Art: Several Problems about the Traditional Embroidery Craft
　　　　　　　　　　　　　　　　　　　　　Xu Yiyi /187
A Comparative Study between Miao Embroidery Patterns and Chu Silk
Paintings　　　　　　　　　　　　　　　　*Fan Mingsan* /203
Festival for the Living and the Dead: a Description of Rituals at
Uygur Eid al—Adha in Kashgar　　　　　*Gu Linaer · Wufuli* /213
A Textual Research on the Rraces of Lv Dongbin　　*Feng Guanghong* /228

Case Study: Yijing Heritage
Column Introduction: Yijing Heritage and Ethnic Interaction　　/241
Archaeological Notes in Tekesi　　　　　　　*Gong Pengcheng* /242
The Effect of Yi-ology on the Location Planning of the Eight-diagram
Town in Tekesi, Xinjiang
　　　——a Brief Analysis of the Town's Geomancy　*Du Dianqing* /250
An Introduction into the Inborn Eight—diagram System in
Yi Documents and its Social Practicability　　　*Long Zhengqing* /256

Dialogue and Interview
Cultural Expression: a Multi—disciplinary Dialogue on Expression
　　Ye Shuxian, Wang Mingke, Zhao Yiheng, Peng Zhaorong, Mou Yanlin,
　　　　　　　　　　　　　　　　　　　Xu Xinjian /273
The Cross—border Expression of Literature, History and Anthropology
　　an Interview with Prof. Pan Yinghai　*Luo Anping, Fu Haihong* /295

Afterwards　　　　　　　　　　　　　　　　　　　/304

"非遗"还是"无形"?
——关于"中国非物质文化遗产体系探索研究"的思考

四川大学　徐新建

2011年10月,以厦门大学彭兆荣教授为首席专家、国内多所高等院校和科研机构学者为成员申报的《中国非物质文化遗产的体系研究》获得国家社科基金重大项目的正式立项。不久即在厦门大学举行了项目开题研讨会。来自各地的学者展开了热烈讨论,焦点是对"非遗"概念的界定及对话语体系的建立。

什么是"非遗"呢?汉语的"非物质文化遗产"一词如今虽然已经很流行了,但其含义和局限还得再讨论。讨论的结果涉及如何确立中国的遗产话语及其整个实践体系。对此,目前有两套理解系统,一个使用于公共舆论和官方文件中,一个则论争于诸多的学科领域。

深究起来,"非遗"这一术语涉及三个不同的语言和文化背景。第一,它源于日语的"无形文化财",隐含着日本人的原创及其对世界遗产事业的渗透和参与。从某种意义上说,也是日本文化对与之相关的话语体系的挑战和竞争。然后,该词进入英语世界,被译成 Intangible Cultural Heritage, 继而形成了一系列国际性的世界遗产新类型和新公约,如 The Convention for the Safeguarding of the Intangible Cultural Heritage 等。到了第三阶段,其再从英文翻成中文,演变出好几种不同的术语,有的叫"无形文化遗产"(如汉语本的《无形文化遗产保护公约》),有的叫"非物质文化遗产"。

我个人认为,从汉语表述的规律和传统来看,"非物质文化遗产"不是最佳选择。在表意功能上,其中的"非物质"不如"无形"。后者以"形"为基点,一方面突出了"有"和"无"的对照,一方面又意指着古汉语所谓的"形而上者谓之道，形而下者谓之器"之区分，具有东方语言的力度和深意。至于中国的话语体系是直接用日本人借汉语发明的"无形文化财"，还是在此基础上再度创新，需要大家的进一步讨论和辨析。

关于创建中国的遗产话语体系，我觉得是在回应当代遗产运动的国际竞争。竞争的内容说到底，就是不同文化、不同人群、不同国家对"世界遗产"问题的话语权和阐释权。在这方面，当今中国可以说处于被动和弱势中，几乎没有自己的话语权，以至于在"遗产"的界定、分类和阐释等方面，都不得不使本土传统削足适履地去适应现有的"国际标准"——在很大程度上也就是西方或欧洲乃至日本的标准，从而处于被肢解、被扭曲的状态，以至于引发出实践上的不少乱局。面对强势的、外来的话语体系，中国社会出现的现象每每不是盲目崇外，就是弄虚作假。所以创立中国的人类遗产话语意义重大，需要从根本做起，从核心术语开始，直到类型分类、鉴别标准及项目传承，一一加以考察研讨，然后在大量实证调研和理论辨析的基础上，建立既符合本土实际又能加入国际对话的完整体系。

为此，希望我们的《文化遗产研究》能尽一份微薄之力，为有关人类遗产的本土考察和跨界对话继续提供有效的平台。敬请大家关心指正。

专 论

● 自由与多样性：作为地方知识的文化遗产

自由与多样性：作为地方知识的文化遗产

澳大利亚悉尼大学　卢端芳[①]

摘　要：在当前的现代化实践下，同质化的趋势愈演愈烈，世界各地本土知识和生物种类的消失正在加剧。要想改变这个趋势，我们需要从多方面对多样性进行全新的建构。本文尝试超越占据主流地位的经济决定论，从元认知的角度探讨多样性与自由的关系，呼吁在承认多种知识体系并存的基础上重新认识文化遗产和发展地方文化。

关键词：元认知　自由　多样性　文化遗产　地方知识

引　言

在人类文明漫长的历史中，产生过各式各样如何对待与自身相异的认知体系、意识形态和文化传统的构建。在东亚系统中，儒道释长期共存并交融。而观察人类宗教发展从多神教到一神教的历史，可以看到后者确立的必要条件是对其他神祇的彻底弃绝。西格蒙德·弗洛伊德（1856—1939）在其《摩西与一神论》中写道，早在公元前十四世纪埃赫那吞时期的埃及，就出现了已知的世界上最早的一神教。在法老的权力范围扩展到埃及之外的同时，神也必放弃他的疆界，在更大的世界里树立起唯一与无限的权威，对太阳神的崇拜逐渐被发展为全宇宙只有一个神的阿顿教教义[②]。根据神在宇宙间无所不在、无所不能的教义，排他性成为必然，如同法老阿肯纳顿在一首颂歌中所咏："啊，您唯一的神，除了您之外没有其他的神。"[③]这位越来越狂热的国王废除了其他所有的神，关闭了众神的庙宇，驱逐了他们的祭司，

[①]　作者简介：卢端芳，澳大利亚悉尼大学建筑设计与城市规划学院副院长、教授，澳大利亚国家研究理事会"未来院士奖"学者。
[②]　西格蒙德·弗洛伊德《摩西与一神论》，三联书店，1992年。
[③]　同上，第16页。

并清查所有古老纪念物上的题铭,对凡是使用到复数的"神"这个词的地方均予以抹除。

所幸迄今为止,不同地区、不同时期人类对"一"的追求,并未完全抹除遍布地球的文化差异与生态差异。一个多世纪以来出现的各种危机,已使我们意识到后者的存在对人类社会可持续发展的重要性。然而,在当前的现代化实践下,同质化的趋势愈演愈烈,世界各地本土知识和生物种类的消失正在加剧。要想改变这个趋势,我们需要从多方面对多样性进行全新的构建①。本文尝试超越占据主流地位的经济决定论,从元认知的角度解读世界不同地区关于"异"的构建,探讨多样性与自由的关系。自由最基本的含义是没有束缚。史前人类四处奔走,寻觅有限的食物。随着农业的发展,人类开始被束缚在土地上,进而建立起基于等级的社会秩序。与其他社会性动物纯粹为生物本能驱使不同,人类拥有根据自身对世界的认识来选择以何种方式建立社会秩序的自由。我将秩序萌生之初影响这种选择的基本认知称为"元认知"②。

在以下的讨论中,我将首先依次梳理近现代西方政治与文化理论中代表"异"与"无"关系的约翰·洛克的自然权利观念、代表"异"与"择"关系的肯尼思·弗兰普顿的批判性地域主义以及代表"异"与"争"关系的塞缪尔·亨廷顿的文明冲突论。之后,我将穿越世纪的尘埃,在比较东西方思想的基础上,剖析"一"与"多"的关系,并在文章结语中指出,我们应当在承认多种知识体系并存的基础上重新认识文化遗产和发展地方文化,推动不同认知空间的交错,从而在更广阔的空间里拥有自由。

一、"异"与"无"

礼生于有而废于无。资本时代,连篇累牍关于自由的思想言说,归结起来,不外乎是为了建立、巩固、发展那个"有"的秩序——自由首先是自由

---

① 生物多样性包括动物、植物、微生物的物种多样性,物种的遗传与变异的多样性,及生态系统的多样性。保护地球生物资源的国际性公约《生物多样性公约》于1992年6月由联合国环境规划署发起的政府间谈判委员会第七次会议在肯尼亚内罗毕通过。而在2005年10月第33届联合国教科文组织大会上通过的《保护和促进文化表现形式多样性公约》中,"文化多样性"被定义为各群体和社会借以表现其文化的多种不同形式。

② 需要指出的是,我对"元认知"的定义与心理学研究中通常使用的元认知概念不同。后者指的是个人对认知活动的自我意识和自我调节。

积累财产的自由。西方现代自由主义先驱约翰·洛克（1632—1704）的自然权利（natural rights）观念就是这座大厦的基础。与"普天之下，莫非王土"的想法不同，洛克发展出了一套让新兴资产阶级雀跃的"未经利用的资源可以通过劳动使其有所产出而正当占用"的理论①。他的前提是，在自然状态下，人人都拥有自我，从而拥有其劳动创造的产品，因此每个人都有权占有含有他自身劳动的自然资源。在洛克之前，有"现代政治经济学之父"之称的威廉·配第（1623—1687）业已根据他在地租统计与税收计算上积累的经验，提出劳动决定价值的基本原理。我认为，此原理虽然不无缺陷，却应被视为资本时代之元认知，在其基础上一个新的以量为标尺的价值体系得以诞生，洛克的自然法则和马克思的《资本论》可以说是这根藤上结出的两个瓜。洛克继承了配第之价值说，并进一步将通过劳动产出的价值与财产所有权的合法性连接起来，使其成为发展一种全新的社会财产关系的理论基础。在他出版于1690年的《政府论》中，洛克强调，财产是先于政府存在并完全独立的，政府不是财产权利的来源，因而不能随意挪用个人财产。经济体制完全可以在没有政府的自然状态下存在，公民社会是为了对财产权利提供更好的保护才建立的②。可以说，自然权利的提出是资本意志与国家意志相争的产物，其后不少关于自由的争论都围绕着主导权在此二者间的反复漂移而展开。如同欧几里德的几何公设，洛克所构建的个人之有（包括生命、自由、财产）不可侵犯的自然权利法则自此成为资本主义社会的一道公理，是其他所有关于自由主义的论争以及西方政治社会发展的基石。它凝结为美国《独立宣言》的重要组成部分，也回荡于哈耶克《通往奴役之路》的每一个篇章。

在自然权利业已成为"高尚者的通行证"的今天，鲜有人提及的是，曾担任英国殖民事务大臣的洛克的这套法则，是在17世纪英国殖民主义扩张的历史条件下发展起来的。埃伦·M. 伍德在她的《资本的帝国》一书中指出，虽然英国殖民者早在洛克之前就已在美洲通过驱除或屠杀印第安人而占有他们的土地了，但洛克精心构建的"正当取用"自然权利原则无疑为帝国

---

① John Locke, *Two Treatises of Government*, ed. Mark Goldie, London: Tuttle, 1993 [1689].
② *Two Treatises of Government*.

扩张配置了全新的法理武器①。对洛克而言，唯有达到英国土地"改良优化"标准的价值才被认可为价值，产出价值不够高的土地则被认为是废置土地。在当时的美洲，印第安人主要利用土地来从事围猎、采集、刀耕火种等活动。洛克根据一亩土地在当地估价出售的情况来计算一个印第安人从中获得的收益，得出的结论是"其价值还不抵英国一亩土地的1‰"②。值得注意的是，这里认可的价值不是事物的"内在价值"，而是它们的交换价值。洛克的"正当取用"规则准确的解读是"未被占有和开发使用的土地可以由那些能使它产出丰厚的人合法夺取"。伍德指出，正是这个新的社会财产规则导致了英法殖民者的不同。后者仅仅试图实现赢利性剥削与文化同化，前者却在利益的驱使下对印第安人进行了血腥的屠杀。

我在此想强调的是，洛克所构建的并非仅仅是一个新的社会财产规则，而是一个新的认知框架。在这个框架下，"异"被重新界定为"无"。在欧洲殖民者抵达之前，北美大平原是印第安人部落的家园，也是无数野牛栖息的场所。狩猎野牛是印第安人日常生活的主要活动，他们在辽阔的土地上自由游猎，发展出了一整套追捕野牛的知识与技能。虽然印第安人通过劳动也赋予了土地宝贵的价值，但由于他们的劳动不符合在英国知识系统下以商业利益为目标的土地改良标准，他们被视为只是在他们所生活的土地上"游荡"。因而，印第安人的土地可被视为是"无主财产"，为殖民者"正当取用"。于是，数千万印第安人所生活的美洲被视为空白一片，成为洛克所云"自然状态"的活标本。这个"异"等同于"无"的新的知识框架，为超越政治裁判权任意夺取土地的殖民行径之正义性提供了背书，导致无数印第安人被剥夺土地、被驱逐和杀戮③。

在英国本土，洛克的自然权利法则为新兴资产阶级通过圈地运动新夺取的财产从根子上提供了一张护身符。有了稳定的私人财产权为根基，英国工业革命发展得顺风顺水。及至18世纪，相对于欧洲大陆波澜壮阔的启蒙运动，英国的启蒙运动由于社会的相对富足而进行得宁静而从容。随着新一代

---

① Ellen Meiksins Wood, *Empire of Capital*, London: Verso, 2003。中文版见埃伦·M.伍德《资本的帝国》，上海译文出版社，2006年。

② 《资本的帝国》，上海译文出版社，2006年。

③ 独立后的美国并未停止剥夺印第安人的土地，相反，其变本加厉的讨伐战争迫使所有印第安人部族放弃家园，迁往指定的保留区。并且，白人移居者的西进运动导致了野牛的灭绝，失去生活来源的印第安人只得接受强制的同化政策。北美特有的文化多样性和生物多样性从而遭到极大的破坏。参阅周钢《野牛的灭绝与大平原印第安人的命运》，《史学月刊》2002年第7期。

的自由主义思想者通过报纸与杂志向公众大量灌输知识精英们的理念，理性愈来愈成为后者的生活指导原则①。然而，就在自由与平等的原则在英国本土越来越深入人心之时，其在殖民地"异"等同于"无"的认知逻辑并未得到改变。相反，随着建立在伪生物学基础上的种族主义的甚嚣尘上，文化之异被进一步建构为"人"与"非人"之异。于是，一边，崇尚理性主义与天赋人权的启蒙运动进行得如火如荼；另一边，生活在澳洲塔斯玛尼亚的原住民被殖民政府下令作为林间"大型动物"任意屠杀，以至于最终灭绝。亚当·斯密曾观察到，在统治完全自由的殖民地上，由于缺乏干涉，奴隶通常遭到更为残暴的对待②。在北美，奴隶制与建立在平等的个人之间的资本主义契约关系不但共存，并且由于《独立宣言》对私人财产的保护而得到加强。法国大革命纲领性文件《人权宣言》中，对自由的定义为"自由即有权做一切无害于他人的任何事情"。基于自然权利法的实践则通过将"异"转化为"无"，自由成为"有权在个人之有不可侵犯之名下做一切剥夺他人自由的任何事情"，可谓是对《人权宣言》的莫大讽刺。

在"异"等同于"无"的逻辑下，影响尤为深远的是欧洲殖民霸权强加给其他民族的认知暴力。西方知识系统实现全球性弥散的过程，也是其他知识体系被矮化为缺乏认识论价值、理应被清除一空的非理性叙事的过程③。通过对其他知识处心积虑的排斥，西方知识得以扫荡全球，此种状况直到殖民时代结束仍未得到改变。相反，随着各民族国家现代化进程的发展，知识体系的倾同性得到加强。一方面，历史上"曾经充满活力、延绵不绝"的地方知识传统，如今被当作纯粹的历史，不再与当下的理论世系有任何关系④。另一方面，同样本是地方性的西方知识却以不容置疑的姿态成为普世知识，它对其他知识体系的否定形成了一套错误的历史二分法。例如，在社会科学（尤其是人类学和区域研究）中，"西方知识"和"本土经验"成为相互对立的概念，为后者赋予意义的认知范畴被归于前者。

---

① Roy Porter, *The Creation of the Modern World*: *The Untold Story of the British Enlightenment*, New York: W. W. Norton, 2000.
② 亚当·斯密《国富论》，唐日松译，华夏出版社，2005年，第318—319页。
③ Edward W. Said, *Orientalism*, London: Routledge, 1978.
④ Dipesh Chakrabarty, *Provincializing Europe*: *Postcolonial Thought and Historical Difference*, Princeton: Princeton University Press, 2000, p. 5.

二、"异"与"择"

在建筑领域,西方现代建筑知识的全球霸权和其他建筑知识的逐渐消失,已经造成了世界范围内的建筑同质化[①]。过去五十年间,各种理论思潮此起彼伏,试图为空间独特识别性的丧失寻求解决之道。20 世纪 80 年代以来,由肯尼思·弗兰普顿等人提出的批判性地域主义(critical regionalism)是其中最有影响的理论主张之一[②]。建筑地域主义并非是一个全新的概念。在现代主义建筑泛滥之前,建筑植根于地域特有的文化、气候、地理、社会生活和生产方式,并有赖于当地特有的建筑材料和营建方式,因此每一个地区的建筑都有其独特的空间形态和风格。"二战"后国际式建筑的普及,冲淡了地域文化,导致了现代人场所感的缺失。美国批评家刘易斯·芒福德(1895—1990)率先提出植根于本土和人道精神的地域主义建筑要优越于千篇一律的现代主义建筑,抨击现代主义建筑的局限性[③]。其时正值国际风格的鼎盛时期,芒福德遭到了权威现代主义建筑师和理论家的猛烈反击,其理念并未改变建筑发展的潮流。及至 20 世纪 80 年代初,为了对抗通过组装拼贴历史符号迎合大众消费文化的后现代建筑,地域主义被加上了"批判性"的标签重新推出。

弗兰普顿从已有的地域主义创作中提取出六个要素作为批判性地域主义的主要原则。他提倡以边缘性的建筑实践对现代主义进行批判,强调特定场址对建筑形式的决定作用,建构(Tectonic)要素,以及包括触觉在内的感官体验的重要性等等。对弗兰普顿而言,作为文化策略的批判性地域主义是普世文明的载体,因而在利用地方文化时应有对其进行"陌生化"(defamiliarize),选择其中合适的片断创造性地将其融入现代主义建筑。他声称,

---

[①] Duanfang Lu (2012) "Entangled Modernities in Architecture", in Greg Crysler, Stephen Cairns and Hilde Heynen (eds) *Architectural Theory Handbook*, London: Sage, pp. 233—248. 中文缩写版见卢端芳《建筑中的现代性:述评与重构》,《建筑师》2011 年第 1 期。本节部分内容包含在此文章中。

[②] Kenneth Frampton, "Prospects for a critical regionalism," Perspecta 20 (1983): 147—62; Kenneth Frampton, *Modern Architecture: A Critical History*. 3rd ed. London: Thamesand Hudson, 1992 [1980]; Kenneth Frampton, "Towards a Critical Regionalism: Six Points for an Architecture of Resistance," in Hal Foster (ed.) *The Anti—Aesthetic: Essays on Postmodern Culture*, New York: The New Press, 1998 [1983], pp. 17—34.

[③] Lewis Mumford, "The Sky Line: Status Quo." *New Yorker*, 23 (1947): 104—106.

"批判性地域主义的基本策略,就是要在普世文明的冲击与从特定地域的独特性中间接抽出的元素之间起一个媒介作用"[1]。为了达到这个目标,弗兰普顿建议从地域特性(如光线、地表形态、气候条件、场地等)中寻求灵感。他以约翰·伍重的贝格斯瓦尔德教堂(BagsvaerdChurch)为例,认为"其复杂含义来源于普遍性的技术理性和异质的非理性的结合"[2]。

弗兰普顿开出的药方,诚然有助于我们走出后现代主义对符号的虚无主义消费,寻求更真实和感性的建筑。我的疑虑在于,在弗兰普顿所定义的批判性地域主义中,地域建筑文化被描述成必须摧毁的目标,而非鲜活的知识,在认识论上更不能跟"普世文明"——西方"科学、技术和政治理性"——同日而语。地域必须寻求一种外来的知识,通过它来完成本土文化陌生化后拆解选择并重组。在弗兰普顿所建立的"异"等同于"择"的逻辑下,批判性地域主义重新落入欧洲中心主义认识论的窠臼:地域建筑文化被视为落后的、非理性的、迟早要被驱除的鬼影,只有其中一小部分得以被剥离择用,纳入主流文明。通过排斥其他知识体系,批判性地域主义对地方性建筑元素的选择性栽培,其实只是用以维持日渐疲软的"普世现代主义"的活力,并将现代主义建筑急于解决自身危机的焦虑播撒到世界各地[3]。

因此,弗兰普顿所建立的"异"等同于"择"的框架虽然承认他者尚有可借鉴之处,其对其他知识体系的排斥与先前我们所讨论的"异"等同于"无"的逻辑并无二致。批判地域主义自始至终就没有考虑过地方建筑知识的存在,仿佛后者根本就不存在。尽管弗兰普顿对一些现代主义设计师将场所当成空白填充的态度持批判态度,他的批判地域主义理论却陷于类似的错误:地域在认知能力上被视为白纸一张,至多能提供一些非理性的特质,供建筑大师们根据自己的旨趣选择涂抹。批判地域主义的戏剧只能在"普世现代主义"的布景下上演,因为后者才是理性之光孕育出的唯一的、普遍的、真正意义上的知识。但事实上,与西方建筑一样,非西方建筑也建立在随着时间慢慢积累起来的理性知识基础之上,并且至今还为地球上绝大多数的人提供各种各样的家园。后者的设计和建造由本地工匠完成,他们少有机会接

---

[1] Frampton, "Towards a Critical Regionalism," p. 23.
[2] Frampton, "Towards a Critical Regionalism," p. 25.
[3] Duanfang Lu (2010) "Introduction: Architecture, Modernity and Identity in the Third World", in Duanfang Lu (ed.) *Third World Modernism: Architecture, Development and Identity*, London: Routledge, pp. 1-28.

触现代主义建筑知识和技术。对他们而言，所谓的"普世现代主义"只是另外一种地域性建筑。

一个多世纪以前，在弗莱彻爵士的《比较法世界建筑史》（1897）一书的扉页上绘有一株"建筑学进化树"，它将西方建筑的演进描述为动态的、历史的，而其他文化下孕育出的建筑则被描绘为非历史的、对于建筑学发展毫无影响的[①]。我认为，只要西方中心主义认识论仍占据统治地位而其他建筑知识体系被边缘化，我们就仍然处于弗莱彻爵士"建筑学进化树"偏执的荫翳之下，我们正在经历的建筑同质化不会由于个别的反抗性创作而得到扭转。事实上，虽然批判性地域主义激励了少数致力于在地方传统与建筑创造之间达到平衡的个案，却并未从实质上改变晚期现代主义建筑的实际生产方式。今天，设计师由课程表雷同的建筑学院批量制造；喷气式飞机与新的信息技术使建筑师远赴重洋完成设计项目变得轻而易举[②]；明星建筑师们在利益的驱使下四处制造相同的戏剧性效果，却对场地的特性漠不关心。这种完全抹除对人和场所的关怀的建筑生产映射我们时代的主流趋势：资本的流向与真实的经济活动基本无关，为群体性的非理性行为所驱动，是无数不可预知的金融投机所推动的无序进程，而此抽象"流动空间"正将其逻辑强加于越来越多的地域[③]。正是为了迎合金融资本主义这种非理性的本质，浮夸大胆的形式源源不断地被制造出来，为全球图像经济增添更高、更壮观、更具技术复杂性的奇景建筑[④]。在发达国家，建筑每年所消耗的能源已超过所有能耗的40%，而类似的建筑形式与生活方式正在全球不断弥散，它们的效果如同化学杀虫剂，消减了建筑文化的多样性，并对生态环境产生了破坏性的影响。

三、"异"与"争"

就在冷战终结、全球化进程不断加剧之际，塞缪尔·亨廷顿（1927—

---

① Sir Banister Fletcher, *A History of Architecture on the Comparative Method*, London: B. T. Batsford, 1897.

② Donald McNeil, *The Global Architect: Firms, Fame and Urban Form*. New York: Routledge, 2009.

③ Manuel Castells, *The Rise of the Network Society*, Oxford: Blackwell, 1996.

④ Duanfang Lu (ed.) (2008) Rethinking Architectural Spectacle (journal special issue), *Architectural Theory Review*, vol. 13, no. 2.

2008）最早发表于1993年、成书于1996年的《文明冲突论》提出不同文明之间的差异将是未来全球政治冲突的主要根源①。在我们漫长的20世纪，国际冲突始于民族国家之间的冲突，"二战"后过渡到资本主义与社会主义意识形态之间的冲突。亨廷顿认为，后冷战时期一个多极化的全球政治格局正在以若干主要文明为轴心重新形成，它们包括印度教文明、伊斯兰文明、日本文明、东正教文明、中华文明、西方文明、拉美文明、非洲文明、佛教文明。分享同一文明的国家会加强合作，而不同文明间则可能是竞争性共处甚至暴力冲突。对西方文明威胁最大的是中华儒家文明和伊斯兰文明。作为美国政府出谋划策的国际政治理论家，不难理解亨廷顿的主旨是在后冷战时期重新建立最符合美国利益的世界格局框架，而《文明冲突论》可谓是一石多鸟。首先，遏制即将崛起的中国将是美国在新世纪的主要挑战，这一点不会因为前者姓儒姓社还是姓资而得到改变。其次，挑战美元霸权的欧元早已跃跃欲动，冷战的终结进一步动摇了美欧通过北大西洋公约组织缔结的牢固伙伴关系，树立新的敌人可使美国的军事力量继续成为美欧同盟的黏合剂。再者，世界主要产油国集中在伊斯兰世界，随着能源稀缺的加剧，冲突将不可避免。强调文化差异与文化对抗性的《文明冲突论》因此与美国的全球战略布局相吻合。

关于亨廷顿的《文明冲突论》已有不少争论，其主要硬伤如文明的核心国与文明并非对等，文明由于不具备国家功能而无法起决策作用，文明之间的界限已由于交流融合而模糊等已为诸多学者讨论。例如，著名文化理论家、《东方主义》一书作者爱德华·萨依德指出，伊斯兰文明本身是个复杂多元体，亨廷顿将其描绘为单一体的文明冲突论是"与希特勒学说无异的赤裸裸的种族主义"，旨在煽动对穆斯林和阿拉伯人的敌意②。亨廷顿所云"地方政治是族裔间政治"也已为美国记者罗伯特·卡普兰深入西非及其他发展中国家访察写成的《即将到来的稀缺》一书所反驳。后者显示，族裔间冲突的原因是对稀缺资源的争夺，文化差异说只是掩盖冲突实质的烟幕

---

① Samuel P. Huntington, "The Clash of Civilizations?" *Foreign Affairs*, vol. 72, no. 3 (Summer, 1993): 22—49; Samuel P. Huntington, *The Clash of Civilizations and the Remaking of World Order*, New York: Simon & Schuster, 1996.

② Edward W. Said, *From Oslo to Iraq and the Road Map*, New York: Pantheon, 2004, p. 293.

弹①。我国学者也从多方面对《文明冲突论》进行了驳斥，在此不一一累述。

虽然已证亨廷顿的《文明冲突论》存在诸多缺陷，我们却不妨将其与20世纪早些时候德国历史学家奥斯瓦尔德·斯宾格勒（1880—1936）及英国历史学家阿诺尔德·约瑟夫·汤因比（1889—1975）的文明论相比较，从而得以更加了然亨廷顿在其理论中所注入的时代焦虑。文化与文明的概念古已有之，斯宾格勒就着烛光在"一战"期间写就的《西方的没落》从"文化的命运"出发，率先打破以西方为中心的线性进化模式的历史叙事，以文化而非国家作为历史考察的基本单位。斯宾格勒把他的历史哲学称为"世界历史的形态学"②。"形态学"本是生物学里的概念，意指那种通过分析与比较生物形式、结构和生长过程等等，来确定它们的种类属性的方法。不同于传统科学，斯宾格勒并非从预定的概念去推演具体现象，而是在对各种现象比较分析的基础上，揭示它们所体现的历史规律。他区分出了八大文化形态：埃及文化、巴比伦文化、印度文化、中国文化、古典文化、阿拉伯文化、西方文化和墨西哥文化。在他笔下，西方文化并不具备比其他文化更优越的地位。与黑格尔之直线性历史观不同，斯宾格勒视文化为"生命有机体"，每一种文化各自顺应其内在必然性不断自我循环，经历从出生到成长、从成熟到死亡的过程。文明是文化的最高阶段也是其最后阶段。此时各种文化形式已然僵化，因为缺乏创新而最终慢慢陨落，文明则由于融入了强大的帝国而得以苟延残喘，直至后者终结。斯宾格勒以一个敏感的战争旁观者的身份，感性地书写文明演化的规律，警醒世人注意昌荣背后所掩盖的西方文化没落。

汤因比的洋洋十二卷巨著《历史研究》延续斯宾格勒的形态学方法并将其发扬光大，在更大的视界里对二十六种文明进行了更为严谨的剖析③。与斯宾格勒相似，他认为人类文明的发展犹如有机体，都会经历起源、成长、衰落和解体的周期性变化。与斯宾格勒不同的是，汤因比不认为文明的沦亡不可避免，其兴衰取决于能否成功应对挑战。在分析了第一代六个文明的起

---

① Robert Kaplan, *The Coming Anarchy: Shattering the Dreams of the Post Cold War*, New York: Random House, 2000.

② Oswald Spengler, *The Decline of the West*, trans. Charles Francis Atkinson, London: Allen & Unwin, 1980 [1926].

③ Arnold Joseph Toynbee, *A Study of History*, vols. 1—3, Oxford: Oxford University Press, 1934.

源后，他的结论是文明的产生是对困难的环境成功应战的结果。这之后，并非所有文明都能顺利成长，有些文明在其萌生之初就停止了。文明是否能继续生长有赖于少数富有创造性的精英领导层是否能够作出正确的应对。在汤因比看来，文明死于自杀而非他杀，在面对挑战缺乏持续的创造性回应时衰微[①]。

亨廷顿的《文明冲突论》继承了"文化形态学"以文明为单位考察人类社会的方法，以及将西方文明视为众多文明之一、而非普世文明的历史视野。两位历史学家着重考察文明的时间维度，从而发现在长时段内文明演变的共同规律；亨廷顿则把重心放在了空间维度，考察共存在同一空间内的文明对世界未来格局的影响。无论是斯宾格勒、汤因比，还是亨廷顿，他们都有一种西方文明即将衰落的危机感。不同的是，斯宾格勒认为这是文明发展的必然结果，汤因比认为西方与非西方文明的融合将是文明的重生之道，而亨廷顿则强调西方与其他文明间的对抗性。与之前"异"等同于"无"的逻辑相比，亨廷顿的主张可谓与时俱进。他认识到，西方的领先地位只是暂时的，随着其他文明的奋起直追，想要保持其利益及价值观的支配地位并不容易，因而冲突将不可避免。与两位历史学家注重文明的内在倾向性不同，亨廷顿强调诸多文明之间的共时性与相互作用，由此建立了"异"等同于"争"的新逻辑。他提出，经过漫长的历史演变所建立起来的文明之异不会轻易被改变，因而比政治和经济方面的分歧更顽固，也更不容易达到妥协。随着世界变小，交流增多，对文明之异的认知与对同一文明的认同都得到了加强，区域合作也使文明得到进一步巩固。同时，由于经济现代化与社会发展使人们逐渐与地方认同疏离，宗教填补真空，成为超越国家的黏合剂。处于权力巅峰的西方不得不面对日益有能力以非西方的方式改变世界的其他文明[②]。

需要指出的是，过去二十年间国际冲突的发展脉络，并不符合亨廷顿的《文明冲突论》所建立的"异"等同于"争"的构建。"大音希声，大象无

[①] Milton Marmor, "Historian Arnold Toynbee Says China on Way to Top", *The Montreal Gazette*, 29 April 1964, p. 6, available at http://news.google.com/newspapers? nid=1946&dat=19640429&id=w8MtAAAAIBAJ&sjid=iJ8FAAAAIBAJ&pg=2241，7051506 (accessed on 16 Jan 2013)

[②] Samuel P. Huntington, *The Clash of Civilizations and the Remaking of World Order*, New York: Simon & Schuster, 1996.

形"①。反倒是亨廷顿《文明冲突与世界秩序的重建》一书通篇不着一字的美元霸权成了主要冲突的根源。自1999年欧元正式问世以来，屡有将石油—美元体系转换成石油—欧元体系的尝试。一旦转换成功，整个世界的经济发言权就将从美国转移到欧洲。于是，已打与将打的恶战，无一不围绕着挑战美元霸权的尝试。2000年11月萨达姆执政时，伊拉克将石油销售改用欧元计价。2003年3月，美国发动了伊拉克战争，彻底摧毁了萨达姆政权。2006年3月，伊朗建立了以欧元作为交易和定价货币的石油交易所，它立即被美国定义为"邪恶轴心"②。这两年，在金融战的狙击下，欧元区危机四伏，南欧经济摇摇欲坠。最近发生的中日钓鱼岛冲突，缘起也是美国为了保持美元霸权，从而竭力阻止中日韩自贸区的形成。与此同时，鼓吹"亚洲价值"的新加坡为美军提供军事基地，伊斯兰教君主制国家沙特阿拉伯与美国保持盟友关系，利益使然，与文明何干？文化间的小磕碰并非没有，譬如近年来美欧辱穆电影和漫画事件，没有涉及根本利益，不外是几场游行抗议了事。

尽管如此，我们应当承认，这只是短时段内发生的事。文明能在当前的政治经济框架内起多大作用，以及其在更长时段的发展倾向，取决于人类在今后的实践中是否以文明为有效社会共同体行事。文明之异可能导致战争，也可能提供人类更多的自由，端赖我们能不能创造新思想、新实践应对挑战。正如年逾古稀的汤因比接受采访时所说，人类已发展到有能力毁灭全世界的程度，遇到问题，要有耐心，这样还可以让七千七百万代人在之后的20亿年里降生③。

四、"一"与"多"

纵观历史，文明成熟之时也即"一"的秩序确立之时。在这个秩序下，语言、艺术、政治、科学宛如花开，层层绽放。与此同时，文明成熟之时也是文化从混沌之态成为固化的形式之时，以及广阔的自由丧失之际。身处此变的老子看出这其中没落的征兆，试图游出正在凝固的文明，重新回到无穷无尽的混沌之初。在那个没有边界的空间，既无所谓同，也无所谓异。而无

---

① 老子《道德经》，第41章。
② Cóilín Nunan, "Oil, Currency and the War on Iraq", available at http://www.feasta.org/documents/papers/oil1.htm (accessed on 16 Jan 2013)
③ "Historian Arnold Toynbee Says China on Way to Top".

能追随老子的我们唯有向前探索如何在现今多重框架的条件下争得最大的自由。

在文章伊始，我提到人类从多神教到一神教的历史。多神教时期，自然被认为受各种各样的神灵所支配，自然界的诸多事物都成为人们顶礼膜拜的对象。一般观点认为，从多神教过渡到一神教的过程是人类社会由氏族林立逐渐转入民族整合的过程在思想领域内的体现。我认为这是本末倒置的。一神教的产生要比我们所知的各地区民族整合过程早得多，它独立于后者，只是在后来才被领导者作为推动后者的政治工具。对比关于早期一神教的描述与老子的《道德经》，我认为，一神教的产生是人类思想领域发生突变的结果。随着人类认知水平的提高，在世界各地都有一些智慧超群的智者认识到人类生活在一个井然有序的宇宙之中，自然界的诸多现象，从天体运行到万物生长，遵循的都是同样的规律。我以为，这个对世界新的认知是一神教兴起最重要的思想基础，也是老子确信"道"普遍存在的基础。虽然古代智者的这个认知已为现代自然科学所证实，但在当时是如此的超前，以至于极少数"天眼既开"的智者根本无法让多数人接受这样的观点。

就之前提到的阿顿教而言，虽然法老阿肯纳顿——也即阿蒙霍特普四世（根据不同体系推演，其生于公元前1379—1362年之间，死于公元前1351—1334年间）——从其统治的第9年开始，利用自己的权力迫使他的人民皈依一神教，而他本人则是人与神交流的唯一中介，但仍处于多神教阶段的人民却很难接受这样突兀的转变。因此，在国王去世后不久，阿顿教随即没落，而埃及古老的多神教得以复苏[1]。老子（约公元前571—471）的经历不乏相似之处，因智慧高人太多而与世人格格不入："我独异于人，而贵食母。"（我独独与众人不同，因为我悟到了世界的根本）[2] 他所悟到的道直到上世纪才为高能物理所证实，又怎么能为当时的人们所理解呢？无怪乎聪慧好学如孔子者去请教，也都听得一头雾水，回来后三天不说话，在弟子的追问下才感叹："鸟，吾知其能飞；鱼，吾知其能游；兽，吾知其能走。……至于龙，吾不能知，其乘风云而上天。吾今日见老子，其犹龙邪！"[3] 当然，应当指出的是，无论是法老阿肯纳顿还是老子，其思想都是在继承前人知识的基础上发展出来的。

---

[1] 《摩西与一神论》，第17页。
[2] 《道德经》，第20章。
[3] 司马迁《史记·老子韩非列传》，第63卷。

作为世界上最早的一神教，已有不少证据表明阿顿教与之后几种一神教——犹太教、基督教和伊斯兰教有密切关系。例如，阿肯纳顿的统治时间距离摩西率以色列人出埃及的年代，上下相差不足百年。犹太教最有名的割礼也是埃及的宗教产物；逃出埃及以前，闪族并无此习俗。因此，身为犹太人的弗洛伊德在其《摩西与一神论》写到："我现在冒昧地作出以下这番结论：如果摩西是一位埃及人，如果他将自己的宗教传给了犹太人，那么这种宗教就是阿肯纳顿法老笃信的阿顿神教，即太阳神教。在此之前我比较过犹太教和古埃及宗教，注意到了两者之间存在极大差别。然而我们比较阿顿神教和犹太教之后就可以发现它们从起源上来说是同一的。"① 而早期基督教借由犹太教而获得的有关造物主、神与人之间存在唯一中介、精神不朽等核心观念均与古埃及一神教极为相似。另外，法老墓室铭文中发现的《阿顿颂词》从内容与描述方式上都与《圣经诗篇》的第104章类似，被不少学者作为佐证。

我以为，老子之道与阿顿教可被视为东西方思想的"元认知"。在此，我希望通过对照两者，追溯东方文化包容性与西方文明排他性的根源。虽然两者都建立在对自然界普遍规律的领悟上，阿肯纳顿以太阳为生命本原并在此基础上树立人格化的造物主，老子则以"无"为生命本原，以水为道德楷模，提出道法自然，却并未将自然树立为神。在阿肯纳顿的《阿顿颂词》中，太阳高高在上，俯视大地②：

> 在天边看见你华美的形象。
> 你，活着的阿顿，生命的开始。
> 当你自东方的边刃起身
> 以炫光照耀了大地。
> 灿烂，伟大，辉煌，在万山的头顶。
> 你的烈火环绕了这个星球，被覆了
> 你所创造的一切。
> ……
> 当雏鸟在壳中轻啼，
> 你给他生命的气息，

---

① 《摩西与一神论》，第18页。
② 谢选骏：《万神说》，第3章，资料来源：http://blog.sina.com.cn/s/blog_70f887a00102elmz.html，2013年1月22日访问。

当他为你成长，啄破坚壁展示自己，
他接受了你的呼吸并拥有活力；
是的，它已从壳中走出，
喧闹着即将长大，
它已自己从壳中出来走路。
你所创造的一切如此丰富，
纵然无人知晓。
啊，唯一的神，无人能与你比肩，
当你如愿制造了世界，
在你孤独的时候。
……

而在《道德经》中：

有物混成，先天地生，寂兮寥兮，独立而不改，周行而不殆，可以为天下母。吾不知其名，字之曰道，强为之名曰大。大曰逝，逝曰远。远曰反。故道大，天大，地大，王亦大。域中有四大，而王处一焉。人法地，地法天，天法道，道法自然。（第25章）

大道泛兮，其可左右。万物恃之以生而不辞，功成而不有。衣养万物而不为主，可名于小；万物归焉而不为主，可名为大。以其终不自为大，故能成其大。（第34章）

昔之得一者：天得一以清，地得一以灵，神得一以宁，谷得一以盈，万物得一以生，侯王得一以为天下贞，其致之一也。天无以清，将恐裂，地无以宁，将恐发；神无以灵，将恐歇；谷无以盈，将恐竭；万物无以生。（第39章）

如果说大乘佛教之佛陀以心观相，既于无穷大处见万千宇宙之无常，又于无穷小处见一切有形物之性空，法老阿肯纳顿以眼睛抬望，看见的是为世间万物提供生命能量的太阳，而老子则以身体探源，于惟恍惟惚间感知到无有相生的万物母。通过对照以上两个文本，我们可以看到几个根本区别。首先，虽然两者都表达了对自然之常——秩序井然的万物运行规律——由衷的赞叹，一个最重要的差异是"有"和"无"的差别：前者认定的"常"是创造万物的永生的神，后者坚信的"常"是以"无"为本原、亘古不变的道。在《阿顿颂词》中，在一个人格化的太阳神的统领下，万事万物得以遵循着既定的规律，各行其职，各得其所。他与万物之间的关系是前者创造了后者。而在《道德经》中，自然并未以具有主观能动性的造物主面目出现（"衣养万物而不为主"），而是以无处不在的普遍规律而呈现（"大道泛兮"）。其次，《阿顿颂词》中的太阳可视为天下唯我横行的国王人格的物化，《道德经》中的水则是"利万物而不争"的理想化的王者人格的物化，前者致力于通过颂咏太阳神而加强其自身的权威，后者致力于教化以天道为楷模之人德。再者，在《阿顿颂词》中，造物主之存在是唯一的，在宇宙中是无可匹敌的，正如至高无上的王本身。而《道德经》强调的是"同一"的"一"，而非"唯一"的"一"。在第 39 章和第 42 章中，我们看到，道从一起而生万物，这之后世间万物均严格遵循着同样的规律，在各自既定的轨道中运行，违背规律者自得其咎。

　　我认为，这两个东西方思想"元认知"中所体现的"无"与"有"，及"同一"与"唯一"之差异，可视为在形而上层面上东方文化之"无我"与西方文明之"有我"，以及东方文化包容性与西方文明排他性之源。现代哲学将西方形而上传统中关于万物背后潜藏着唯一本质的设定追溯至柏拉图，而我们已经看到，解构主义者雅克·德里达试图摆脱的这一梦魇其实始于更早的埃及一神教。造物主通过创造并支配万物，呈现为一切事物的中心，也类似现代哲学中的主体。由于神之"我"被认定是唯一的，任何其他神的出现从逻辑上注定都是对"我"的挑战。因此，建立在存在唯一造物主的元认知基础上的文化很难避免排他性，其对事物的认知重心也由此放在了"同"与"异"的区别上。历史上，宗教领袖们利用对教徒和异教徒的区分对待来达到扩张与整合的目的。造物主被赋予了"顺我者昌，逆我者亡"的人格化特征——这与老子在"天地不仁，以万物为刍狗；圣人不仁，以百姓为刍狗"中所表达的在无"我"之下众生平等、众人平等的理念形成鲜明对照①。

　　从神之"我"过渡到人之"我"经历了一个漫长的过程。在《阿顿颂词》中，人被描绘为与世间万物一道为造物主所创造并统领的柔弱而顺服的

---

① 《道德经》，第 5 章。

客体。而在之后的《圣经》中，人被塑造为与其余诸物有别，万物皆被造就为人所用，并且有迹象表明由于人的认知能力的增强，造物主的绝对权威开始受到挑战。在伊甸园里，造物主不让亚当与夏娃吃生命树与智慧树上的果实，象征着人与神之差距：神是永生而全知的，人永远无法企及。而人偷吃智慧树之禁果而使造物主震怒，被逐出伊甸园，正预示着人虽无法永生，"人思"却从此有潜力与"神思"一决高下。因此，《阿顿颂词》中的神高高在上，无人能敌，而《圣经》中的耶和华与雅各摔跤，靠体力竟然胜不了雅各，最后靠突袭后者大腿窝，才算打了个平手①。文艺复兴运动开始反抗神学，强调人学，进一步加强了人神之争的意念。放在这个背景下，我以为，勒奈·笛卡儿（1596—1650）之"我思故我在"信念可被视为从神之"我"过渡到人之"我"在形而上的最终完成（虽然他本人并非无神论者）②。笛卡儿的哲学起点是对外部世界的彻底怀疑③：

  我愿意假定，一切真理的源泉不是仁慈的上帝，而是一个同样狡猾、同样有法力的恶魔，施尽全身的解数，要将我引上歧途。我愿假定，天空、空气、土地、形状、色彩、声音和一切外在事物都不过是那欺人的梦境的呈现，而那个恶魔就是要利用这些来换取我的轻信。……正当我企图相信这一切都是虚假的同时，我发现：有些东西（对于我的怀疑）是必不可少的，这就是"那个正在思维的我"！

  从对一切的绝对怀疑开始，笛卡儿引导出了一个不容怀疑的作为主体的"我"的存在。主体的建立使与主体相对的客体得以建立，除"我"之外，其余一切均为有异于"我"的"他者"，是"我"思考与行动的对象。笛卡儿"我思故我在"之哲学原则，看似革命，从主客体的二元构成上看，实则只是将宗教中之造物主置换为现代认知论里的人而已，从此神之"唯一"为人之"唯我"所代替。尼采宣称"上帝死了"，取而代之的是无限膨胀的"我"声嘶力竭地叫喊"重估一切价值"，可以说是这个置换的必然结果④。

---

① 《圣经》"创世记"第 32 章末段。
② 文艺复兴运动深受古希腊、古罗马思想影响，因此其后的笛卡儿关于"我思"的讨论与苏格拉底学派有近似之处，也就不足为奇。
③ René Descartes, *Meditations on First Philosophy*, trans. Laurence J. Lafleur. New York: Macmillian, 1951.
④ 弗里德里希·尼采《权力意志：重估一切价值的尝试》，中央编译出版社，2005 年。

这个形而上的置换既是之前文艺复兴人文思想发展的积累，也是之后推动资本时代科学和社会发展的基础。自此开始，"我"不再是自然的一部分；相反，自然是"我"将要认识、控制与征服的对象，自然之常成为通过科学实验和理性推演可以发现和利用的规律。同时，虽然从认识论的角度而言，洛克与笛卡儿相左，其自然权利法则却同样从"我"出发，通过强调"我之有"神圣不可侵犯，完成从"唯我"到"唯利"的置换，以能者多得原则驱动资本积累。复杂智慧产品的发展需要大量人力和资本的投入，瓦特蒸汽机的发明就曾使其首任合伙人破产，但自18世纪初英国大法官法院开始施行的专利登记制度，为瓦特持续二十多年的改良提供了动力和保障。高效蒸汽机的发明与推广可谓是在新的以"唯我"和"唯利"性为主导的社会，"人能"与"物能"得到至大聚合的最好例证。

通过以蒸汽机运用为引领的工业革命，西方社会率先摆脱仅能以农业、畜牧业获得靠现有植物和其他动物转换来的能量的限制，大规模化"古能"——上古时期遗留的动植物遗骸在地层中经过千万年演变成的化石能源——为"我能"，从而在获得能量总和上大大超过了其他社会。器和能的突变再加上从殖民地所获财富，使西方社会一跃而成"大蛋糕社会"，巨型资本的拥有者按照他们的利益重新塑造社会的奖惩制度和思想走向，资本意志试图代替国家意志成为主导，自由的范围空前扩大。随着平等和人权的理念开始扩展到整个社会，建立在神的唯一性基础上的排他性为建立在以"我们"利益为中心的排他性所取代。在共同利益的驱使下，新兴的资产阶级得以通过国家机器动员整个社会发展军事力量，进行与其他西方国家争夺霸权的战争。在18世纪，各欧洲国家大约70%—80%的财政预算花在了正在进行的战争和过去的战争费用债务支付[①]。不断战争的状况一直持续到"二战"结束，而以"我们"为中心的排他性在"二战"德国以理性和民主之名对犹太人实行的种族屠杀中达到顶峰。

再来看东亚系统。话说老子参破天机，得以立于现世的意义之网之外，从天道之常出发，试图建立天道与人德之间的连接（虽然两者间尚存巨大裂缝），提倡强者不争，甘居下位。孔子则从人伦之常出发，以家国同构的原则建立"君君，臣臣，父父，子子"之序。虽然前者反礼而提倡无为而治，后者致力于为礼的复兴提供思想依据，在确信天道与人道均遵从"同一率"

---

① Michael Mann, *The Sources of Social Power*, vol. 1, Cambridge: Cambridge University Press, 1986.

的元认知基础上,两者都反对强者凌驾于弱者之上。自此抽象的"德"成为价值判断的基础,强调内在的精神标准而非外在的物质标准,王道而非霸道,而作为个体的"我"则消失于血亲伦常之网中。德治思想体现在对待异族上是四夷归一的朝贡体系。由于中华文明的早熟,周边国家和部族与之差距颇大。例如,在货币使用方面,中国铜币的使用可以追溯到公元前17—前11世纪的商朝,而在日本,货币直到12世纪还未成为稳定的流通手段——朝鲜(高丽)直到15世纪,越南(交趾)直到18世纪——从1164—1637年,在日本流通的都还是有"渡来钱"之称的宋朝和明朝的钱币①。然而,与一神教下的民族整合不同,在朝贡制度下,异族与汉族在宗教、文化和认知上的差异被认为是可以忽略的,各个周边国家和部族都被纳为文明化的王道秩序的一部分,他们只需隔一定时间派遣使臣携带贡物朝见皇帝便可保持其在这个秩序中的等级名分②。历代皇帝在回赐时往往向四夷表现出"厚往薄来"的大度,彰显老子所立"大国以下小国,而取小国"之精神。虽然帝国也并非没有伐藩之举,所幸文化包容还是主旋律,使其在这块大陆植根五千年后,还得以存留丰富多彩的少数民族和地方文化,对比西方在北美和澳洲短暂却对土著文化造成毁灭性破坏的殖民史,不能不说是个奇迹。同时,源于印度、出发点截然不同的佛教与儒道两教也得以长期共生共容,呈现心序、人序、天序之交融汇会。

自"五四"以后,今人多不满中华传统文化之弊病,视之为自由之羁绊。但其实不少西方近代自由主义理念业已蕴含在《道德经》中:从"民不畏威"的贵民思想到"为无为,事无事"的小政府思想都可在此找到依据。孟子则进一步将贵民思想发展为与卢梭之民约论类似的易姓革命论:"贼仁者谓之'贼',贼义者谓之'残'。残贼之人谓之'一夫'。闻诛一夫纣,未闻弑君也。"③ 此"伐无道"、"诛无德"的理念可谓与近代民权至上、暴力革命的自由理念并无二致。从天道之常出发的贵民思想虽导致了朝代之更迭,却以朝代更迭之无常换得中华文明之常。中西方学者都观察到,20世纪新民主主义革命和社会主义革命在中国的发生,在很大程度上正是传统的延续,而近代知识分子之所以最终倾向于选择社会主义道路,与后者接近历

---

① 山本七平《何为日本人》,崔世广、王炜、唐永亮译,国际文化出版公司,2010年,第168—170页。
② 陈廷湘、周鼎《天下世界国家:近代中国对外观念演变史论》,上海三联书店,2008年。
③ 《孟子·梁惠王下》。

史悠久的德治思想不无关系①。只不过基于以"仁"为核心的传统道德为社会主义公德所代替，以农业社会地方家族为基础的人序为适应原始积累、重工业发展的公社、单位等新的社会组织方式所代替。然而，与建立在天道之常和血亲伦常上的仁德相比，建立在无者之德上的社会主义公德虽然同样具有"同一"和"无我"的特征，其不同之处在于无者之德并非常德，一旦无者转变为有者，德之基础便随之丧失。可以说，后者未能解决的最根本的问题就是"常"的问题。因此，毛泽东曾试图以"不断革命"来解决此问题②，而在后三十年中，随着有者数量增加，权宜之计已无法解决社会道德日益沦丧的问题。并且，"无恒产者无恒心"，由于缺乏对财产权和知识产权的有效保护，企业缺乏持续创新和精进的动力。

　　再看东亚之一的日本。虽然深受中华文化影响，但美国人类学家鲁思·本尼迪克特在其《菊与刀》中指出，在中国儒家伦理中处于核心地位的"仁"从未在日本生根③。另外一些学者也指出，日本的一些社会特征更接近西方而非东方④。我认为，日本的这些特征可为它在元认知方面与中国的差异及它与西方相似的"唯一"和"唯利"性所解释。日本人在中华文化传入之前即有深植于本土的神道，太阳神天照大神的地位举足轻重，天皇被认为是人神合体。中华文化传入后，德治思想也一度被广泛接受，只要认定天皇失德，武士阶层便可名正言顺剥夺其权力，而天皇也只好放弃权力，安心为"神"。幕府统治末期，日本内有农民起义，外有西方列强逼进。面对危机，起于17世纪的水户学"奉神州之道，资西土之教"，运用儒家之朱学提倡尊王攘夷以图重建国家秩序，但在神道的影响下，却去除了中国德治思想中的放伐易姓部分⑤。后期水户学者之一会泽正志斋在《新论》中宣称，因天皇居住在日本，日本是不会失败的神国；如将世界比喻成人，日本为世界之首，西方国家是其下半身，这些位置的国民愚昧野蛮，日本迟早能担当起

---

① Arthur N. Holcombe, *The Spirit of the Chinese Revolution*, Westport, Conn.: Hyperion Press, 1973 [1930].

② 关于毛泽东"不断革命"论与现代性之关联，参阅我的讨论：Duanfang Lu, Remaking Chinese Urban Form: Modernity, Scarcity and Space, 1949 – 2005, London: Routledge, 2006, pp. 6—7.

③ 鲁思·本尼迪克特《菊与刀》，吕万和、熊达云、王智新译，商务印书馆，2012年。

④ 约翰·惠特尼·霍尔《日本：从史前到现在》，邓懿、周一良译，商务印书馆，1997年，第5页。

⑤ 安丸良夫《近代天皇观的形成》，刘金才、徐滔等译，北京大学出版社，2010年。

掌控世界之使命①。同时，精通中日比较的学者韩东育指出，在日本江户中后期，由于利益原则对道德原则的驱逐，"仁"与"义"的地位迅速衰落②。在这样的条件下，天皇被重新树立为近代国家的最高统治者。1868年明治天皇上台后，日本开始了大规模的皇权教育，通过日常礼仪教化，使天皇是神的观念深入每一个日本人内心③。以"忠"为核心的神道和以"利"为核心的价值观的并存，形成了既类似一神教"唯一性"、又类似现代西方"唯利性"的混合体，驱使日本发动了对其他亚洲国家一系列的侵略战争。而基于神道所建立的"人"（"神的子民"）与"非人"之异成为日本人在战争中大规模残忍屠杀平民的基础。1946年，日本战败后，美国迫使昭和天皇裕仁发表了"人间宣言"，承认天皇是人而非神，可谓切中要害。而近年来若干部国产电影试图从人道主义角度解读南京大屠杀，只能说是浅薄之见。

　　通过以上案例，我试图超越占据主流地位的经济决定论，从元认知的角度解读世界不同地区关于"唯一"、"同一"、"唯利"构建的本原。唯有回到本原，我们才得以看清"一"与"多"的关系。生命自单细胞开始，"一生二，二生三，三生万物"，经过亿万年的幻化，形成了今天丰富多样的生态环境。居住在世界不同地区的人类也从基本的元认知开始，依时据势发展出了千变万化的多元文化。与基于基因之异的生物多样性不同，文化多样性可谓"无中生有"：文化之异完全基于人类头脑中的构建，而非任何实有之物。我认为，人类拥有通过"人思"之异而得以不断发展文化多样性的自由，是人之所以为人而非其他动物的最基本的特性。

　　本着"得其环中"之原则④，我在此对"唯一"、"同一"、"唯利"与"多"的关系在总的倾向性上作一个约略的概括。在唯一性的主导下，微妙的差异也倾向于导致严重的分歧，于是在"一"之下不断裂变，产生了多个教派，而不同教派间呈势不两立之态。因此，唯一性虽然导致多个同源社会共同体的生成，后者之间的关系却犹如台球桌上的多个硬球，虽隶属于一个框架，却互不相容，互相碰撞。在同一性的主导下，原本不同的认知体系得以共生共容，"抑强扶弱"的原则使弱势文化得以保全。但是，同一性所导致的社会共同体内部的趋同性，却倾向于扼杀持续不断产生新的多样性的可能。在唯利性的主导下，维护能者多得、个人自由的原则为创新提供了健康

---

① 《近代天皇观的形成》。
② 韩东育《道学的病理》，商务印书馆，2007年，第270页。
③ 《近代天皇观的形成》。
④ 《庄子·齐物论》。

的社会架构和宽广的发展空间。然而,"弱肉强食"的丛林规则倾向于吞噬弱势文化,导致"多"为"一"所代替的垄断体系。另外,以量为标尺的价值体系的弥散使整个意义机器为潜在的同质性所支配,造就倾向于抹杀其他维度的价值,看似多元、实则一元的商业文化①。

在以唯利性为主导的体系里,随着各方力量消长的变化,文化多样性的形态也随之变化。在文章的头三节我所讨论的关于"异"的三个构建,代表着多样性在以唯利性为主导的体系里发展的三个阶段。在"异"等同于"无"阶段,西方在摆脱神权束缚后,得以实现认知能力飞跃和制度创新,使其得以在殖民扩张中呈绝对优势,其他文化或被破坏殆尽,或被视为劣等。在"异"等同于"择"阶段,非西方民族国家虽获独立,却仍处于西方霸权的阴影下,西方知识体系以普世的面目在全球弥散。全球建筑同质化是此过程物化的呈现,反抗性的文化理论并未摆脱西方中心主义认识论的窠臼。在"异"等同于"争"阶段,非西方国家在强兵富国后开始有了民族自信心,着手复兴自己的文化,西方文化的普世地位不再。"文明冲突论"反映了西方对非西方力量增长后可能以非西方的方式影响世界、从而动摇西方主导地位的焦虑。

我们今天所处的世界可谓在"同"与"异"的交织中面临重重危机。同质化的趋势愈演愈烈,世界各地本土知识、不可再生资源和生物种类的消失正在加剧。随着核扩散进程的加快,爆发核战争的危险时时都在,人类还可生存到何时成为一个问题。进入 21 世纪,随着转基因生物技术的发展,人类已完全有能力像"造物主"一样自由地创造新的物种,这种能力与资本的逐利性相结合有可能对整个生态环境产生不可估量的影响。面对种种危机,文化多样性与生物多样性对人类社会可持续发展的重要性已日益得到重视,相关讨论也在逐年增加。我在此想强调的是,唯有在承认多种知识体系并存的基础上,从以"唯利性"为主导的自由逐渐转向到基于"多"的自由,从"我思"到"众思",以地方为根基,我们才有可能真正实现多样性。目前,全球化条件下更多更快的物质和智慧连接虽为资本所统领,但也为不同空间内认知能力的增长提供了有利条件。之前三百年遥遥领先的西方文化拖曳着

---

① 关于中国量性自我物化的讨论,参阅 Xin Liu, *Mirage of China: Anti-Humanism, Narcissism, and Corporeality of the Contemporary World*, New York: Berghahn, 2009;关于全球化与文化多样性的讨论,参阅 Tyler Cowen, *Creative Destruction: How Globalization Is Changing the World's Cultures*, Princeton, N. J.: Oxford: Princeton University Press, 2002.

其他文化前行的局面已然得到改变，愈来愈多的不同主体得以在不同的知识体系里沿着自己所选择的方向进行深入思索。在跨体系的思考和交流不断增多的条件下，"众思"并非只是多个认知空间里孤立的"我思"的集合，而是无数"我思"通过穿越多重认知空间互相映照，在不断聚合又不断消散的过程中产生的新的多元生成。对此，我将在下节以文化遗产为例加以阐述，希望通过落到实处的讨论，抛砖引玉，唤起读者对实践的思索。

五、结语：作为地方知识的文化遗产

历史上，礼失而得以求之于诸野，是因为"一"下有"多"。庞大的文明为无数在语言、风俗、美食、历史、人文景观、工艺技术等多方面自成体系的地方文化所支撑。地方的独特品质之所以醇厚而令人回味，是因其建立在经过了漫长岁月累积的地方知识体系上[①]。分布在各地优美而深邃的地域建筑传统即是这自成系统的地方知识谱系的物化呈现。从安徽民居、客家土楼，到云南"一颗印"，建筑间的差异是将地方化的智慧注入时不同、势不同、材不同、理不同的建造实践自然形成的结果。在积累地方知识体系过程中，重要的不是观者，而是参与者。意义的编结不是一蹴而就，而是缓慢地交织直至获得集体认同。从容的地方文化，犹如从容的河流，在岁月的流光里依照自身的节奏冲磨出温润而独特的风土人情。

而今天，随着各地急急忙忙地大片大片拆除旧城老建筑，取而代之的是无数单调丑陋的城镇。一方面，我们的生活空间变化迅猛如超人，历史之魅已无处藏身，文化遗产的碎片被隔离，被保护，被研究，被书写，被商品化，被博物馆化，却已是无魂的死物。而另一方面，在不少城市，对欧美建筑形式乃至整个街区的模仿成为地产商乐于采用的发展模式，各种从西方引进的符号和风格，未经消化就直接贴上去，有如《聊斋》之画皮。主流认知视之为现代化的体现。作为一名建筑史学家，我看到的是文明在地方层面的凋零。究其根源，凋零的背后，首先是认知层面上发生的剧变，是西方"异"等同于"无"的逻辑映射在被殖民国所形成的"己"等同于"无"的镜像影照。经过一段时间"中学为体，西学为用"的苦苦挣扎，由于国力依然积弱，西方知识体系逐渐被视为唯一合法的知识体系，本土的知识被视为

---

① 本节部分想法最早成形于我在 2010—2011 年间为 Domus（中国版）所写专栏系列文章。

落后的、迟早要被驱除的鬼影。这种从上到下对自身传统的蔑视,使得我们的文化在过去的一个世纪里几乎被涤荡殆尽。在外力挤压下所形成的齐整而单薄的国民想象,加上过去二十年间以"唯利性"为主导的发展实践,使得摧毁物质遗产的动力异常充足。1994年以来推行的分税制,使关税、消费税、央企所得税均成为中央财政收入,其他主体税收入也是中央拿大头(如增值税收入,中央得75%,地方得25%),而营业税、农业税和其他一些零星税种则留给了地方财政。新的财政关系使当时困窘的中央财政迅速得到改善,但却使地方政府财政逐渐捉襟见肘,尤其在2006年农业税取消后,县乡两级财政更为紧张。随着地方财政收支缺口日益加大,土地财政的冲力也愈来愈大。而中央财政实力的增长,固然强化了其宏观调控能力,外汇储备也得以成倍增长,可惜一大部分不得已买了由于不断量化宽松而类似打白条的美国债券。在全球化的今天,空间生产只是全球资本流转之一环,地方层面的拆城拆村运动应当置于全球视野下考量。在现行模式下,处于链条底端的地方,其资源、土地、人力被最大限度地挤出来,换成大量廉价出口产品和不断贬值的外汇,源源不断地为他国输液。

因此,地方文化的凋零,唯有在承认多重知识体系存在、建立更加公平有效的治理和利益分配机制的基础上才能得到根本解决。在当前条件下,碎片化的文化遗产保护固然有助于未来人类对过去文明的缅怀,却不足以成就我们当下的文化①。对文明的岩层而言,迄今为止,我们这个时代所留下的还只是对他人文明的拙劣模仿。可以说,被急风吹得跟跄前行的我们从未现代过,因为我们还未在知彼知己的基础上创造出自己的当下。基于多样性而非唯利性的自由,应当是我们在站稳脚跟后,定了定神,在多重认知空间里游刃有余,化生出属于自己的无尽华彩的自由。文化遗产在此过程中应重新被视为鲜活的、可被继续发展的地方知识的一部分,而非尚待被祛除的过去

---

① 事实上,文化遗产的概念本身可以说是"异"等同于"择"逻辑的副产品。随着单一知识系统、单一文化、单一生活方式和单一建筑形式的全球性弥散,大多数本土性的文化产物已停止生长。不少地方任其自然消失,只有少数特别杰出的文物、建筑和遗址才通过"博物馆化"的方式被选择保留。1972年联合国教科文组织大会第17届会议在法国巴黎通过的《保护世界文化和自然遗产公约》旨在通过"提供集体性援助来参与保护具有突出的普遍价值的文化和自然遗产"(包括历史文物、历史建筑、人类文化遗址等有形遗产),使本是地方性的保护行为有了国际基础。而2003年通过的《保护非物质文化遗产公约》更进一步将"被各群体、团体、个人所视为其文化遗产的各种实践、表演、表现形式、知识体系和技能及其有关的工具、实物、工艺品和文化场所"列入保护内容。"申遗"活动已在世界各地成为风潮。

时代的鬼魅。地方知识的建设既应包括对过去知识的整理吸收，也应包括新的关于文化、社会、自然等知识的制造。在此，我将"地方"定义为"人与其他生物在一定的地理界限内共生互动的共同体。它不仅是一个有意义的社会共同体，也是一个有规律的生态共同体"。地方知识的生长应建立在我先前所述"众思"的基础上：它是无数"我思"为其所在共同体的健康成长而持续思索、交流、学习和实践的积累，而这样的积累在今天由于互联网促进了不同身份、不同专长、不同地域的民众之间的参与、交流、对接、混杂和碰撞而变得愈加多元。并且，这个积累虽以地方为根基却并非与外界隔绝；相反，它在与其他知识的"互照"中不断得到新鲜养料，从而使关于地方文化的思虑在更广阔的空间内拥有自由。通过推动不同认知空间的交错，我们建立现代培训机制生产出更多手艺精良的工匠，提供可靠的研究使传统知识谱系如彝医、藏医得以更新发展，结合本土文化和建造技艺创造凝结智慧与美的新地域建筑，通过非专业人士的参与使城市规划真正促进居民福祉而非只是批地卖地的借口，在对过去和现在地方生态系统精准而全面的认知基础上重建丰盛和谐的自然环境。

正是在这样的多重认知空间里，地方文化的生长不再建立在单一知识体系的沙面上，而是植根于"众思"所聚的丰满智慧沃土里①。它不以量的累积为唯一目标，而致力于以基于"众思"的地方意志平衡资本意志，促进文化品质、精神生活、健康生态的多维发展。它不因对经济利益与权力合法性的单向追求使得弱势群体的利益与生态环境的永续被忽略。它也不刻意通过拼贴历史来快速制造取悦外来观者、牟取最大价值的地方差异。如老子所云，"孰能浊以止，静之徐清？孰能安以久，动之徐生？"②——新的地方独特人情风土的生成当如大自然静息中从容的微动，在混沌中逐渐清朗。经由它，人们实现他们与大地相连的生命。

---

① 对于如何集思广益地发展地方文化产业，已有不少东亚学者提供从工作模式到具体操作办法的详细论述，如宫崎清《内发性的城镇建设》，《人心之华》，台湾省手工业研究所，1996年，第49—52页；蒋玉婵《地方文化产业营造与社区发展》，《社区发展季刊》2004年第107期，第241—253页。

② 《道德经》，第15章。

文化遗产研究　文化遗产研究　文化遗产研究

多民族国家的文学遗产

- 栏目导言：从"遗产"的角度看多民族文学
- 中国文化与文学再认识
- 美国与中国：多民族国家的文化和文学
- "非物质文化遗产"保护下的宜州"刘三姐文化"

栏目导言

从"遗产"的角度看多民族文学

梁 昭

自"五四"到新中国成立前夕,"文学遗产"一词具有强烈的政治意涵,指的是左翼和革命者极力要反对和打倒的"国粹"、"旧文艺"。新中国建立以后,在很长一段时间里,"文学遗产"又特指以马克思主义文艺理论观来"批判地继承和吸收"的中国古典文学。在这两种范畴里,"遗产"都等同于"过去的"——甚至是"已死的"、"僵化的"的精神文化,我们或者将其抛弃,或者要依据当下的标准,将它们变为"可遗留的财产"。

自联合国于2001年在世界范围内推行"人类首批口头和非物质文化遗产"体系以来,汉语世界以"非物质文化遗产"来翻译英文的"intangible cultural heritage",并在短短十余年内将该体系推向全国,形成自"五四""眼光向下的革命"和1949年以后的普查抢救工程以来的第三次调查和保护民族民间文化运动的高潮。受此影响,"文学遗产"获得了新的意义:其主体从由血缘、地缘联结的人群,拓展到虽无直接联系、但可透过媒介彼此交往和想象的全人类;其特征也由"过去的"拓展到包括"现在的",从标本式的变成"鲜活的"。

本栏目"多民族国家的文学遗产"的命名与设置,正是吸取了近年以来"文学遗产"的新含义,用"遗产"的新视角、新体系去把握多民族国家文学的内容。

为何需要"遗产"的眼光和视角?在这里,"多民族国家"这一现实,提示了在政治一体的前提下,中国的文学是多语言、多民族、多文类、多形态的构成，从古至今均如此。正如张炯先生在讲座稿《中国文化与文学再认识》里所说的："各民族文化的相互影响和相互融合在整体上提升了中国的文化。……中国的文化是不同民族之间的相互吸取，包括不同国家之间的文化的相互吸取，这样才能够使我们的文化不断丰富，不断壮大，不断有创新。"面对如此丰富多元的对象，当代"遗产"的视角，有助于跳脱以往仅研究书面文学、从文字的角度去把握多民族文学的窠臼，结合历史与现实，结合文学的日常展演，揭示各种民族文化形成的悠久而鲜活的传统。此外，一国之内文学的多元构成，对于世界上90%以上的国家均适用。我们希望能在中外比较的视野中认清中国文学的多元特性。为此，本期特意刊登布朗大学 Evelyn Hu-DeHart（胡其瑜）教授和四川大学徐新建教授的对谈录《美国与中国：多民族国家的文化和文学》。这次对话从宏观上梳理了美国与中国多民族构成的历史原因和现状，为展开两国文学比较提供了可参照的背景。

"多民族国家的文学遗产"不仅是一个理念、一种视角、一个方法，也是当今中国浩浩荡荡展开的一项以申报联合国"非物质文化遗产"代表作为契机的保护民族民间文化的运动。这个规模浩大的国家工程在总结以往普查、搜集、整理、创编成果的基础上，借鉴他国经验，把民间文化与其赖以生存的空间和传承群体视为一个完整的统一体，试图重新整合并加以保护。但在实际组织的过程中，仍不免存在着遮蔽"遗产"主体、分裂"遗产"对象的行为。四川大学梁昭的论文《"非物质文化遗产"保护下的"刘三姐文化"》以广西的民族文化个案为例，讨论了"非遗"工程在实际运作中造成的缺失。

将"文学"回归于人的日常生活，以人的观念、技能、行为作为"遗产"的表现形态，借助群体生活的视野但力求打破民族分野的边界，在"人类"整体的意义中继承和创新传统，正是当代"文学遗产"诉求的意义。

中国文化与文学再认识

中国社会科学院 张 炯[①]

摘 要：本文从中国文化多元一体的角度阐述了对中国文学的重新理解，强调各民族文学的平等意义及其在中国整体文学与文化格局中的互补价值。文章再次重申的是兼容汉民族文学与少数民族文学的中华文学史观。

关键词：中国文学 中华文化 少数民族 多元一体

开 场 白

我今天的讲题是《中国文化与文学的再认识》。为什么说再认识呢？因为我在做《中华文学通史》[②]的过程中产生了一些新的认识。刚才，曹顺庆教授说"中国过去的文学史是残缺的"。鲁迅在做文学史的时候取名为《汉文学史纲要》[③]，之所以如此，我以为是他已经意识到，光讲汉族的文学史是不全面的文学史。

1958年，中国科学院文学研究所所长何其芳先生就曾经提出来：我们应该编一本包括少数民族文学的中国文学史。但是，当时没有条件，因为那时我们对于全国的少数民族文学，所知甚少。当时少数民族文学的专家也很少。所以无法来编写这样的文学史。到了20世纪90年代，我接受现在在北京大学任教的陈晓明教授的建议，那时他在文学研究所工作。他说应该把中

[①] 张炯，1933年出生，福建福安人。现任中国作家协会名誉副主席，中国社会科学院荣誉学部委员，中国社会科学院研究生院教授、博士生导师。著有《新时期文学格局》、《毛泽东与新中国文学》、《社会主义文学艺术论》、《社会发展与中国文学》等16种文学评论集和专著。主编《新中国文学史》（上下卷）、《中华文学发展史》（三卷）、《中华文学通史》（十卷）、《中国文学通典》（四卷）。本文曾部分刊于他处，此处为全文发表。

[②] 张炯、邓绍基、樊骏主编《中华文学通史》，华艺出版社，1997年。

[③] 《汉文学史纲要》系鲁迅1926年在厦门大学讲授中国文学史时编写的讲义，初名为《中国文学史略》；次年在中山大学讲授该课程时，改名为《汉文学史纲要》。

国文学史从古至今贯通起来，然后把少数民族的文学和港澳台的文学都包括进来。因为我原来就在主编"中国当代文学史"[①] 并且兼任文学研究所和少数民族文学研究所的所长，有条件把两个所的力量集中起来，一起编成这样的文学史。但是当时的条件还不够，因此就邀请了北京大学、中央民族大学、福建和广东的一些学者一起编了这部书。1997年，这部560万字的著作出版了，出版社说他们赚了70多万。十多年过去了，去年，我们准备把这套书修订一下再版，增加至12卷，600万字。编写过程中，我感到需要对中华的文化、中华的文学进行再认识。

第一部分　中华文化再认识

第一个观念：从"五千年"到"八千年"，从"一元"到"多元"

中华文化源远流长。过去我们认为，我们的祖先是炎黄二帝，我们文化的源头就是黄河文化。但今天看来，这样的看法是不全面的。东北的辽河流域发现了红山文化。辽河流域古代是燕国所在地。红山文化挖掘出来的墓葬与祭坛，有很多玉器与陶器。玉器中发现了"中华第一龙"，即龙形的玉器，据鉴定在公元前8000—前6000年。另外就是陶器上面有一些符号，有些专家认为这是原始的文字，当然也有专家认为不一定是。我看了后认为那些符号并不是陶罐上的纹饰，因为纹饰是规则的，而这些符号是不规则的。所以，红山文化将我们的五千年文化提高到了八千年，也说明我们中华文明的源头不光只是黄河文化。可能古代的辽河流域比现在暖和，水草丰茂。

其次就是四川出土的三星堆文化。我参观后感受最深的是其中一个头像，眼睛凸出，像两个伸出来的拳头那么大。青铜器在中原是有的，在殷商时代很出名，而像三星堆这样的头像在中原是没有的。说明这是一种独特的艺术创造。还有一个很高大的通天树，很震撼。其铸造工艺很复杂，这是否代表了古人"天人合一"的观念呢？此外就是四川的金沙遗址，出土的6000多根象牙也是让人震撼的。象牙是很贵重的，居然有这么多埋藏在地下，说明这个地方很富庶。然后就是"太阳鸟"。我们过去把太阳叫做"金乌"，我始终不知道为什么，当我看了"太阳鸟"的造型后，我就在猜想金

---

① 张炯《中国当代文学讲稿》，中央广播电视大学出版社，1983年。

乌是不是从这里来的。总之，这是一个很独特的艺术创造。说明在长江上游有一种文明自古以来存在着，李白的诗歌《蜀道难》里面有"蚕丛及鱼凫，开国何茫然"。当然这些很难考证出来，但是这显然是很古老的，当时长江上游就存在一个古文明，那是确定无疑的。

在长江下游发现的河姆渡文化，我去参观了一下。在6000年前，那里就可以种水稻了。我们过去认为稻作文化是从印度传过来的。没有想到，在河姆渡这里，很古老的时候就有了稻作文化。另外一个就是在那里附近有一个城，还发掘了一些玉器与陶器，说明在6000年前这里就有了城市。玉器中的"玉琮"技艺精美。我在江西樟树镇附近考察过一个古城，那个古城没有上万人是修不起来的，虽然是土筑的，城里有一条运河，城里人可以取水。江西当然也发掘了很多青铜器。

这就说明中华文化存在多源头，不是一个源头。

第二个观念：多民族文学与多元文化共存

其次呢，我们要认识的就是，如刚才曹院长讲的：我们的文学是多民族的文学，我们的文化是由多民族的文化共同构成的。我们国家的版图之内，当然过去的汉唐实际的版图比现在的还大。清朝初年的版图也比现在的大。在亚洲东方这样一个巨大的版图里，自古就生活着许多的民族与氏族部落。在汉朝以前，好像史书中没有"汉族"的记载，只有华夏族。华夏族是在河南（即我们叫做的中原），和山西的南部、河北的南部、山东的西南部和安徽的西北部，那么这一带呢，自称是华夏族。当时的文明呢，是要比周围的民族要高一些，因为它较早进入农耕时代。

华夏族把东方的民族叫东夷。东夷又分了好几种，《后汉书·东夷传》说："夷有九种，曰畎夷、于夷、方夷、黄夷、白夷、赤夷、玄夷、凤夷、阳夷。""东夷"在史书中被记载为："被发文身"[1]。即头发很长，身上有纹身。南方叫做南蛮，像湖北、湖南一带都叫做南蛮，中原的人称其为"鴃舌"之邦，说他们说话像鸟叫一样，语言是不一样的[2]。其实，南蛮包括了很多民族。越族，文献说他们是"断发纹身"，为什么呐，有人解释说因为南方天气太热。那么，"越"过去叫做百越，在福建称"闽越"、江西湖南一带或称"扬越"、广东一带或称"南越"，在广西、越南或称"骆越"，等等。

---

[1] 《礼记·王制》："东方曰夷，被发文身。"
[2] 《孟子·滕文公上》："今也南蛮鴃舌之人，非先王之道。"

现在的越南也是"越"的一支。

在华夏的西方，叫做西戎，包括羌族、氐族，还包括维吾尔族等民族。但是，西南那部分，在古代叫做百濮，实际上包括西南的很多民族。在北方，我们知道在古代有匈奴与东胡，东胡有两支，一支是鲜卑人，在现在黑龙江的漠河。在那里有一个很大的洞，我曾经去参观过，那里有一个碑，上面记载，鲜卑族从那里一直往南，打到了今天的山西大同，然后建都在大同。另外一支就是后来的金人和蒙古族。所以，中国自古以来就有很多的民族，这些民族都有自己的文化，这些文化要在今天梳理起来也是很不容易的，因为需要从人类学、语言学、社会学等很多学科来做跨文化的探究，才能搞清楚。到现在也不能够说已经弄得很清楚了。

比如从语言学角度来说，有三个语系。阿尔泰语系、汉藏语系和南亚语系。阿尔泰语系在北方，从天山以北一直到大兴安岭。这里众多民族的语系叫做阿尔泰语系。南方则是南亚语系。而中间的大北方则属汉藏语系。如果从人种学考察，就有蒙古人种。在中国大地上生活的大部分为蒙古人种。但是在南方，在福建、广东、广西有马来人种，他们和蒙古人种就不一样了，个头矮一些，皮肤黑一些，下巴尖一些。但是，匈奴是什么人种？据史书记载，后汉的刘渊与刘冲这两个皇帝，说他们是"深目龙準"，即鼻梁高高的，瞳仁不是黑色的，而是褐色的，头发是黄色的。现在新疆乌鲁木齐的博物馆里面陈列有一具僵尸，称为"楼兰美女"，属于古代的楼兰国。我去看过这个美女，她的头发是黄色的，即她是白色人种，可能是雅利安族。我们知道，古代秦朝的时候就有匈奴了。秦始皇时期修筑长城就是为了防备匈奴，到汉武帝的时候才把匈奴人打败。匈奴人被打败之后，有相当一部分人往西迁移，据说迁到了今天的匈牙利。匈牙利的先人至少有一部分是匈奴人。匈奴人加入了西方的蛮族，灭掉了罗马帝国。其中的一支匈奴人最远打到了北非的迦太基。我到北非的突尼斯去参观，发现了匈奴人是到了那个地方。而汉代留下来的一部分匈奴人因内附，就被安置在河西走廊、陕北和山西北部，汉朝赐他们姓刘。刘渊与刘聪都姓刘。现在人们讲"绥德的汉子，米脂的婆姨"长得漂亮。为什么绥德的汉子长得漂亮呢？因为他们个头高高的，鼻梁很端正，眼睛有点眍，很帅。米脂的婆姨长得很白。他们是匈奴人的后裔。我们有个作家高建群写了一个长篇小说《最后一个匈奴》[①]。前不久，

---

① 高建群《最后一个匈奴》，十月文艺出版社，2006年。

我去内蒙古博物馆，看到一个匈奴国王戴的金王冠展品，上面镶有一个老鹰。而且人一走路，那个老鹰会不断地点头，其工艺了得。

所以，我们要树立一个观念，中华文化是各民族文化共同构成的，每个民族都有自己的文化。一直到今天，很多民族都有自己独特的文化。有的哪怕是一个很小的民族，比如甘肃的裕固族，他们人数虽然不多，但是他们有自己的文化，而且有一个传说，说裕固族的人可能是罗马军团流落到中国来的后裔。像东北的鄂伦春族，新中国成立初期，仅有300余人，一直住在森林里面以打猎为生。经过几十年的发展，他们的人口增多了。现在，政府动员他们出来盖房子住，但是很多鄂伦春人都不太习惯住房子，他们习惯住帐篷，即他们叫"撮罗子"的帐篷。所以，我们需要改变观念，即认识中华文化是多民族文化共同构成的。

第三个观念：中华文化不等于儒家文化

不要以为中华文化就是儒家文化。中华文化是多元的，它不但有儒家文化，还有佛教文化、道家文化以及伊斯兰文化、基督教文化。它是多元的。这两年发生的两个事情，一个是山东有个济宁市，其下属有曲阜，孔子的家乡就在那一带。济宁市要打造一个中华文化城①，请复旦大学一个教授帮忙设计了一个很宏大的计划，报到中央，要求拨款修建，但是到了人民政协被驳回。因为它的中华文化城主要是崇尚儒家文化，即崇尚孔夫子。所以很多民族的同志提出来，儒家文化固然很重要，但是很多少数民族不相信或未接触过儒家文化，所以这个方案就被否定了。今年，曾经有一个很大的孔夫子塑像树立在天安门广场的历史博物馆北门前，结果呢，也有一个少数民族的政协委员提出议案，说：天安门是我们56个民族共同拥有的广场，你不能够把孔夫子放在这个地方，他应该放在历史博物馆里②。后来，文化部接受了这个建议，将孔夫子的塑像搬到国家博物馆去了。

我们知道，中国既然是多民族的，其文化必然是多元的。就汉族来说，孔夫子代表的儒家文化虽然很了得，但是春秋战国，还有法家、道家、墨家、阴阳家，所以才叫"百家争鸣"，不是只有孔夫子。到了汉代董仲舒提

---

① 聚焦山东济宁"中华文化标志城"，见人民网 http：//culture. people. com. cn/GB/22226/118702/

② 天安门广场孔子塑像迁入国家博物馆雕塑园，见中国新闻网 http：//www. chinanews. com/sh/2011/04—21/2989577. shtml

出"罢黜百家,独尊儒术",实际上也不可能完全罢黜百家,而且汉代的儒家里面已经融入了黄老之说,已经和孔夫子时代的儒家学术不完全一样。当然后来出现了佛家,佛家从印度传入。那么,儒道佛三家在中国历史上不断有斗争,但是也有和平共处。特别到了宋真宗后,他就明确宣布这三家可以和平相处。盖个庙子可以放三家的神像。儒家主张入世,读书人治国平天下;道家主张出世,他要成仙、修道、养身;佛家寄托于来世,今生苦修,当然佛家也有一些戒律,比如不说谎、不偷盗,有一定的积极性。中国的知识分子在过去常常是,如意的时候是儒家,失意的时候变成道家,或者干脆就变成佛家,这个传统一直到近代还在延续。大家熟悉的李叔同,即弘一法师。他本来是一个富家子弟,后来留学日本,跟着孙中山革命,还演过戏,是一个才子,后来做了和尚变成弘一法师了。这说明儒道佛三家对中国知识分子都有影响。当然,伊斯兰教传入中国以后,包括今天的回族、维吾尔族,我们内地的北京、西安,甚至海南,都有回族。福建的回族呢,据说是当年的阿拉伯商人来到泉州,当时这里有大的海港,于是他们大批定居于此。所以,在泉州现在有很多阿拉伯人的墓地。回族信仰伊斯兰教,相信真主。基督教传入中国以后相当长的时间里也发展了相当多的教徒,包括我们很多的年轻人也加入了基督教。我读的中学是福州市的三一学校,就是基督教教会办的,学校里有一个教堂,学生每个礼拜要去教堂,里面有一个牧师给我们布道,然后大家一起唱圣歌,基督教提倡一种博爱精神,这跟西方的人道主义是相通的。恩格斯在《社会主义从空想到科学的发展》[1]这本书里头曾经讲到,现在的社会主义思想和古代的基督教博爱精神是有继承关系的。因为空想社会主义者,比如欧文、傅利叶等,他们提倡平等与博爱,做了一些实验,办了一个工厂,请了很多工人来实现大家的平等。所以说,我们的中华文化实际上是多元的文化,不光是儒家的文化。

第四个观念:多民族文化的互动与互融

多民族文化的互动与互融,即我们的文化是国内外多民族文化的互动互融,包括接受外国文化的影响。它是一个开放的文化,生生不息的文化,不是固定不变的封闭僵化的文化。中华文化在历史上有几次大的变动。大家知道,在尧舜的时代讲究"公天下",因为它是传位给贤人,而不是父子之间

---

[1] 恩格斯《社会主义从空想到科学的发展》(中译本),人民出版社,1963年。

的承继。尧找了舜，认为舜是一个很好的政治家，所以传位给他。到了舜，舜又传位给治水很有功劳的禹，但禹后来却传位给他的儿子，于是就变成了"家天下"了。从"公天下"到"家天下"，在制度上是一个很大的变化①。这样的变换与当时的经济基础是否有关系呢？应该是有关系的。《礼记·礼运篇》曾经说道，在公天下时代是"老吾老以及人之老"，到了家天下的时候就变成"老其老，子其子"，这是一种人伦关系的变化，一种文化观念上的变化②。到了周公"制礼作乐"，有一套礼乐制度，即文化的制度。尊卑有序，建立了很多繁复的礼节。而到了春秋战国时代"礼崩乐坏"，出现了"百家争鸣"，文化就产生了很大的变化。到了秦始皇统一中国，主张"车同轨，书同文，行同伦"③，这对于统一中国，其历史作用非常巨大。因为战国时代，各个国家的文字是不一样的，语言也不一样，是秦始皇把它们统一起来了。如果没有汉字，今天中国境内的两千多种方言存在，老百姓之间就无法交流了。就是由于有汉字，我们才能互相交流。现在很多民族都采用了汉字。比如，有2500多万人口的壮族也采用了汉字。所以，秦始皇的功劳很大。

历朝历代的文化都有发展，因为经济基础变了，周围接触的文化变了，各民族文化的相互影响和相互融合在整体上提升了中国的文化。比如我们现在所用的很多乐器，根据发掘，中国古代有编钟、磬、鼓这类打击乐器。管弦乐器，古代有古琴与琵琶，琵琶就是从新疆引进来的。胡琴，是北方民族的乐器，所以才叫"胡琴"。说到笛，有羌笛，是羌族人的乐器。今天的风琴、钢琴、提琴、铜管等乐器则引自西洋。由于引进，才丰富了我们中华的音乐。唐玄宗很喜欢音乐与戏剧，建立所谓的"梨园"。那时就引进了很多西域乐器，包括在宫廷里面演奏琵琶的曹大家，就是新疆于阗人。唐代本身是一个民族政策比较开放平等的朝代，因为唐太宗的母亲就是鲜卑人，他有鲜卑人的血统。所以，他当时使用的官员各个民族的都有。我们现在所说的门神，一边是秦叔宝，另外一边是尉迟恭，他就是新疆于阗那边的人，长相就是很多络腮胡子。所以，汉朝和唐朝都是包容吸纳了很多周围民族的文

---

① 《尚书·尧典》。
② 《礼记·礼运》："大道之行也，天下为公，选贤与能，讲信修睦。故人不独亲其亲，不独子其子，使老有所终，壮有所用，幼有所长，矜寡孤独废疾者皆有所养，男有分，女有归。"
③ 《礼记·中庸》。

化。鲁迅说"汉唐气势恢弘"①,就是说它们能够包容能够吸纳很多周围民族的文化,使得自己的文化更加丰富。

到了近代,可以说近百年来,从鸦片战争以来吧,也不止一百年了,我们吸收的西方文化是非常多的。大家知道,自康熙到乾隆年间,是我国封建社会的鼎盛时代、黄金时代之一,就是产生《红楼梦》的时代。日本有一本《世界史》,就是说中国在那个时代是世界上唯一的超级大国。中国那时候经济之发达、政治版图之广大、军事力量的强大以及文化影响的久远,都是其他国家无法相比的。如果用今天的GDP来讲,那时中国的GDP占世界的三分之一。乾隆时期,英国要来经商,乾隆很傲慢,要求英国使臣给他下跪。英国人只愿意单膝跪。当时乾隆就不许,认为中华帝国地大物博,我们何必和你搞贸易呢?!很自大和傲慢。因为这样的自大与傲慢,实行"闭关锁国",我们中国就落后了。在宋代,中国的科学文化在世界上是最先进的。当时就发现了石油,沈括在《梦溪笔谈》里面就谈到了陕北发现的石油。据说第一架时钟也是在中国开封制造的。当然这与开封的犹太人是否有关还不清楚,因为现在中国开封还有犹太人的后裔存在。当时中国的影响很大,它的贸易船只通到了日本、朝鲜、韩国和东南亚的许多国家。所以当时泉州有很大的港口,现今还挖掘出很大的木船,即是那个时候的海船。当然,清朝乾隆以后,闭关锁国政策就使得我们落后了。

鸦片战争中,清王朝战败了,先进人士才感到要向西方学习。第一个向西方学习的是太平天国的洪秀全创建上帝会,将西方的教义引进来,同时将西方资本主义的先进东西引进来。洪仁玕写了一本《资政新编》,就是介绍西方制度的书籍。当然太平天国运动失败了,后来有以曾国藩、李鸿章为代表的洋务运动。他们将太平天国运动镇压下去,提出要"师夷长技以制夷"②。要学习西方的技术,所谓"坚船利炮"。因此,向外派留学生,但是他们也守住一条,即"中学为体,西学为用",也就是文化主体还是要守住儒家的一套,而应用方面则可以学习外国。但是到了康有为、梁启超的变法维新,他们觉得"中学为体"已不行了,就提出"君主立宪",即皇帝可以继续做,但是要有宪法,要学日本明治维新,要废除科举,兴办学校,创办报纸,提出很多新的主张。孙中山提出"三民主义"。直到马克思主义传入中国——它也是西方的,是德国人的,我们觉得马克思主义比较科学,它有

---

① 鲁迅:《看镜有感》。
② 见魏源《海国图志》。

历史唯物主义与辩证唯物主义的世界观，它所主张的社会主义学说也比较符合广大人民的利益。马克思主义传入的时候，影响并不是很大，因为当时的学校里有很多团体，有信仰无政府主义的，有信仰基尔特社会主义的，当然也有信仰马克思主义的。但是，马克思主义学会建立之初，会员并不是很多，直到中国共产党成立以后，才有转变。

可以说中国的文化，在这一百多年来，有很大的变化。我今年78岁，我小时候还穿过长袍马褂，带过瓜皮帽。等我1955年到了北京大学，那时候的大学生还穿长袍，有围脖，像《青春之歌》①里面的主角卢嘉川的打扮。但看现在，大家穿的与西方没有什么不同，服饰文化发生了天翻地覆的变化。我有一年去日本，他们的内阁官房文库拿出他们的国宝给我参观，是一个长卷的清朝服饰图。当时的三教九流穿什么衣服，那上面都有。现在，日本人将这幅图当作国宝，我们在中国却找不到了。比较一下服饰文化，百年来变化很大。所以中国的文化是不同民族之间的相互吸取，包括不同国家之间文化的相互吸取，这样才能够使我们的文化不断丰富、不断壮大、不断创新。它是开放的。而且历史表明，我们什么时候开放，我们就强大，什么时候我们闭关，不学习别人，我们就要衰弱。

所以，在对中华文化的再认识方面，我们要认识到：中华文化是多源头的、多民族的、多元的、开放的。

第二部分　中华文学再认识

一、文学是文化的重要组成部分，同时也是文化的重要载体和媒介

我刚才讲到《红楼梦》，在其中有丰富的文化内涵，不但描绘了当时的物质生活，也描绘了当时的精神生活。其中，有儒释道的精神观念。妙玉代表的是佛家，贾政就是儒家，还有贾宝玉比较叛逆，里面有空空道人等。其中有不同的文化观念，《红楼梦》还反映了当时的饮食文化、建筑文化、风俗文化。刘姥姥进入大观园，吃了一道菜叫做"茄子鲞"，虽然是茄子做的，但是要花好几两银子。刘姥姥大为感叹，说这盘茄子可以够穷人吃几年了，可见其工艺之复杂。小说里面还讲到贾府的人中秋节吃螃蟹是怎么个吃法。

---

① 杨沫：《青春之歌》。

所以文学是文化的重要载体和媒介，如果今天我们对文化的理解调整了，对中国的文学也要再认识。

以前我们认识的文学，最古的是神话。比如女娲抟黄土做人、后羿射日等，这都是很有想象力的神话。人从哪里来的？是女娲用黄土做的。但是南北方的民族各有一种文化体系和神话谱系。比如南方民族认为人是从葫芦里走出来，说老鼠咬坏了葫芦，里面走出来一男一女，有十几个民族都有这样的神话。当然还有一种神话，叫做盘瓠，说皇帝在打仗中遇挫，就宣布说：谁能够打过对方，我就把公主嫁给他。结果跑出来一条狗说："我可以帮你去打！"结果打败了对方，娶了公主，生儿育女，繁衍出许多子孙。有十多个南方民族都有这样的神话，供奉盘瓠为祖先。北方民族有另外一种传说，他们有苍狼传说，崇拜苍狼，认为人是由苍狼抚养长大。所以从神话来讲，他们有不同的神话谱系。

承认我们的文学是多民族的文学，就会使我们认识到中华民族的文学是丰富多彩的。比如曹院长提到的格萨尔王，我们过去的文学史，像我上大学的时候，当时教我们文学史的老师是游国恩先生，他就说中国的史诗不发达，在《诗经》里面就只有两首，一首是《公刘》，一首是《生民》。这两首可以勉强算做史诗，讲的是周朝的先祖怎么带领子孙去开创土地，从事农耕。但是这两首诗歌都很短。叙事诗也不发达，讲古代文学就是《孔雀东南飞》与《木兰辞》。但是，如果我们把少数民族的文学包括进来，那么，我们这方面的认识就完全改观了。

我们有三大史诗：藏族的《格萨尔》、蒙古族的《江格尔》、柯尔克孜族的《玛纳斯》，都是英雄史诗。《格萨尔》被认为是世界上最长的史诗。我们知道，古希腊的史诗《奥德赛》以及《伊利亚特》，他们加起来有两万行。印度的最长史诗叫做《罗摩衍那》，二十万行。我们的"格萨尔"史诗现在有一百万行。中国社会科学院少数民族文学研究所曾经去给传唱的艺人录音，录了九千盘磁带都还没有录完。它是活在口头上的。而且这个史诗很奇怪，前不久青海有个年轻人生病了，病好了就会唱念《格萨尔》史诗了。所以藏族人认为这是神授的。当然现在很多人都知道格萨尔王了，阿来还写了一本小说《格萨尔王传》[①]。

说到叙事诗，少数民族的叙事诗有很多。比如彝族分支撒尼人的《阿诗

---

① 阿来《格萨尔王传》，重庆出版社，2009年。

玛》，蒙古族的《嘎达梅林》，都是在新中国成立初期经过当代诗人加以整理加工的，在全国都很有名。所以，把少数民族文学涵盖进来，可以大大丰富我们对中国文学的认识。过去，我们不知道在蒙古族有《蒙古秘史》，写成吉思汗的历史。维吾尔族有《福乐智慧》，它将抒情、哲理、智慧的东西都融合得很好。藏族有个达赖叫仓央嘉措，他写了很多优美的情歌。所以，把多民族的文学包括进来，可以加大我们对中国文学的丰富性与多彩性的认识。我们编写的《中华文学通史》十卷本，共560万字，其中写到少数民族文学成就的有90万字，光是四川的彝族文学就写了19万字。过去我们还没有注意到彝族还有一本诗歌理论著作。撰稿人就是彝族女同志巴嫫，她坚持要把彝族文学多作介绍。这种心情是完全可以理解的。

二、很多少数民族也参与了汉语文学的创造，促进了汉语文学的发展

实际上，我们还应该认识到很多少数民族也参与了汉语文学的创造，促进了汉语文学的发展。在古代，屈原的《离骚》、《楚辞》、《九歌》、《天问》是楚国的，它的风格跟《诗经》不同，它们的源头是不一样的。《诗经》是现实主义的源头，而屈原的《离骚》被称为浪漫主义的源头，它富有想象，有很多幻想。但是，对当时的华夏来讲，屈原被认为是南蛮，他反映的文化是今天我们所说的三楚文化。改革开放新时期在"寻根文学"兴起的时候，韩少功写了一篇文章，说到三楚文化在哪里呢[①]？只有湘西还有。鲁迅认为屈原的《离骚》对后世文学的影响超过了《诗经》。前面我讲到，后汉的刘聪，史书记载他年十四就穷通经史，擅长诗文，著有抒怀诗50余篇。北方的民族到中原建立王朝以后，往往要学习中原文化。其实，这是一种规律性的现象。著名的马克思主义理论家普列汉诺夫（列宁对他的理论水平是很称赞的）曾说：总是后进的文化向先进的文化学习。没有先进文化向后进文化学习的反例[②]。他说：为什么俄罗斯文学要向法国文学学习呢？因为法国文学先进。法国人并不向俄罗斯人学习文学。为什么非洲文学要向欧洲文学学习呢？因为欧洲文学比非洲文学先进。但是欧洲人并不向非洲人学习文学。所以像鲜卑人到了中原建立王朝，比如北魏原来建都大同，后来到了洛阳，北魏孝文帝就下令"易胡服"，就是要把少数民族的服装改成汉族的服装，而且要学习汉文，同时自己改汉姓，将拓跋氏改姓元。清代满族进关以后也

---

① 韩少功《文学的"根"》，1985年。
② 参考《普列汉诺夫哲学著作选集》。

是一样,第一个皇帝顺治,第二个皇帝康熙以及他的儿子雍正、孙子乾隆,他们从小就是学习汉族文化的,乾隆到处题字题诗,虽然他的诗歌不怎么样,但是他有这样的文化。

历史上不乏少数民族作家参与汉语文学的创作。比如说辽国,在《杨家将》中经常出现的萧太后,这个萧太后的汉诗就写得很好,现在研究辽金文学的学者就很推崇萧太后的诗作。辽国的大臣耶律楚材,蒙古人灭了辽国之后,成吉思汗把耶律楚材聘到身边作大臣,帮他出谋划策灭了很多的国家,后来耶律楚材做了中书令,相当于宰相。耶律楚材用汉文写的诗作有十四卷,他不但是一个政治家,同时也是一个才子[①]。我们知道元好问是金国人,后来在河南内乡当过县令。像萨都剌是回族人,纳兰性德是满族人,蒲松龄是蒙古人。我们中国作家协会已经去世的一个副主席李凖也是一个蒙古人。蒙古人为什么跑到山东河南呢?因为蒙古皇族被明太祖赶走以后,还有相当部分的蒙古人留下来了,所以一直到福建与海南岛至今都有蒙古人的后裔。我们都知道老舍先生号称"语言大师",对汉语文学的发展有很大的贡献,但是他是满族人。年轻的时候,他都不敢承认自己是满族人,因为民国刚刚成立的时候,反满的情绪很严重,所以满族人都隐藏自己的身份。我认识一个满族的女作家叶广芩[②],我们一起到加拿大访问,聊天后才知道她和慈禧太后是本家,是叶赫那拉氏,后来将后面的字去掉,就变成了"叶"姓。她的大部分小说就是写的满族贵族衰落的故事。她现在住在西安,汉语水平非常高。甚至包括藏族的阿来,他也用汉语写作,还得了茅盾文学奖。应该说这些作家对汉语文学的发展都作出了贡献。当然,少数民族作家可以用他们的本族语言写作。像《西藏文学》就用两种文字出版:汉文与藏文。对于这点,我们也必须有足够的认识。

对我国文学的长期发展,我们还应该树立开放的观点,树立一个向外民族、外国文学的好的学习的观点,吸取人家的长处。

在中国古代,小说不太发达,诗歌和散文被认为是正宗,小说被认为是街谈巷议,不入庙堂。在唐代,出现了传奇,标志着短篇和中篇小说走向士大夫阶层;另外就是出现了变文。变文是佛经的故事,是从印度传进来的,是一种可以说唱的文学。当然,中间可以加一点说白。这不但影响到后来的评书和弹词,还影响到后来我国的戏曲。中国的戏曲就是唱一段说一段,有

---

① 耶律楚材《湛然居士文集》。
② 叶广芩,满族,代表作有《没有日记的罗敷河》、《本是同根生》等。

道白有唱词，这跟西方的歌剧不一样，西方的歌剧全是唱；跟西方的话剧也不一样，西方的话剧全部是说。我们的戏剧是又唱又说，这就与吸取了别人的好的形式有关。至于我们现在的白话文学，现在发展出了这么多的门类：诗歌、小说、戏剧、散文，小说里面又有政治小说、言情小说、推理小说、科幻小说等等；诗歌里面有政治诗、哲理诗、寓言诗，很多东西都是从国外吸收来的。所以一定要有开放的观念。当然也不是说别人不好的也要学，学来以后当然有一个中国化的过程。我们用我们的语言来表现我们的生活，这当中有一个中国化的过程，会慢慢地融入到中国人所喜闻乐见的行列中去。

小结：建立开放、包容的中国文学观

总之，我认为，对于中国的文化与文学，我们今天应该建立一种开放的、辩证的、包容的观念。

比如我们编写《中华文学通史》，为什么要把港澳台的文学也纳入进来？港澳回归，不成问题。我到澳门，有葡萄牙人问我：我们葡萄牙人在澳门已经400多年，回到葡萄牙都不被承认，说我们是东方人。因为很多葡萄牙人已经是混血，长相像白种人，但有黑头发，既会说葡萄牙语，也会说粤语。他们就要求说，你们56个民族可不可以再增加一个葡萄牙族，你们新疆不是有俄罗斯族吗？澳门这样的小地方，有很多写中华诗词的，老年人、中年人、青年人都很爱好中华诗词，当然也有很多的诗社是写现代诗的。至于香港，虽然受到英国人近一百年的殖民统治，但是香港老百姓的文化还是中华文化。而且在新中国成立以前，中国大陆的部分左翼作家为了躲避国民党的迫害就跑到香港，在香港写作，有萧红、茅盾、夏衍等。到新中国建立以后，那些左翼作家回到大陆，但是有些大陆的右翼作家怕共产党，又跑到了香港写作。过去有人说，香港是"文化沙漠"，没有什么文学与文化，这样的看法是不对的。香港至少也有几所大学嘛。香港科技大学在世界大学排名中还很靠前。香港也出了很多有名的作家，比如金庸。金庸是到了香港以后才开始写武侠小说的，他最初在报社做编辑。当时他靠小说来促销《民报》，结果使他发财了。我到香港的时候，他手下的一个人告诉我说，文化人到香港发财的就只有金庸。还有就是梁羽生，在华人世界里面也是很出名的。另外，还有曹聚仁、董桥、刘以鬯等许多散文家和小说家，他们从大陆到香港也写了很多作品。所以，我们完全应该把香港文学和澳门文学纳入中国文学来看待。

至于台湾也是如此。台湾受到日本人五十年殖民统治。日本人推行"皇民文化",要求当地人把名字都改了。我认识一个台湾人,他原来姓潘,日本人把他的名字改成潘三正男,因为他是长子,所以改成了正男。即便如此,日本文化还是无法在台湾扎根,老百姓有自己的一套信仰,比如妈祖信仰。台湾文化属于闽台文化的系统,是中华文化不可分割的一部分。在光复之后,台湾的汉语文学有很大的发展,作家有很多,散文方面的成就超过大陆。我们完全应该把它们纳入进来。所以,今天我们需要对中国文学的很多观念进行调整。

【讨论与回应】

徐新建(主持人):请大家把问题想好,尽量简短,多提好问题,好问题不仅是你感兴趣的问题,同时也是在座的各位都感兴趣的问题。我做一个过渡,先说说我的看法。我认为张先生今天的讲座包含许多重要理念:

第一,提出文学史观念的两个关键词:调整与改变。这是非常重要的。我们目前各高校的文学史教材流传已久,似乎已一成不变,被奉为经典了,但是从张先生的报告看来,需要调整与改变。这两个词好像很容易说出来,但是意味深长。

第二,从文化到文学的两边打通里,也有三个关键词:多元、交融与开放。这三个关键词在我看来就是新编的《中华文学通史》的主要思想。"多元"是不容易提出来的,以前人大多不提;"交融"的意思不是各顾各的,是对多元的补充,强调在多元之中相互联系和融合。我觉得讲得最好的是"开放":在多元基础上,通过交融,走向开放。我觉得这是今天使人备受鼓舞的新文学观。

学生提问:关于儒释道三家对中国文学、中国知识分子有什么影响?

张炯:中国知识分子受儒家学说的影响最大。孔夫子最重要的"仁爱"观念,"仁者爱人",他教学生"有教无类"①。他的学生中有学武术的,也有学文艺的,也有如颜回那样身居陋巷。这种仁爱思想对中国士大夫来说有很长远的影响,与今天的博爱思想是相关的。或者可以说这是中国朴素的人道主义。因为这样的仁爱思想使中国的弱势群体能够受到关注。所以,后

---

① 见《论语·卫灵公》。

来范仲淹在岳阳楼上写的"先天下之忧而忧,后天下之乐而乐",也发扬了儒家的仁爱思想。比如杜甫《茅屋为秋风所破歌》讲到"安得广厦千万间,大庇天下寒士俱欢颜",这样的思想就很了不起,也是一种仁爱与博爱的思想。甚至我们说的屈原,他也有一种仁爱思想,在《离骚》中讲到"长太息以掩涕兮,哀民生之多艰",这种观念对中国的士大夫很宝贵。中国的士大夫很多做官的,在做官后,有很爱民的。

至于道家,由老子、庄子提出来,带有古代的唯物辩证法的观念。但是,它有小国寡民、返归自然、人与自然和谐相处的思想,以及后来道家发展出来的养身与修炼。道家炼丹,后来的化学发展以及火药发明都与此相关。当然道家讲究出世,所谓独善其身。其实,儒家也有独善其身的观点,即"达则兼济天下,穷则独善其身"①。

至于佛家的思想呢,是从印度传来的,佛家有一个很重要的观念,即人有今生与来生,讲究的是"因缘果报"。多做善事,普度众生的思想,也有与仁爱相通的地方。所以,今天我们来清理诸家的思想,消极面要加以批判,积极的一面要加以继承。佛家对中国知识分子的影响不如儒家大,但是中国有很多的知识分子与佛家是来往密切的。比如苏东坡与佛印,我还看到过苏东坡送给佛印的一条玉带。他们两人经常在一起吟诗唱和。当然也有后来愿意改信佛的人,或者做居士,比如赵朴初是佛教居士,还被选为佛教协会的会长。比如李叔同干脆就做了和尚。他们都有很多文学作品,在其文学作品中当然也传达了其宗教的文化理念。因为文学总是有思想性的,除了表达一定的感情,也会表达一定的思想,所以作家有怎样的世界观、人生观、宗教观,是会在其文学作品中流露出来的。

学生:张老您好!很感谢您今天的讲座,我想在座的各位可能都会觉得我们很幸运。但遗憾的是并不是所有高校的文科学生都能有这样的机会来接受这种文学观念的教育。就目前的文学教育来讲,中国少数民族语言文学的开设状况并不是很理想。想请您谈一下中国多民族国家的文学教育的现状以及未来的展望。

学生:我想请问如何来看待从中国走出去的用外文进行创作的华人作家的写作?比如老一辈的林语堂以及20世纪八九十年代的高行健等,他们创作了很多中国题材的小说,这是不是可以算做中国文学的一部分?那是否有

---

① 见《孟子·尽心上》。

这种可能，比如外国作家用中文进行创作，如果可能的话，是不是中国文学的极大的扩张与创新呢？另外，匈奴人是否真的是匈牙利人的先祖？

徐新建：最后，我用主持人的身份再提第三个问题。我仔细看了新版《中国文学通史》的编写，也看了学术界的相关评论，肯定的意见很多。但是我有一个疑问，目前的《中华文学通史》在多元性上做得最好的，但好像还是体现为"汉民族文学"作主干，然后吸收其他民族。怎么来解决这个问题呢？就是说在现代的民族国家构成里，我们是不是还在强调汉民族作为主体民族，其他的就是非主体民族（少数民族）？如果这样，写作文学史的时候如何考虑这些呢？文学的多元又如何体现呢？就是说其中的分寸怎么把握呢？我现在也很想听听张先生的意见。

张炯：第一个问题是如何评价高校的文学教育以及如何展望。因为我没有在高校工作的经历，现在高校文学教育的接受情况如何，我不是很清楚。我虽然在2002—2005年的时候在湖南大学兼任过名誉院长，但是实际上我没有去几天，我没有参加实际的教学工作。

徐新建：我补充一下，问这个问题的同学是文学人类学专业的博士生，正在做一个调查，了解到现在的很多名牌大学，包括北大、复旦和南大等在内，都不开设中国少数民族语言文学的专业课程。这是一种遗憾，一方面我们在呼唤多元的文学史观，与此同时却得不到北大这些著名高校的回应。

张炯：这种现状，过去我们是意识到了。所以就想编《中华文学通史》，要纠正这样的现状。那么，它们在教学中不开设这样的课程，可能也不是轻视少数民族，而是它们不了解，没有这方面的师资，讲不了，就像我们过去编不了这样的教材一样。直到20世纪90年代，我们培养了一大批这方面的少数民族文学研究专家，所以才能够编写这样的文学史。所以现在大学的课程里头，我所知道的是马列主义课程占的分量比较大，这对于文学专业的课程来说，就要受影响。我上大学的时候，修文学史是五年，从古代一直到现代，现在的文学史课时就没有那么多了。另外，我那个时候还修中国思想史、美学、文艺理论，我不知道现在还讲不讲历史与思想史。但是，在我看来，研究文学的人一定要知道我们的历史与思想史。如果没有教授这方面的课程，大家一定要想办法补。

第二个问题：我们在扩大中华文学史观的时候呢，是把一部分华人文学包括进来了。华人在国外已经有几百年历史了，当然华文文学在国外发展起来也就一百多年。华人文学主要的板块在东南亚，但他们的文学我们不能够把他们写入中国文学史，因为这些华人都加入了当地的国籍。比如泰国、越南、新加坡等地。新加坡有70%是华人，马来西亚有30%是华人，他们许多人用华文写作。但是，这些文学只能够叫做新加坡文学或者马来西亚文学。如果我们把它们写入中国文学史，就可能引起外交上的纠纷了。比较复杂的是在美国，像胡适与林语堂等在美国居住了多年，比如林语堂的《京华烟云》最开始是用英文写的，后来他自己把它翻译成中文了。因为林语堂是我们现代重要的作家，我们现代文学史上都写到了林语堂，也写到了胡适。现在我们也在重新评价胡适对中国新文学的贡献。后来有一批台湾的作家到了美国，包括白先勇等，他们多留在美国当编辑或者教书，他们拥有双重国籍，许多人兼有美国和中华民国的国籍。因此我们的《中华文学通史》中也写到了他们。

再有一种情况，就是你刚才提到的高行健。高行健原来是中国作家协会的法国翻译，后来跟着艾青去法国访问，就看了很多法国的现代戏剧，很受启发。回来后就要求调到人民戏剧院去当编剧。他就开始写剧本，比如《绝对信号》、《车站》、《野人》这样的戏剧。1986年，他出国了，先在柏林举行了一个画展，开始也写了一些剧本，后来才加入法国国籍。他获得诺贝尔文学奖的《灵山》以及《一个人的圣经》这两部小说都是用法文写作的，后来翻译成中文出版。他后来获得诺贝尔文学奖的时候，国籍已经变成法国国籍了。那么，我们就不能够把他说成是中国文学。这是法国人获奖，而不是中国人获奖，我们只能够说用汉语写作也可以写出很高的水平。但是，我们也不要把诺贝尔文学奖看得太重，因为我见过诺贝尔文学奖的评委马悦然先生，他是评委中唯一懂中文的。他就说，如果鲁迅先生与老舍先生还活着，那肯定可以得诺贝尔文学奖的，只是诺贝尔文学奖不颁发给去世的作家。

那是1986年，当时的文化部部长王蒙在上海主持召开一个当代中国文学的国际研讨会时我见到马悦然先生。会上，曾经有很多先生问马悦然，我们中国有很多作家啊。（为什么没有获奖？）他说，中国的文学作品翻译到国外去的不多，还有就是翻译的水平不行，翻译得不好。他的回答使在场的一些翻译家，包括杨宪益先生和沙博里先生都不满意。当时新加坡作协的主席王润华就说：我奉劝中国作家不要太看重诺贝尔文学奖，那不过是欧洲的一小撮人在一个角落里面炮制出来的而已。这样说，当然很伤人。马悦然先生就满脸通红。那个时候苏联的外交部副部长、汉学家费德林出来打了一个圆场。他就说，要把一个国家的文学翻译成另外一个国家的文学是非常不容易的。他说：我曾经将《离骚》翻译成俄文，翻译后拿到报社发表，苏联的所有诗人都骂我，说这根本就不像诗。他然后邀请了苏联的著名老诗人阿赫玛托娃来翻译，这位女诗人花了三个月的时间翻译了一遍，发表以后才被认可，算是有点诗意了。他说翻译是很不容易的，为马悦然打了一个圆场。但是新加坡的这个作家仍然不依不饶的，他就说，如果诺贝尔文学奖有权威性，那么就应该读懂人家的语言，如果你连人家的文本都读不懂，你还来评什么奖呢？当然，也不能够说诺贝尔文学奖完全没有权威性，但是从历届评出来的奖可以看出，有很多优秀的作家都没有获奖，比如，高尔基、列夫·托尔斯泰等都没有获奖。而获奖的作家有些名不见经传。所以，评奖有一定的困难。

1998年我到斯德哥尔摩去访问，再次会见了马悦然先生，他与我交谈了三个小时。我发现，包括陈忠实的《白鹿原》，他都没有看过。然后，我还会见了另外一个委员，是日本人，他对中国文学更是茫然。我们推荐过艾青与巴金，但是他们没有被评上。还有人认为北岛可能获奖，结果也没有。但愿今后会有中国作家会被考虑。至于高行健，由于国籍关系，我们不能把他的获奖写入中国文学史，但是他的前期作品，比如探索性的戏剧，是已经写入的。后来他加入法国国籍的作品，就没有办法写入了。另外还有一批作家在美国与中国之间飞来飞去的，比如严歌苓。她原来是我们部队的一个女作家，后来到美国去嫁给了美国人，可能加入了美国国籍，但是她长期住在北京。这样的作家还不少。我们可以评论这样的作家，但是写入中国文学史就有一定的困难，如果她脱离了中国国籍完全加入了美国国籍，写进去就会产生外交上的纠纷。有一次她问我，她的作品是否可以申请评选茅盾文学奖，我当时就不敢回答她。我说我可以反映你的意见。当然国内一些奖项也授予给她了，比如女性文学奖之类的。所以，对于海外华人文学，要作具体的区分。

另外就是外国人用华语写作。我认识一个澳大利亚的白种人，他有一个中文名字叫白杰明，在辽宁大学学的汉语。他就用汉语写杂文，学习鲁迅的笔法写杂文，在香港的报刊上发表。他这样的作品，我们自然不能够算做中国文学。现在，外国人学习汉语的越来越多了，很多人用汉语写作。这里有几个概念，要加以区分：即"世界华文文学"、"世界华人文学"、"世界华裔文学"。这三个概念是有联系又有区别的。"华文文学"指用华文写的文学，包括外国人用华文写的；"华人文学"则是华人写的，包括华人用华文或其他外语写的作品；"华裔文学"则指华人及其子孙所写的文学，包括他们所写的英文文学等。现在有很多在美国、加拿大的华人已经是第三代了，他们只会英文，并只能用英文写作。所以，只好说他们的作品是"华裔文学"。

第三个问题说起来也很复杂。在汉朝以前是没有"汉族"的说法的。汉朝以后，很长的历史期间也并不流行"汉族"的称谓。如唐代、宋代就叫"唐人"、"宋人"。何时才明确称"汉族"，还有待细考。汉族实际上是一个大杂烩，是很多民族融合在一起的。比如，南北朝的时候，五胡乱华，北方的五个民族入主中原，中原的民族大迁移到了福建、广东、江西等地，这是民族大迁移也是民族的大交融。在这个过程中，很多民族就没有了，融入了后来的汉族。你比如说满族，满族统治中国近三百年，可据说现在会说满语的只有十几个人，绝大多数人都不会说了，他们现在基本上用汉语写作，改作汉姓了。所以，现在世界上据说有5000多种语言已经消失了。在全球化的时代，资讯发达，信息爆炸，文化强势的民族更容易被文化弱势的民族学习。比如，汉族占全国人口的90%，少数民族只占10%，那么，自然汉族就成为一个主体。从文学史撰写来说，入不入史，写多还是写少，我们当然有一个标准，就是文学性。而不是按民族人口的多少来分配文学史的篇幅。就是说，要按文学的思想水平与艺术水平来衡量是不是优秀作品。不是说所有的作品都可以进入文学史。只有在文学创作方面有创新、有超越，而且对后代的文学发展有影响的重要作品才可以入史。所以，这样我们基本上把各个民族的重要文学作品都收罗进来了，当然也有很多不那么重要的没有收进来。另外，还有一些少数民族由于它的作品基本上是口传文学，无法断定它创作的时代，所以就难以入史，因为不知道放在哪个朝代好。我们现在已经出版了20多种少数民族文学史，但有些少数民族文学却难以写史，只能写成文学概论，就是因为它们是口传文学，产生的时代考证不了。

文化遗产 研究

美国与中国：多民族国家的文化和文学

美国布朗大学　胡其瑜（Evelyn Hu-DeHart）[①]

四川大学文学与新闻学院　徐新建[②]

摘　要：在中美文化与文学的对话之中，美国布朗大学的 Hu-DeHart 教授介绍了美国的族群与文化，以及族群的判定，白人与非白人相当复杂的关系。她强调 race 是了解美国社会的组织与族群以及历史的关键。徐新建教授指出，在中国，民族是多元的，权利的交替成为民族不断融合的契机，但是，中国的民族应该重视其中源流的古与今，一方面要注意两个时段的区分，另一方面也不能忽视古今的连续和关联。

关键词：族群　跨文化对话　多民族文学　文化

【题记】2011 年 12 月 23 日，四川大学文学与人类学研究所举办了一次题为"美国与中国：多民族国家的文化和文学"的学术交流活动，邀请美国布朗大学的 Evelyn Hu-DeHart 女士与四川大学的徐新建教授专场对话。对话由梁昭博士主持，四川大学及西南民族大学相关专业的师生参加了交流[③]。

一、胡其瑜：美国的族群与文化

首先说明一点，全美洲并不仅仅指 USA。就整个美洲而言，它是一个多文化的世界，而整个美洲的人口变化也很大。这一点美国与中国不同。

[①] 作者简介：Evelyn Hu-DeHart（胡其瑜），美国布朗大学教授，"种族与族群研究中心"主任。

[②] 作者简介：徐新建，四川大学中国俗文化研究所研究员，博士生导师。

[③] 编者按：本文为对话的录音整理。文中的小标题为编者所加，并已经两位作者审阅、修订。录音整理者是四川大学的博士生付海鸿，余如波、银浩等同学也有贡献，特此致谢。限于篇幅，本文省略了本次对话最后的问答和讨论部分。

在中国，讲 ethnic group 或者 ethnic minority，叫做族群。非汉人群的人口不多，在中国，汉族人就是 dominant group，在美国，dominant 就是白种人，非白种人口渐渐多起来，再过二三十年，非白人比白人的数量要多。在这个方面，中国与美国是非常不一样的了。

而"少数民族"和"多数民族"这些概念的用法也并不一样。在美国，我们还用 majority，这个概念主要是指白种人。我们是用种族（race）的观念来看。因为美国就是白种人的社会。英文我们说，white supremacy 就是最高，最重要，最大权威，不但在政治上，在文化上什么都是白种人的社会。无论美国人怎么说我们是如何多元，但是实际上还是白种人的社会。在他们看来，除了欧洲来的移民外，别的移民都不具有与他们相同的身份（identity、status），也就是所谓的"非白人"。

美国社会，是一个多文化的社会，英国人一到了美国就遇到了土人，即印第安人。而对待土人和黑人的策略是不同的。

对于土人在后期主要是 reservation，而黑人则作为 slave，作为白人的财产而被排斥在法律之外。美国独立于 1776 年。1790 年，美国颁布了一个很重要的法律，就是非美国本地人如何成为美国公民（nationalization）。美国建国以后认为，只有白种人有资格参加美国的社会、做美国的公民。那个时候，美国人想象的移民就是白种人，白种人就是指的欧洲人。19 世纪中期即 1850 年左右，美国在加州发现了金矿，需要大量的劳动力，而加州的土人不会干这个工作，他们拥有自己的社会，也不可能把黑奴从南部搬到西部。于是大量的华人来到美国，而 1790 年的美国法律规定黄种人不能够入美国籍，因为华人不是白种人：你们可以来工作，但是不能够参加美国的社会，这就是歧视。不能做公民就是不能参加这个社会。西部的州都列了不能够参加公民的移民不能购买田地的条款。

1861 年美国内战开始，内战结束后，黑奴解放。美国宪法修正案第四条就是：凡是生在美国土地上的就是美国公民。因为解放的黑奴以前是作为财产而存在的，现在解放了却没有身份了。但是，美国的种族观念太重。过了十多年，美国人又把这些解放了的黑人"关"起来，从美国的南部开始，先用社会影响，然后是用法律，说要分开住，不能够通婚。白种人与黑种人，印第安人已经跑到保留地去了，那个时候的种族还主要是指白种人与黑种人。人种的分开是合法的，即 separate but equal。直到 1960 年马丁·路德·金才解决了这个问题。不合法是一回事。但是，还是要看历史上传下来的影响。所以人种的影响很大。

在美国还有一个很大的族群，现在人口最多的是拉丁人。从墨西哥或者拉丁美洲过来的移民很多。有的是美国与墨西哥发生战争时掠夺过来的。美国现在物产最丰富的是加州，这些过去都是属于墨西哥的。抢了地以后，上面居住的人也归属于美国。他们很多人都是混血的，讲西班牙文的，还有信基督教的。这些人就与美国的白人不一致，因为美国白人的观念里，基督教不是犹太教，而且英国人、爱尔兰人才是最纯粹的白种人。尤其后来的犹太人，他们认为犹太人不纯。所以，美国的拉丁人人口最多。现在很多墨西哥人到美国找工作，但是他们是非法移民，因为美国人不给他们移民的护照。这种非法的移民就类似过去的华工——需要你的劳动，薪水很少，但是我们不要你们参加我们的社会。

所以，在美国说ethnic minority不仅是指文化不一样、语言不一样。因为我们用族群ethnic group最重要的就是说你的文化以及你的来源。但是，在美国除了ethnic group还有ethnic minority，少数民族的"少数"我们要小心，因为即便人口比白人多了，但是仍然还是"少数"。在社会学来说，少数的意思就是权威的。我们的社会是分阶级的，但是，阶级是用你与你的财产的关系，用马克思的话来说是资产阶级、有产阶级、无产阶级。在美国，种（race）也是一种阶级，白种与非白种人相当于不同的阶级。因此，所谓"少数民族"并不完全以人口的多少来界定。

如何判定白种人与非白种人？比如混血。按照种族主义意义上的"一滴血"理论，你只要有一滴黑种人的血，就算黑人。其他族裔也一样。亚裔参加了白种人的社会，可不可以把他们也当作白种人呢？这个很难界定。或者用地理的观念。犹太人、阿拉伯人、伊朗人、波斯人呢，到底算白种人，还是黑种人呢？但认为中东的人还是白种人。也就是说，白人与非白人的分辨完全看社会的观念。这也与历史有关系。现在，在美国，非白人越来越多了。在美国的大学里面，亚裔人，尤其是印度人、韩国人，他们的新移民子女学习都很好。美国现在用了一个名字model minority来指这三种社会里尤其是念书很好的人，model minority即"模范族裔"。他说：你们是乖的、好的、不吵闹。用华裔人来表明矛盾不是在制度上，而是你们自己的人不努力。所以，就把亚裔人放在中间，当作名誉的白种人，差不多是白种人了，但是还不是白种人。渐渐就让亚裔人来支持他们白种人的社会。所以，有的亚裔人认为我们是名誉的白种人了。

现在，白人与非白人的关系很复杂。所以，只有了解了race，才能够了解美国社会的组织与族群与历史。

因为不大了解中国，所以好奇。在中国"民族"的英文翻译就是 nationality，这个是否也用族群的观念来看？是从种族的角度还是文化呢？

二、徐新建：中国的民族和文学

实际上，对于中国的民族问题研究，一定要有一个世界性的眼光。特别是要和世界上相似和不同的国家，如美国、加拿大等作比较。我们一直在期待这样的对话与交流。比如说，中美之间所讲的关键词（key words）是不同的，一个突出 race（种族），一个强调 ethnic group（族群）。其实，过去在汉语中这两个词都是不用的，因受到西学影响，近代以后开始逐渐用"民族"（nation），"族群"则是 20 世纪 90 年代后才流行的。这是一个很复杂的问题。所以，美国人对种族与族群的区分可以帮助我们理解中国与美国的不同。另外，美国的种族问题是一个历史过程，这种"过程论"的思考对我们了解中国民族的形成也是有帮助的。

中美的民族研究值得相互参照。有了对照，双方的民族问题就能显现出彼此的异同。首先要注意的是各自所处大陆和历史方面的新旧对比。在世界格局中，一般把美国的民族和历史归为所谓"新大陆"。相比之下，中国就属于"旧大陆"。

"旧大陆"的历史和民族与"新大陆"是很不一样的。以往的世界史在谈"旧大陆"时每每只讲欧洲，其实应扩大到整个欧亚，乃至"新大陆"之外的全世界。总体而论，在民族的形成和社会特征上，新旧大陆的差别很大。作为在新大陆扩展而成的美国，属于移民"联邦国家"；而作为旧大陆的延续实体，中国可谓本土"帝国王朝"。相对来说，中国式的本土王朝自形成以来，便体现出政治上的帝国、民族构成上的多元和王权上的轮替等特征。美国式的移民国家，则表现为与旧帝国的脱离、对殖民地土著的侵占以及来源不同的移民混合等。

所以通过新旧大陆的比较，可以帮助我们认识中美两地在民族问题上的不一样。

美国种族问题的由来，差不多有两百多年的历史，但还是很短，因为它是一个移民社会。美国的历史应与其欧洲的来源联系起来。因为白人的种族中心主义不是孤立地从美国产生的，而是来自欧洲的西方传统。西方文化的"种族主义"或曰"文化中心主义"由来已久，从希腊时期对"蛮族"的区分和排斥开始，到后来对伊斯兰信仰的阿拉伯人的敌对和战争，最后才演化为移民到"新大陆"后的"白人中心主义"乃至对基督教文明之外所谓"异教徒"人群的歧视和教化。所以,美国的历史要连起来看的话同样是很漫长的。它是在欧罗巴白种人以及希腊和希伯来双重传统的土壤里产生的。这是美国民族问题的古与今。

中国的历史同样漫长。但除了新加坡之外,她还没有分解出众多远离本土的移民国家,因此中国的历史,就像张光直等学者认为的那样,更多被视为文明、族群和朝代的"连续体"①。不过由于近代西方势力的卷入,中国式的连续体被打破,原本完整的历史被切割成一分为二的古和今。在这个意义上,阐释中国的历史问题,也开始分为古代和现代两个时段、两个部分和两种类型。

因此,若要讨论中国民族,不能泛泛而论,首先要明确所说的是"哪个中国",是古代还是现代?二者大不一样。古代中国的民族,名称不同,地盘有别,相互关系也与现代颇为差异。先秦以前,夷夏有别,且"各分东西"②。汉帝国之后,中央集权制的朝廷强调中原为主,用武力维系封贡式的"一点四方"格局③。到了近代,在西方思潮影响下同盟会及国共两党先后主张恢复大清帝国的"五族共和"、或宣称汉族主导下的"一国一族"以及允许区域自治的"民族团结"④。

所以在今天讲中国,应该重视其中民族源流的古与今,一方面要注意两个时段的区分,另一方面也不能忽视古今的连续和关联。古代中国是和现代中国连在一起的,就是说她至少有近三千年的传统。脱离这个长时段传统,就无法理解和处理中国的民族由来和古今演变。

中国的民族情况还有一个很特别的特征,就是民族关系的分与合。在有史可据的三千年中,各民族的联系有一半的时期是分治的,从三代开始,到三国、魏晋、南北朝,直到后来北方的西夏、辽、金和南方的南诏、大理……就是说,在中国这样大的空间里面,这些不同人群合在一起的时间占了

---

① 张光直《中国古代史在世界史上的重要性》,《考古学专题六讲》,文物出版社,1986年,第1—24页。
② 傅斯年《夷夏东西说》,刘梦溪主编《中国现代学术经典:傅斯年卷》,河北教育出版社,1996年,第187—240页。
③ 徐新建《西南研究论·总序》,云南教育出版社,1992年,第1—12页。
④ 政协全国委员会办公厅、中共中央文献研究室编辑《中国人民政治协商会议共同纲领》,《人民政协重要文献选编》,中央文献出版社、中国文史出版社,2009年;毛泽东《论联合政府》,《毛泽东选集》第三卷,人民出版社,1991年,第1029—1100页。

一半，分开的时间也占了一半。

除了分与合之外，还有统一帝国的民族轮替，也就是不同民族先后"入主中原"，在掌握多民族帝国的王权上"轮流坐庄"。这一点与美国就很不相同。在美国，很难想象不是作为个体的奥巴马总统而是黑人作为一个种群，来掌握政权、领导美国。但是在中国，元朝就是蒙古人坐庄，建立由蒙古人为主导的帝国。到了明朝的时候，恢复为较小的、以汉人为主的中华帝国。与此同时，退守大漠深处的蒙古人依旧保留了自己的王朝上都。这个时候，在东亚多民族并存的这一区域实际上是两部分：在嘉峪关和山海关以内是一个汉人为主的王朝，周边则是蒙古等多元族群，在西南地区还有后来称为藏缅、苗瑶、壮侗等多种类的其他民族。16世纪满洲人进关以后，又"轮到"满洲人坐庄，于是出现了满族为主的"大清帝国"。在其中，汉族等其他民族也没有被消灭，而是作为新帝国的参与者并入其中，直到辛亥年以后，大清解体，民国建立，中国又再次出现汉族——也就是过去的华夏——为主的统治格局。

这样的历史结构在美国是没有出现过的。即便同样拥有本土的原住民人群（the Native Americans），我们还是无法想象"印第安人"能够作为一个整体的族群统治美国。当然这或许是因为美国的历史还比较短，只有两百多年，如果再给美国两千年，也许很难说。中国有三千年的历史，所以出现分与合轮换。在这个过程中，连续出现了不同民族成为领导民族。这是很不一样的地方。

那么现代中国的本土与世界的联系是什么呢？三千年的帝国轮替对中国人观念的影响，就是形成了"合久必分，分久必合"的历史循环论。帝国政治是循环的，没有突破，也没有发展，一切只靠武力和战争来"问鼎中原"。这个循环的历史模式在近代与西方列强交往以后就改变了。在民族关系的认识上，开始出现平等、团结和互助的观念。

在近代中国，对民族关系最大的改变是两种意识形态。一个是国民党的"共和主义"，一个是共产党的"共产主义"。1912年以后建立的中华民国主张复兴"五族共和"，建立以"国族"认同为主的现代共和国。这个共和的国家最初主要是要复兴"满汉蒙回藏"，在西南苗、瑶、彝等弱势民族的抗争下，又才扩大到五族以外的众多民族。"共和主义"强调国民身份和国家认同，目的是建立涵盖不同民族、地域、文化和阶层的现代共同体。这是一个很大的观念，与西方式的自由主义、民主观念及现代民族国家（nation-state）的建构潮流密切相关。

另外一个就是"共产主义",其也来自西方。但与共和主义不同,共产主义以民族独立、人民解放以及最终消灭国家为理想。所以,共产主义运动经由苏联传入后也对中国的民族问题产生了巨大影响。在早期,当共产党作为革命党而不是执政党时,曾经以苏维埃社会主义共和国联盟为榜样,在各个少数民族地区鼓励脱离国民党政府,建立自己的政权,最终联合起来,团结奋斗,迈向没有国家的共产主义社会。在共产党人的理想中,"民族"属于历史范畴,只有过渡意义;"国家"是暴力机器,应该从人类社会彻底消灭,最后实现没有差别,人人平等。

因此,近代中国就有两种选择,一个是国民党倡导的共和主义,一个是共产党领导的共产主义。这两种意识形态对现代中国的多民族国家建设都产生了根本性的影响。如果说共产主义的意识形态催生了1949年至今的"新中国",共和主义的主张则在退离大陆后继续以"三民主义"的变相方式,在台湾地区"外省人"本土化与"原住民"复兴潮流的交错互动中重现出来。

共产主义原本有一个理想化的设计,就是经过社会主义之后最终化解民族、消灭国家,可如今的大陆,社会主义不仅建成了国家而且越来越强大,国内各民族身份区分也大有日益增强的趋势。所以,在看待现代中国的民族问题上,要注意现在仍继续存在的多种模式和多个区域。这也是与美国不太一样的特征。

如今,值得进一步了解的是,从1949年以后,身处大陆的中国用共产主义的意识形态实行了很多改革。第一个就是重新进行"民族识别"。今天讲的彝族、苗族、壮族、水族、土家族等新的名称实际上是新中国建立后由国家命名的,是政府行为的产物。这个过程从20世纪50年代初期开始,一直持续到20世纪80年代才告一段落。从那以后,中国的人口分类,在民族成分上就是56个,包括汉族。少数民族有55个。由56个民族组成了现代的中国多民族国家。这是认识现代中国在民族构成上最重要的社会前提或社会基础。

如今,历史又演进了半个多世纪。在今天讨论中国的民族问题,如果仅以此为起点和终结是不够的,需要再往前后两头看。向后回顾,应看到"辛亥革命"以来从"五族共和"到"一国一族"的变革;往前展望,则又需观察"民族识别"所未能解决的诸多问题。其中包括西南地区的"白马藏人"、"摩梭人"与"穿青人",乃至汉民族里面的"客家人"以及移民海外的"唐人"和"华人"等,所有这些都对现有的民族划分和身份类型提出了挑战和冲击。

此外，尽管在性质上民国和新中国都可称为"现代中国"，但二者的差别还是明显的。彼此在政权更替中的格局转化也值得关注。民国创建，继承的是清朝遗产，在族群划分和区域分布上包括了汉、满、蒙、回、藏五大民族，也就是大清帝国的多元结构。实际上，中华民国正是由这样的五个空间构成。所以，当年"五族共和"的口号里既有民族的概念，又有区域的概念，同时还留存着帝国的阴影。到了新中国接管以后，多元格局中的"非汉民族"地方，大的组成了自治区——如内蒙古、新疆、西藏、甘肃、广西等；中等的成了自治州；小一些的成为自治县。它们遍布全国，形成了现代中国在民族分布上新型的多元一体。从1949年至2000年的半个世纪里，作为现代多民族国家的中国，在民族共处的互动关系上发生了前所未有的巨大变化。

所以，今天关心中国，不能够只看50年、100年，还要看得更长远点。这是一个很重要的问题。

此外还有一点值得注意，就是民族问题的两岸交流问题。20世纪50年代以后，现代中国出现了两岸分治，于是也导致了民族类型的两种对照。大陆的情况大致如前所述。台湾地区最需要关注的是原住民问题。在大陆现有的分类中，台湾地区只有两个民族：汉族和高山族。但现在台湾地区出现了极大变化，"高山族"一分为多，恢复为自我确定及当局认可的十余个不同族群，如阿美族、邵族、葛玛兰族……从现代中国的整体格局看，这些新出现的民族演变对既有观念和模式提出了挑战，需要展开两岸交流、对话和调整，以适应未来走向。

在学术研究方面，中国的民族问题研究也分为几个阶段。一个涉及胡其瑜的这个问题——中国大陆是如何确认"民族"的，是以血统、文化、宗教还是语言或其他什么？这关涉到西方民族学在现代中国的传播和影响。概括地讲，大陆在20世纪50年代的民族识别，主要依据的是苏维埃学派的民族学理论，也称为民族问题的"斯大林模式"。该模式把民族划分的标准确定为四个方面，即：共同地域、共同经济生活、共同心理特征和共同语言。到了20世纪末，对这种模式的认识开始有了变动。现今中国的学术界，已逐渐从苏维埃学派的影响中走出来，再度转为向欧美学习。现在进入中国的大量理论主要是欧美的，特别是美国的，包括民权运动、少数族裔的运动、多元主义。就是说，在20世纪80年代以后，中国的学术界逐渐在淡化"前苏联"模式，转向引进欧美的观念。

文化遗产 研究

在国内的很多高等院校，民族的问题也越来越成为重点。在1992年邓小平南巡讲话以后，国家集中力量搞经济建设，接着逐渐出现了区域性的差异。因为有中央的政策扶持，东部沿海的社区发展很快，西部少数民族地区的贫困差异则日益拉大，于是又导致国家调整相关政策。其中最突出的就是在少数民族较为集中的地区启动"西部大开发"。与此同时，少数民族自身的主体意识也日益增强，具有少数民族身份的学者、官员和民众开始关注自己的文化地位和传承。今天在座的就有很多少数民族的同学。其中不少已加入到校内外的"保卫母语传承"、"研究文化遗产"多项活动之中。这些都说明，当前中国的民族研究出现了很活跃的现象。但是整体来讲，开放还是不够，对话也不够。

反过来讲，中国的问题也可以给美国、给欧洲的同类研究提供对照和补充。欧美人看中国的民族问题常以西方的视角来做判断，以为这就是种族问题或身份问题。其实不然，就世界性的民族类型及研究而论，美国是一种、加拿大是一种、澳大利亚是一种，在南美、中东和东亚，则各有不同，完全可能是另外其他种。所以，把中国从古到今的民族问题加入到世界范围内来做讨论，有可能为人类学、民族学与族群研究提供新的空间。

正如我在其他文章里提过的那样，在文学领域，1949年以后的新中国强调"民族团结"的国家政策。至此，中国作为多民族国家的文学识别与文学史书写问题就摆在了学界面前。问题的难点在于如何在多层面的文学及文化关系上，协调现代中国对外自立与对内整合间的有效平衡。

2004年起，由《民族文学研究》编辑部和四川大学等机构共同发起创办的"中国多民族文学论坛"每年一度地连续在成都、南宁、西宁、乌鲁木齐、昆明及赤峰等多地举办，讨论的议题包括"中国少数民族当代作家文学的理论建设"、"多民族文学史观与文化多样性"、"对中华民族多元一体格局的深入思考"以及"多民族文学进入高校教育的路径与方法"和"文化身份与认同问题"等。其中最引人关注的是关于"中国多民族文学史观"的对话和争鸣。学者们发表的多篇文章不仅提出了创新性见解，而且对拓展多民族国家的文学研究发挥了积极作用。如《三重话语霸权下的少数民族文学研究》、《当代中国的民族身份表述》及《老舍研究个案与中华多民族文学史观》等。

进而论之，自"改革开放"以来，在与国际学术界展开的跨国界对话进程中，中国学者不同程度地吸收或参照了一系列全球性的新兴话语——如"文化相对主义"、"族群多元主义"与"人类口头与非物质遗产"等，因此也称得上后殖民时代跨文化文学研究的中国版本。

三、胡其瑜、徐新建：中美民族研究的对话

胡其瑜：政治上的问题也要考虑。比方说，我们讲马来西亚，为什么中国人要挣脱过去英国的殖民地？挣脱以后，中国人就分出来了，产生了新加坡和李光耀。李光耀了解，如果保留跟马来西亚的关系，那里有别的种族，就会有很大的冲突。所以，我欣赏在东南亚的这些国家。在印尼也是，有很多很多的种族，华人在印尼是极少数民族，但是他们的经济排在首位。后来，欧洲人退出来以后，那里的人就排华。为什么要排华？这些问题我都要考虑，都想知道。

徐老师，我再问你一个小问题我们大家再讨论，好不好？你刚才讲满族人、蒙古人的事情，我看中国历史，虽然蒙古人、满族人作了统治阶级，但是他们也同化于汉人的文化。他们自己的文化现在可能都不大有了吧？

徐新建：这个问题是很值得讨论的。我的观点是这样的，第一，现在很多人，包括大陆的华人、非华人，以及西方的白人等，对此都有误解。实际上，很多人讨论这个问题的时候，出发点是"华夏中心主义"，不能平等地看问题，而是习惯于先入为主地认为华夏文化高于其他民族文化，所以一旦非华夏族群与华夏相遇，最后的结果不是被同化就是消亡。由此出发，在看待历史上的元和清时，也延续了同样的文化偏见。事实上，无论在元还是清，两个所谓"异族入主"的帝国里，文化的构成是多元的，民族间的影响也是相互的，用今天的话来说，就是你中有我，我中有你，是族群交融而不是单一的同化。只是后世以汉文献记载的历史表述自觉不自觉地夸大学习和吸收汉文化的一面，忽视并掩盖了各民族相互影响、乃至汉民族学习其他民族文化的另一面，从而强化了人们对少数民族"被同化"的社会记忆。

至于今天满族文化为何消失的问题，需要结合辛亥时期的排满浪潮来分析。现在被学界挖掘出来的不少材料显示，在辛亥"武昌首义"以后，在同盟会"驱除鞑虏，恢复中华"口号动员下，全国各地出现了剧烈的排满，一些地方甚至有不分阶级的盲目屠杀。这样的情形导致大批满人隐姓埋名，乃至更改民族身份，久而久之，满族的传统就随之被淡化和遗忘。在满人作为统治者，即清王朝还没有结束的时候，帝国整体的文化非常多元。

满人很注意对自身传统的保护。他们跟蒙古人而不跟汉人通婚。在"五族"文化中，他们尊崇儒家，但请藏人做帝师，信奉佛教。朝廷往来的重要

文件大都用汉满蒙藏四种文字书写,可见管理策略是相互有别的,怎能说只是被汉化了?只不过是为了帝国统治的需要,满人非常理性地启用了汉人的官员与汉人的制度,以及汉人的文字与知识而已。

胡其瑜:是不是因为他们自己的人口根本就不够呢?因为中国是这么大的一个国家。

徐新建:也有这样的原因。但最重要的原因还是在于辛亥之变。历史地看,辛亥革命在很大意义上是种族革命。在最早的革命党组织中,不少人主张建立"大汉国",国旗采用的是仿效美国而设计"十八星条旗"——象征着大体恢复明朝版图的内地十八省。经过后来建国思想的调整,"大汉国"主张被"五族共和"取代,"十八星条旗"才改为了流行一时的"五色旗"。这情况到了20世纪末以后再次发生变化,大陆各地出现了"满族文化复兴",国家统计的满族人口急剧膨胀,2000年时已超过一千万。这里面原因较复杂,其中许多并非自然增长而是身份恢复,也就是把辛亥以后被迫隐瞒的满族身份重新彰显出来。至于文化艺术界涌现的大批"清宫戏",某种程度上也可视为"满族复兴"的表现。这些作品的作者不少就是满人,他们有满族认同及其文化自豪感。

胡其瑜:对对对,在美国也是,现在印第安人越来越多了。过去他们不承认自己的身份。现在呢?连克林顿总统也说:我也是印第安人。在美国,带有印第安人血统的人不少。但是过去他们都隐瞒自己的身份。谢谢徐老师。你们还有什么意见与问题呢?

徐新建:我也问胡教授一个问题。就是您现在主持布朗大学"种族与族群中心",你们基本的研究内容是什么?对以后的工作有哪些设想?

胡其瑜:美国所有的好大学都有类似的研究中心。这与美国的马丁·路德·金的运动有关。他的民权运动以后,在大学中最开始设有 Black Study 的研究中心。就是研究美国黑人的呢。但是,从那个出来以后呢,我们说还有别的非白人的研究中心,比如 Asian American Study, Native American Study。从这个开始呢,我们主张眼光是看到美国自己的社会里面的,现在我们的范围比较广。我们尽量比较对话。另外就是我们用"离散"的观念,离散的意思就是说移民,但是不是简单的移民,不单是全球的华人移民,而且他们是有联系的。还有就是 transnational,就是跨国界,这就与移民有关系。在美国的亚裔人,韩国人、印尼人等,日本人少一点,现在这些移民,并不是说我们想象的一离开家就不想家了。很多人会往老家寄钱,而且要"落叶归根"。老家与新家的这种关系如何联系?所以,跨国界也是很重要的。

因此，族群研究中心也包括了这些新的现象与新的想法。比如，奥巴马总统就是一个很好的例子。他的"黑"，不是从黑奴那边传过来的。他的父亲就是一个非洲的移民，到美国念博士，他的"黑"就是一个新的现象。所以，我们的种族问题就比较大，比较跨国界。然后呢，我们还有一点要考虑的就是族群间的相互关系。过去我们讲 ethnic minority 都是跟白人讲，现在我们说到黑人与华人有什么历史冲突？不仅是跟白人的关系如何，而且也会关注 ethnic minority 之间关系如何，也用宗教的眼光来看。包括 folklore。尤其是语言，非常有意思。不同语言的人在一起，相互影响。你们有没有考虑这个语言的问题呢？我在香港念小学，香港是英国的殖民地，本地人主要是广东人，他们的这个观念还是很重的。你去香港听他们说话，他们的语言就是半中半西的，将英语与粤语掺杂起来。别的人都不大懂这些话，这叫 Chinglish，要广东话与英语都很流利，你才懂这个 Chinglish。所以有很多角度可以看了——文化、语言以及政治等等。

"非物质文化遗产"保护下的宜州"刘三姐文化"

四川大学文学与新闻学院　梁　昭[①]

摘　要：自"非物质文化遗产"保护运动开展以来，广西的"刘三姐文化"得到了新的整合、保护、宣传契机。本文聚焦于广西宜州将"刘三姐歌谣"申报进入国家"非物质文化遗产名录"的过程，采用第一手的田野资料，描述了宜州"刘三姐乡"、"下枧河流域刘三姐歌谣文化生态保护区"和"刘三姐歌谣"三种形态的文化表述和项目形式，旨在说明当地的"刘三姐文化"在"非遗"体系下的新创造，并借此案例讨论中国"非遗"运动在实施过程中的问题。

关键词：刘三姐歌谣　刘三姐乡　下枧河

自 2001 年联合国教科文组织公布"人类首批口头和非物质文化遗产"的代表作以来，在短短的十余年里，"非遗"的体系在全世界包括中国迅速推广开来。这对民族民间文化的保护工作产生了革命性的意义转变：其一是把地域性和族群性的文化遗产拓展到全人类共享的范畴，其二是力图建立一种立体的和活态的方式来重新整合民族民间文化。这两种理念切合当今世界尊重少数群体的文化权利和倡导世界多样性的价值观。但"非遗"体系在中国推进的过程中，由于必须依托于现有的行政建制体系来进行申报和保护，故造成种种不尽如人意之处。本文力图以"刘三姐歌谣"纳入首批国家级"非物名录"的过程为例，探讨"非遗"实施的诸问题。

"刘三姐文化"是广西当代突出的民族文化代表。"刘三姐"是一个善歌

[①] 梁昭：四川大学文学与新闻学院副教授，2008—2009 年哈佛大学访问学者。研究方向：文学人类学、比较文学。任"中国多民族文学论坛"学术委员会秘书长，"中国多民族文学研究会"（中国比较文学学会二级学会）秘书长，四川省比较文学学会副秘书长。发表论文"Liu Sanjie" and the Changes and Shapings of Ethnic Culture in Lingnan of China、《苗族蚩尤叙事中的族性书写》等。

女子，在传说故事里因其有歌唱天才，所以打败了众多男性歌手，并因此而成仙。故民间称其为"歌仙"。这则传说的时间在汉语文献记载史上可追溯到南宋时期，在口传记忆里可上溯到唐代；覆盖的地域范围包括广西、广东、江西、贵州、湖南、云南、中国台湾、中国香港八省份和地区，涉及的民族和族群有：汉族、壮族、瑶族、仫佬、客家等。经过20世纪中期配合着民族识别工程而进行的民族文化建设，"刘三姐"成为广西壮族自治区的文化表征①，自此在全自治区内形成了从官方到民间都熟悉且喜爱的文化符号。

2006年，以广西宜州市为申报单位的"刘三姐歌谣"进入国家首批"非物名录"。这是依托于宜州发展民族文化旅游和山歌文化建设的结果。

"刘三姐乡"

宜州市位于广西中北部，隶属于河池市，是广西"刘三姐文化"传播的核心地区之一。

根据民国《宜山县志》所引清朝《庆远府志》文字所示，宜州市流河乡的下枧村是刘三姐的家乡。在这则传说里，刘三姐的异名是刘三妺：

> 刘三妺，相传唐朝时下枧村壮女。性爱唱歌，其兄恶之，与登近河悬崖砍柴，三妺身在崖外手攀一藤，其兄将藤砍断，三妺落水，流至梧州。州民捞起，立庙祀之，号为龙母，甚灵验。今其落水崖高数百尺，上有木扁挑斜插崖外，木匣悬于崖旁，人不能到，亦数百年不朽②。

今天在下枧村的善于观看者都能看到，在河边一面陡峭的山崖缝隙间，残留着一小截木头——据说这就是刘三姐留下来的扁担，因抗日战争时期被一国民党官员开枪射击，打掉一截，如今崖上仅余下外人难以辨识的一小部分。当地人至今仍热衷于向询问刘三姐故事的外人指点讲述这一截"扁担"的来历。

在20世纪中期政府组织的大规模搜集整理民间文学的运动中，当地文

---

① 关于"刘三姐文化"成为广西壮族自治区和壮族文化的最突出的代表，参见本人的博士论文《民间传唱与文化书写——跨族群表述中的"刘三姐"事像》，2007年。

② 《宜山县志》，民国七年版，宜州市地方志办公室点校，2000年，第451页。

人和文化馆干部整理了"刘三姐"的故事和山歌，并改编为戏剧演出。如1956年宜山县文化馆干部罗茂坤、副馆长周伟和彩调艺人吴老年合作搜集整理的长篇叙事山歌《"歌仙"刘三姐》，刊载于8月25日《宜山农民报》。同年秋，民歌手、龙塘乡乡长黄文祥创编的山歌表演《刘三姐》在宜山县龙塘乡演出。此外，1955年底原宜山克强中学校长邓昌龄创作了彩调剧剧本《刘三姐》，因故未能排演。1957年宜山人民桂剧团排练桂剧《刘三姐》，在当地轰动一时；并于1959年春参加柳州地区的文艺汇演。而1959年继柳州彩调剧引起轰动之后，宜山县彩调团于1959年12月到广西演出也引起了较大反响①。这些事件使得宜州的"刘三姐"展示具有悠久的历史。

以上民间传说的资源和历史上的文化积累，奠定了宜州市建设"刘三姐文化"的基础。进入21世纪，广西壮族自治区政府决定发展文化旅游经济，推出"刘三姐品牌"，便选定宜州市作为重点。而宜州市政府也组织多项活动来推动"刘三姐文化"的建设，其中最重要的活动是组织山歌赛。如：2000年"'蓝田杯'第二届全国乡村青年歌手大奖赛"、2001年"广西山歌擂台赛"、2001年"河池地区第二届铜鼓山歌艺术节"等。《宜州报》上的相关报道显示，该市政府官员充分意识到唱山歌对于民众的巨大吸引力，故有意将举办各种山歌赛（会）作为重要的文化建设项目②。在这样的大背景下，乡、村级别的山歌会也通过自筹与政府拨款相结合的方式展开。如2006年中秋节，刘三姐乡下枧村自筹资金举办了第一届"李小牛杯"山歌赛③。

2001年，宜州市开始着手将下枧村所在的"流河乡"更名为"刘三姐乡"的事宜。2002年，宜州市与河池学院组织召开了刘三姐文化研讨会，会议论文结集为《刘三姐文化品牌研究》出版，广西壮族自治区党委书记潘琦任主编④。2004年4月8日，流河乡乡政府向宜州市正式递交《关于将流河乡更名为"刘三姐乡"的请示》。2004年7月，桂政函〔2004〕116号文

---

① 1959年12月2—6日，宜山文艺代表团在南宁桂剧院演出彩调《刘三姐》。12月5日《广西日报》刊登评论文章《彩调"刘三姐"叶绿花红》。参见《广西日报》1959年12月5日，第3版。

② 参见覃慧宁《宜州—下枧河流域壮族歌谣文化及其文化生态保护研究》（打印稿），第六届"创新杯"大学生科学技术与创业计划竞赛参赛获奖作品。

③ 据村长李宏刚介绍，此次山歌赛由村内李姓家族倡导并主要捐资，所以冠以"李小牛杯"。此次山歌赛邀请宜州市莫瑞扬等3名文化干部担任评委，吸引了邻近乡村2000多人参加和观看。

④ 见潘琦主编《刘三姐文化品牌研究》，广西人民出版社，2002年。

件批准宜州市流河乡更名为"刘三姐乡"。2004年7月30日，在乡政府举办了将流河乡更名为"刘三姐乡"的仪式。对于这个事件，新华网广西频道的专题报道用"实至名归"和"广西宜州市递出'刘三姐'新名片"来评述①。

"刘三姐乡"的命名特点，是以一个传说形象来命名一个行政区划单位，具有将虚构与现实结合的特点。徐新建教授在考察地名与族群记忆的关系时论述道：地名同时具有"文物古迹"、"典籍—口碑"和"社会记忆"三种历史载体的性质；而地名的变异，则体现出命名主体"与其认知、依存空间的现实关系"的变更②。就地理和名称的关系上，前者本是自在的自然状貌；后者则是人类因特定的认识和政治活动对自然地理作出一定的规划，并将某种规划的事实通过为地命名的方式体现出来。"刘三姐乡"更名事件，就反映了当地人群在当代情境下对自身所处的地理空间的重新规划。

"刘三姐乡"的汉语意蕴具有双重性。一者"乡"为中国现行行政区划体系下的最基层的行政单位空间。这意味着，在其原有国家承认的正式名称的前提下，更名必须通过一系列的正式程序，由国家驻当地的政府提出和受上级政府层层申报和批准，才能实现。经过这样的操作程序，新地名必然是既表达当地人群的意愿，又得到国家认可，且负载着上级政府对一个更大的行政空间整体规划和协调的产物。二者，"乡"又有"家乡"之意，表明该处为传说人物"刘三姐"的家乡，是刘三姐传说的发源地。广西壮族自治区政府批准这一具有二重含义的地名成立，显然是着眼于刘三姐文化资源的全区分布状况，结合当地的历史发展和现实基础，在比较之后进行的选择和认定。

在庆祝"刘三姐乡"挂牌的仪式中，县级市宜州所属的河池市市委书记梁胜利在发言中说道：

> 宜州作为河池旅游发展的龙头，我们真诚地希望，宜州市要利用此次庆典活动为契机，进一步打造刘三姐文化品牌，致力于刘三姐文化品牌的挖

---

① 陆汉魁、覃以斌《实至名归：宜州市刘三姐乡挂牌》，陆汉魁《广西宜州市递出"刘三姐"新名片：黄克、梁胜利为刘三姐乡揭牌》（图片新闻），新华网广西频道 http://www.gx.xinhuanet.com，2004年7月30日。

② 徐新建《地名历史与族群记忆——"中原"与"四夷"关系的历史—人类学研究》（未刊稿）。

掘、开发、利用和保护,致力于下枧河流域刘三姐歌谣文化生态保护区的建设,致力于传承与弘扬原生态歌谣这一"民族民间文化活化石",致力于扩大对外交流与合作,加快旅游业的进一步发展,成功地争创广西优秀旅游城市。以此来带动周边县市罗城,环江、金城江以及整个河池市旅游业的发展①。

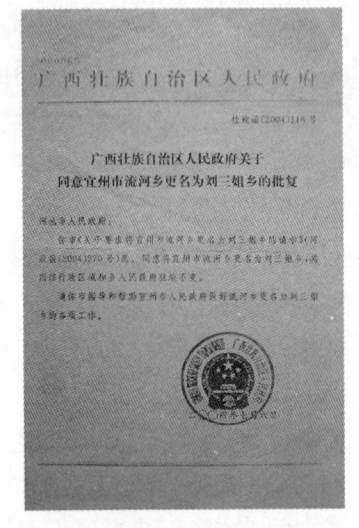 

图1　广西壮族自治区人民政府同意流河乡更名为刘三姐乡的文件批复。

图2　刘三姐乡乡政府,门前的标语保留了2004年8月更名挂牌仪式的标语。

可见,"刘三姐乡"更名所意味着的民间文化保护和对外交流合作的展开,须着眼于宜州和河池(甚至广西)的整体地域结构才能透视其重要的意义。

"文化生态保护区"

"刘三姐乡"的命名不是一个独立的事件。其命名庆典的内容还包括了"下枧河流域刘三姐歌谣文化生态保护区"的启动仪式。

"下枧河流域刘三姐歌谣文化生态保护区"隶属于广西首批民族民间文

---

① 《梁胜利在宜州市刘三姐乡挂牌暨下枧河流域刘三姐歌谣文化生态保护区启动仪式上的讲话》,新华网广西频道 http://www.gx.xinhuanet.com,2004年7月30日。

化保护工程项目①，类别为"综合类"。民族民间文化保护工程是中国进行非物质文化遗产保护工作的重要组成部分，由中国文化部联合财政部、国家民委、中国文联等单位在 2003 年共同组织实施。文化部和财政部联合发布的《关于实施中国民族民间文化保护工程的通知》明确说明：

> "保护工程"是在以往民族民间文化保护工作成果的基础上，结合新时期的新情况和新特点，由政府组织实施推动的，对珍贵、濒危并具有历史、文化和科学价值的民族民间传统文化进行有效保护的一项系统工程②。

所谓"以往基础"，即 20 世纪中期以来由政府主导的对民族民间文化的挖掘、搜集、整理和抢救工作。这个工作的成果体现为出版和机构建设两方面。在成果出版方面，"1979 年以来开始的十部中国民间文艺集成志书的编纂工作取得了很大成就，目前全部 298 部省卷的编纂工作已基本完成"；在机构和队伍建设方面，建成"3000 多个群艺馆、文化馆和近 40000 个文化站，有各类博物馆 1500 多座，从事民族民间文化研究的大学、研究机构等约 200 家"③。而"新时期的新情况和新特点"，除了指进一步建设民族文化、增强民族自豪感以外，更为重要的是，联合国"非物质文化遗产"项目的运作模式为中国提供了国际性的经验，搭建了走向世界的舞台。因此，"民族民间文化保护工程"是一项具有起承转合作用的工程，是中国大规模开展"非遗"运动之前进行的总结和普查工作。

作为广西过去半个多世纪以来最为成功的文化符号，"刘三姐"理所当然地成为民族民间文化工程中的一项。"下枧河流域刘三姐歌谣文化生态保护区"的命名，体现了立体化和整体性保护的特点。"下枧河流域"凸显了以自然地理为单位进行文化整合的要求④。以"下枧河流域"作为保护区的

---

① 2004 年该工程的首批项目有：综合类项目：靖西县（资源普查）、宜州下枧河流域刘三姐歌谣文化生态保护区；专业类项目：平果壮族嘹歌、环江毛南族傩文化、马山县壮族多声部民歌、梧州市龙母文化；此外，南丹县的"广西红水河流域铜鼓艺术"荣获国家级试点保护项目。
② 中国文化部、财政部《关于实施中国民族民间文化保护工程的通知》，载"中国社会科学院民族文学研究所"网站，http://iel.cass.cn/news_show.asp?newsid=4053
③ 中国文化部、财政部《中国民族民间文化保护工程实施方案》，载"中国社会科学院民族文学研究所"网站，http://iel.cass.cn/news_show.asp?newsid=4053
④ 下枧河位于宜州市北 4 公里处，全程水路 12 公里，流经宜州市和罗城县部分乡镇。2004 年广西的专家队伍考察的"下枧河流域"，就包括了宜州的流河乡、祥贝乡以及罗城县的四把、天河、怀群等乡镇。因该河两岸风光秀美，宜州市自 20 世纪 90 年代便在此大力发展文化旅游项目的

地理空间限定，是一种跨越人为的行政区划界限、着眼于自然与人的互动关系而实施的保护区。项目名称中含有"生态"一词，也显示了歌谣文化所依存的人群和自然环境的整体保护，是工程的重点。

为了巩固过去五十多年的保护成绩，彰显保护工程的成果，也为了进一步申报国家级的"非遗"保护工程，宜州市建设了博物馆展示刘三姐文化。2004年刘三姐乡乡政府把一个旧建筑改建成一个小型博物馆，命名为"刘三姐书院"。书院占地约1200平方米，有类似古代地主豪族的家门及院落，院子空地上放置了一尊刘三姐塑像。展厅内展览着大型刘三姐风情画廊、20世纪50年代戏剧《刘三姐》的手抄剧本，壮族人民日常生活用品等；除此以外还设置了美术书法展览室和报刊阅览室。显然，修筑该书院的目的，是想通过收集和展示与刘三姐的创作和民俗相关的作品，起到保护和供外人参观的作用。与此同时，自20世纪后期开展起来的"刘三姐文化"民俗旅游项目也在持续建设中。

图3 刘三姐书院

图4 刘三姐书院内的刘三姐塑像

因此，"刘三姐乡"的命名与"下枧河流域刘三姐歌谣文化生态保护区"的启动，是密切相关的两个事件：二者都是广西区党委和政府实施"刘三姐文化品牌"战略的体现，而后者的确定则体现了广西在总结和继承以往民间文化保护工作的基础上，将"刘三姐文化"纳入了世界性的"非遗"保护体系中。

"非物质文化遗产"

继"下枧河流域刘三姐歌谣文化生态保护区"成立之后，2006年"刘三姐"顺利进入国家级非物质文化遗产保护名录——这就是中国第一批"非物质文化遗产"名录中的"刘三姐歌谣"，其类别为"民间文学"，编号为023。

从省级的"文化生态保护区"，到国家级的"刘三姐歌谣"，都是"非遗"工程实施过程中的阶段性产物，但这个变迁揭示了该项目在实施过程中对民族民间文化的不同整合方式和切割方式。

首先，中国自身的学术传统使"非遗"概念进入中国后，遭遇了本土化的理解和解释过程。在联合国的"非遗"申报指南上，有如下规定：

宣布人类口头和非物质遗产代表作针对的是非物质文化遗产的两种表现形式。具体而言，一种表现于有轨可循的文化表现形式，如音乐或戏剧表演，传统习俗或各类节庆仪式；另一种表现于一种文化空间，这种空间可确定为民间和传统文化活动的集中地域，但也可确定为具有周期性或事件性的特定时间；这种具有时间和实体的空间之所以能存在，是因为它是文化现象的传统表现场所[①]。

中国文化部将此进一步阐释为：

1. 传统文化表现形式，主要包括：民间文学（包括作为文化遗产载体的语言），民间美术，民间音乐，民间舞蹈，戏曲，曲艺，民间杂技，民间手工技艺，生产商贸习俗，消费习俗，人生礼俗，岁时节令，民间传统知识，传统体育竞技等。

2. 文化空间，指按照民间传统习惯的固定时间和场所举行的传统的、综合性的民间文化活动。如庙会、歌圩、传统节日庆典等[②]。

[①] 《人类口头和非物质遗产代表作申报书编写指南》，"中国非物质文化遗产"网：http://www.ihchina.com.cn

[②] 《文化部关于申报第一批国家级非物质文化遗产代表作的通知》，"中国非物质文化遗产"网：http://www.ihchina.com.cn

文化遗产 研究

在第一批《国家级非物质文化遗产名录》上,"文化空间"最终以"民俗"为类别体现出来,与民间文学、民间美术等"传统文化表现形式"并列。而"民俗"、"民间文学"、"民间美术"等概念来自于中国20世纪初期发轫的民俗学学界。由于我国的非物质文化遗产的申报和保护工作一开始主要由民俗学学者承担,所以民俗学使用的概念最初用以作为"非遗"包含的文化类别。如民俗学家和非物质文化遗产专家乌丙安认为,"民族民间文化遗产"、"民俗文化遗产"、"传统文化遗产"都可以用来帮助理解"非物质文化遗产"的内涵。因为乌教授认为,"民族"、"民间"和"传统精神文化"都可以在中国语境内充实对"非物质"的理解[①]。这表明由民俗学界搭建的原范畴——如"民间文学"及其之下的"歌谣",对应于联合国对"非遗"类别的解释仍然是有效和可操作的。

其次,不管是"民族民间文化保护工程",还是"非物名录",它们的申报和评选都依靠行政单位自上而下地进行,这也对"民间文化"本身造成分割和曲折呈现。项目的评定通常依循同级分类和地区平衡统筹的原则。这两个工程都分为综合类项目和专业性项目。在省级的保护工程中,与同级申报的其他项目比较,"下枧河流域刘三姐歌谣文化生态保护区"具有综合性,同时也能实现本省多年以来树立"刘三姐文化品牌"的意图,故成为综合性项目。但此项目进入国家级层面,又难以与同类的其他项目竞争,所以转变为"民间文学"。

而这两个类别的项目之于保护对象强调的不同重点是显而易见的。"下枧河流域刘三姐歌谣文化生态保护区"将自然地理(下枧河流域)与人文文化(刘三姐歌谣)结合起来,组成"文化生态区",凸显了民俗事像背后的自然地理和族群相结合的主体范围,突出了对自然生态和人文生态的立体保护。"刘三姐歌谣"突出的却是其艺术上的价值,如"非物质文化遗产名录"中的条目解释:

刘三姐歌谣大体分为生活歌、生产歌、爱情歌、仪式歌、谜语歌、故事歌及创世古歌七大类,它具有以歌代言的诗性特点和鲜明的民族性,传承比

---

① 乌丙安《非物质文化遗产的界定和认定的若干理论与实践问题》,载《河南教育学院学报》2007年第1期,第11—21页。

较完整，歌谣种类丰富多样，传播广泛①。

  这里仅从歌词内容去描述"刘三姐歌谣"，"民间文学"的类别限定使其"扁平化"。

  "刘三姐歌谣"列入"非物名录"后，展开保护工作的组织仍为"下枧河流域刘三姐歌谣文化生态保护区"的机构。所以无论项目类别与名称如何不同，宜州市对"刘三姐文化"的保护和建设，仍凭借着同一机构队伍，依循同等的理念展开。在该机构的组织下，专家队伍于2007—2010年进行了歌谣普查工作，包括对唱腔和唱词的普查②。民间传说中的"刘三姐歌谣"，本涵盖南方多种民族语言；即便在宜州本地，乡间也同时流行汉歌、壮歌、仫佬歌等多种语言的歌谣。而"非遗"保护的机构却只将壮歌的普查与整理作为重点。这显示了当地对"刘三姐歌谣"进行"壮族化"理解的倾向，无疑将造成对当地其他民族语言歌谣的遮蔽。2007年10月，宜州市委、市政府与广西河池学院合办"全国刘三姐文化研讨会"，会议论文结集为《全国刘三姐文化研讨会论文集》③，不仅收录了全国民俗学界知名学者如段宝林、梁庭望、覃乃昌、潘其旭等从传统的民间文学、民俗学的角度撰写的文章，而且还有新一代的年轻学者从传播学、旅游文化、活态民间文化的角度撰写的论文。

  除了学术研究，政府还继续利用"刘三姐"的文化资源，深化当地的民俗旅游。1997年至今，先后修建了"刘三姐故里——流河寨"和"壮古佬民族村"两个旅游景点，目前正在刘三姐乡的下枧村修建"歌仙桥"和完善旅游码头的配套建设。流河寨隶属于刘三姐乡马安村，位于宜州市北8公里处，是一个以"刘三姐文化"为核心而修建的仿民俗景区。当游客从江上乘船而来，饱览江岸的秀美风光之后，便可在流河寨的码头下船，参观景区内仿壮族民居修建的建筑和陈列的生活用品，欣赏山歌和婚俗表演。2006年刘三姐乡的另一同类民俗风景点"壮古佬"景区修建好以后，由于其交通更为便利，旅游团多带领游客前往"壮古佬"消费民俗，流河寨的"刘三姐故里"便受到了冷落。其实这两个景区都只是对山歌文化、壮族民俗的模拟和变形的展示，虽名称不同，人造的景点也不同，但作为"民俗"仿制品的价

---

  ① 《中国非物质文化遗产名录》，"中国非物质文化遗产网"：http：//www.ihchina.com.cn
  ② 莫瑞扬《整理出版普查成果与非物质文化遗产保护——刘三姐歌谣保护办法的思考》，见"河池365"论坛，网址：http：//bbs.gxhc365.com/thread-700266-1-1.html
  ③ 谭为宜、蓝柯等主编《全国刘三姐文化研讨会论文集》，广西人民出版社，2009年。

值而言，却都是同样地低下①。自然，从经济收益的角度来说，由"非遗"运动促进了民俗旅游的进一步发展，则给地方政府带来更多的政绩。

图5 正在修建中的"歌仙桥"位于下枧村。

图6 "刘三姐故里——流河寨"景区大门。

结 论

从"刘三姐歌谣"成为"中国非物质文化遗产名录"的过程来看，旨在用与世界接轨的、新的立体化的方式来保护歌谣文化的实践，存在着两个不容忽视的问题。

一是"非遗"的分类问题。"刘三姐歌谣"的命名诚然抓住了"刘三姐文化"的核心内容，但是以"民间文学—歌谣"的类别去统摄该对象，则又再次把这一对象从生活实践平面化为比附于书面文学的分类。这样一来，"非遗"原本意图恢复和达成的立体化民间事项，实际没能达到目的。另外，从"名录"中的描述可见，"刘三姐歌谣"的具体对象不甚清晰，没有给出族别和流传空间等。我认为这主要是因为"刘三姐歌谣"在当下实际生活中并非一个真正的、活态的范畴，而是由文人再创作的诸种文本构成的意象，加上广西北部的民众歌唱习俗而形成的一个名称。所以，它是一个从外部植入而非从本土的民众习俗中总结概括出来的"遗产"。

---

① 马山塘村"壮古佬"景区与流河寨"刘三姐故里"景区的区别仅在于，前者没有特别聚焦于"刘三姐"，而是以展览壮族文化——特别是歌唱文化——为重，景区景点有：对歌台、壮古佬寨门、厚兰桥、会景亭、表演场、观景长廊、歌王楼、山歌碑刻等。而其中的山歌表演和婚俗表演与流河寨的大同小异。故对于游客而言，两个景区并没有重要的区别。

二是"非遗"的主体问题。"非遗"名录制订和描述的种种文化范畴，是想为保护对象确立真正参与该项文化活动的地方文化主体，将保护工作落实到地方的社区。但在实际的操作过程中，申报"名录"的主体是地方行政主体，申报下来之后对之展开后续研究的是与地方政府密切合作的学术文化机构，此外，申报成功后最直接的作用又往往是为了旅游等经济利

图7 "刘三姐故居"，位于流河寨景区内。

益。这样一来，如吴效群的一篇论文指出的："由于缺失保护的主体和归宿——社会，保护工作不是被捆绑在行政的快车上，就是被挟持到市场经济的快车上，成为牟利的手段。"[①] 一方面，"名录"确立的地方文化主体是否恰当值得商榷；另一方面，"歌谣"的真正传唱者——民众对该"遗产"在日常生活中的真正实践得不到体现。由此，理应被保护的文化主体在实际中处于被架空的状态。这两点构成了"非遗"工程在实践过程中暴露出来的问题，即其究竟在多大程度上触及了多样性的文化原型，这是值得质疑的。

---

① 吴效群《文化生态保护区可行吗？》，《河南社会科学》2008年第1期。

文化遗产研究　文化遗产研究　文化遗产研究

田野考察

●博物馆的人类学

博物馆的人类学
——华盛顿"国立美洲印第安人博物馆"考察报告

四川大学 徐新建[①]

摘 要：本文以考察报告的形式对创建于美国首都华盛顿的"美洲印第安人博物馆"进行了描述和分析，以此阐释美国印第安人如何通过加入"国家叙事"与"正史象征"来彰显自我文化和历史的时代转变，同时也从"族群表述"与"人类学写作"的角度阐释了博物馆与人类学的民族志关联。

关键词：美洲印第安 博物馆 人类学 民族表述

前 言

从政治、经济到文化和艺术，多民族国家的族群关系体现在多个方面。博物馆的收藏和展示是其中重要窗口和场域之一。为了探寻和比较作为多民族大国的美国在博物馆展示方面的相关情况，笔者于 2012 年 5 月底至 6 月初，对设在华盛顿国家广场的"国立美洲印第安人博物馆"和"非洲人博物馆"进行了短期的专项考察；与此前后还选择费城"黑人博物馆"和纽约"大都会美术馆"作了对比。根据课题需要，"国立美洲印第安人博物馆"是本次考察重点。故本报告亦以该馆为中心来描述和展开。

"国立美洲印第安人博物馆"的英文名称为 National Museum of the American Indian，本文简称 NMAI。报告的内容主要包括 NMAI 的缘起、组织、展出结构和预期功能，顺带介绍该馆的开放情况与各界评论。

……头上戴着插有羽毛的头饰、胸前佩戴各种纪念章的近万名印第安人

[①] 作者简介：徐新建，教育部人文社科基地四川大学"中国俗文化研究所"研究员，文学人类学专业博士生导师。本文为国家社科基金重大招标项目《中国多民族文学的共同发展研究》阶段性成果（11&ZD104）。

21日聚集在美国首都华盛顿的国家广场，欢庆期待已久的美洲印第安人国家博物馆开馆。

在宽阔的广场上，人们敲打着手鼓，唱着古老的歌曲，表达心中的喜悦。据组织者称，共有8900多名印第安人参加了游行，他们来自北美各地。土著人卡罗尔对印第安人博物馆开馆表示欢迎。他说，他参观过全美绝大多数博物馆，但在这些博物馆里没有任何土著人物品的陈列。现在印第安人博物馆开馆了，这表明美国终于接受这个国家有土著人存在这个事实。（新华网华盛顿电讯）[①]

一、背景介绍

（一）缘起

NMAI选址在美国首都华盛顿国家广场的显要位置上，与国家艺术馆（National Gallery of Art）相对，距国会大厦只有几百米，从1989年正式筹建以来总投资超过2亿美元。如此重大的举措，如果没有从政府到民间的参与支持几乎不可能。这些因素包含了印第安人士和团体为争取民族话语权的长期奋斗、政府在原住民政策方面的改善，以及知识界、工商界对美国作为多民族国家在族群文化与历史表述方面既有缺陷的检讨与弥合。其中值得特别关注的有如下机构。

1. 印第安人团体。如"易洛魁联盟"（Iroquois）和"美国'第一民族'研究中心"（The Center for the Study of the First Americans）等。"易洛魁联盟"是北美最早的土著民族组织，16世纪末创建时，主要由五大部族即摩和克人、奥奈达人、奥农达加人、瑟内萨人和卡尤加人组成，被视为美国东北部和加拿大东部最强大的原住民力量。自创建以来，他们通过自治政府和武装，英勇开展了反抗法国、荷兰和不列颠殖民者的长期抗争。他们的存在不仅启迪了摩尔根（L. Henry Morgan）式的人类学探索、民族志撰写及印第安文物收藏，而且开拓了美洲印第安人对殖民者长期和有组织的反抗。

"美国'第一民族'研究中心"是设在高等学府的机构，1981年创建，

---

① 新华网2004年9月21日华盛顿电。

目的在于确立美洲原住民的首要地位。该机构提的问题是：谁是美洲最早的开创者？谁才称得上美洲本土的"第一民族"（The First Nation）？为此，中心组织了多学科的综合研究，从基因与考古等角度加以阐释，答案是："第一民族"就是被误称为"印第安人"的美洲土著①。

更为重要的是，自20世纪60年代波及全美的民权运动后，越来越多的印第安人积极加入到教育、学术、传媒及博物馆业等社会领域。正是由于他们的长期奋斗和卓越实践，才为NMAI的成功创建打下了坚实的社会基础。

2. "史密斯松尼安协会"。该组织创建于1846年，英文名叫Smithsonian Institute，自19世纪英国科学家史密斯松（Smithson）捐赠给美国的一笔遗产发起创建后，如今已发展成为全球最大的博物馆联合体，拥有包括"美国自然史博物馆"、"美国航空航天博物馆"和"国家动物园"等在内的19家著名机构，以及若干个专门的研究中心。如今在华盛顿国家广场四周分布着十多座展览场馆，其中有10座隶属于史密斯松尼安体系。在这个意义上，该协会几乎成了"国家广场"的主创人，乃至被一些报道描述为美利坚"国家形象"的构成部分②。

经过多年经营，史密斯松尼安协会的博物馆系统已演变为超大规模的联合体，从庞大分布及广泛影响看，堪称美国乃至世界的"博物馆帝国"。在史密斯松遗志激励下，还在继续扩张。什么样的遗志呢？那就是：扩展人类知识，成为世界公民（world citizen）③。

有鉴于此，便不难理解该协会为何要涉足并积极参与NMAI的创建了。经了解，自1989年筹备到2004年开放，NMAI的最终建成，在很大程度上应归功于史密斯松尼安协会的努力。

3. "海伊博物馆"（Heye Museum）。海伊博物馆与出生于1874年的收藏家乔治·戈斯塔夫·海伊（George Gustav Heye）有关。海伊的父辈是从德国移民到美洲的。他本人是电气工程师。由于长期不断地收藏美国印第安人的文物，海伊成了世界上个人收藏印第安文物最多的人。1908年，这些藏品被汇集到以海伊命名的博物馆，并提供给滨州大学的考古学与人类学博

---

① 资料来源：美国"第一民族"研究中心网页，http://www.centerfirstamericans.com/about.php

② From Smithson to Smithsonian：The Birth of an Institution，参见史密斯协会图书馆网页：http://www.sil.si.edu/Exhibitions/Smithson-to-Smithsonian/intro.html

③ James Smithson, The Man Behind the Institution，参见史密斯协会图书馆网页：http://www.sil.si.edu/Exhibitions/Smithson-to-Smithsonian/who_01.html

物馆展出。后来，总数超过百万的这些印第安文物被统称为"海伊藏品"（Heye collection），1916 年破土动工的"美洲印第安人博物馆"（The Museum of the American Indian）就是以它们为基础兴建的。该馆设在纽约的 155 大街上，靠近百老汇。1922 年建成开放，馆长就是海伊本人。该馆关闭于 1994 年，当年在史密斯松尼安协会接管下成立了"国立美洲印第安人博物馆海伊中心"（the Heye Center of the National Museum of the American Indian）。从此，"海伊藏品"如数移交史密斯松尼安协会后成为了 NMAI 的核心部分①。

在这个意义上，NMAI 可视为海伊博物馆的升级版。

4. "国家广场"（National Mall）。位于首都华盛顿的国家广场堪称美利坚合众国的核心象征。Mall 的原意是林阴大道，因此有的汉译也称为华盛顿"国家大草坪"或"国家公园"。这里是举行总统就职典礼等国家性重大庆典的场地，是马丁·路德·金"我有一个梦想"的发表地，也是举行众多历史性示威游行的地方。在长达 3 公里的绿地周围有一圈重要建筑和地标，其中包括华盛顿纪念碑和国会大厦等。由于受美国国会的广场保护法案限制，任何一座能够入选其中的"地标"——无论纪念碑还是博物馆，都具有举足轻重的地位并产生全国性影响。截至 2004 年，整个广场拥有的地标共 16 个，除了华盛顿纪念碑和国会大厦外，还有国家历史博物馆、国家自然史博物馆和国家艺术馆、国家航空航天博物馆等。每一个都非同小可。可见，在 2004 年能增列其中的 NMAI 是多么值得重视和意味深长。

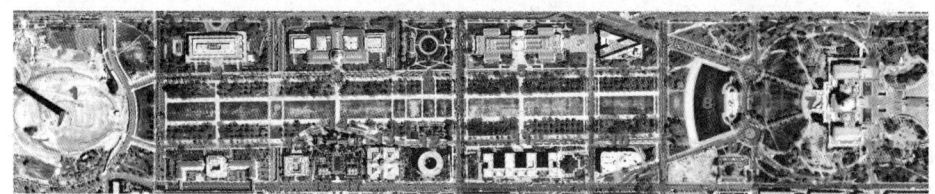

华盛顿国家广场

（华盛顿国家广场俯览图，其中的数字 1、7、5、11 的标记之处，分别是华盛顿纪念碑、国会大厦、国家艺术馆及航天馆。数字 10 为已建成的国立美洲印第安人博物馆。）②

---

① 参见国立美洲印第安人博物馆馆刊 1997 年 1 月号上的文章："George Gustav Heye". *National Museum of the American Indian*. January 1, 1997

② 资料来源：http://en.wikipedia.org/wiki/National_Mall

（二）兴建

1989年12月，经由印第安裔（夏安族）议员坎伯贝尔（Ben Nighthorse Campbell）与夏威夷日裔参议员井上健（Daniel Inouye）的提交，美国国会通过了筹建 NMAI 的法案"National Museum of the American Indian Act"（NMAIA，Public Law 101-185）。其中的内容十分丰富，从创建宗旨、法律依据以及集资分配和分工管理等，几乎无所不包。对于建馆原因和目的，国会法案的第2款是这样陈述的——

国会意识到（The Congress finds that）：
（1）迄今为止尚无一家国立博物馆专门关注美洲原住民的文化和历史；
（2）尽管史密斯协会曾大量资助过土著美国人（Native American）项目，但它所拥有的19所博物馆及相关研究机构还排外性地尚未关注土著美国人的历史和艺术；
（3）纽约州的"海伊博物馆"拥有世界上品种最多的土著美国人藏品，种类包括建筑、艺术品和民族学物品，可惜其场地有限；
因此倘若把"史密斯松尼安协会"与"海伊博物馆"的力量联合起来，就能创建一所国家性的印第安人博物馆，让全美国人都能由此参观和了解印第安人的文化遗产——包括他们的历史成绩与当代创造[①]。

随后，NMAI 开始兴建，前后历时15年，总投资2.19亿美元。其中，联邦政府出资1.19亿美元，民间募集1亿美元。后一部分里，超过三分

---

① 资料来源：National Museum of the American Indian Act，Public Law 101-185，101st Congress（28 November 1989），http：//anthropology.si.edu/repatriation/pdf/nmai_act.pdf

文化遗产 研究

一来自各印第安部落的捐赠。

参加设计和修建 NMAI 的人员中，有不少是来自美洲各地的印第安人。设计师是加拿大的原住民道格拉斯·卡迪纳尔。在他的强调下，博物馆的建筑风格充分展现了印第安人的传统特色。

负责监制景观的唐纳（Donna E. House）来自印第安的纳瓦霍部族。他说：景观与建筑融为一体，与之相关的环境标志着我们是谁。"我们是这些景观中的植物、岩石和水流。它们全都是博物馆的组成部分。"① 另一份相关报道则描述道：

NMAI 的正面图

(NMAI 的）外观呈雄浑的曲线型结构，再现了美国西南部的风化山岩地貌……环绕博物馆四周的 4 英亩园地布局，更是体现出自然有机的设计主题：一块见方不大的农地上种植着大西洋沿岸中部地区原住居民的传统植物（玉米、大豆、烟草）；一片湿地说明天人合一的重要；还有 40 块被称为"始祖岩"的大卵石，以及环绕着一个篝火坑的露天演出场。

按照许多印第安人的传统，博物馆面向正东，迎接旭日初升。

报道的结论是：正是由于突出的印第安风格，NMAI 的建筑特征与华盛顿国家广场两侧的传统地标形成了"鲜明的、也是刻意的对比"②。

2004 年，位于华盛顿 DC 的 NMAI 展馆正式建成，地址是 Fourth Street and Independence Avenue, Southwest, Washington D.C.；占地面积为 1.72 万平米，约为国立美国历史博物馆（6.97 万平米）的三分之一。主体建筑高 37 米，共 5 层，总面积 2.3 万千平米。其中各楼层的平面图如下：

---

① 参见 Francis Hayden, "By the People", Smithsonian, September 2004, pp. 50-57.
② 资料来源：Lauren Monsen,《国立美洲印第安人博物馆定于 9 月 21 日落成开放》,《美国参考》, 2004 年 9 月 24 日。引自"学术交流网"（www.annian.net）/美国社会生活/2004 年 9 月 22 日。

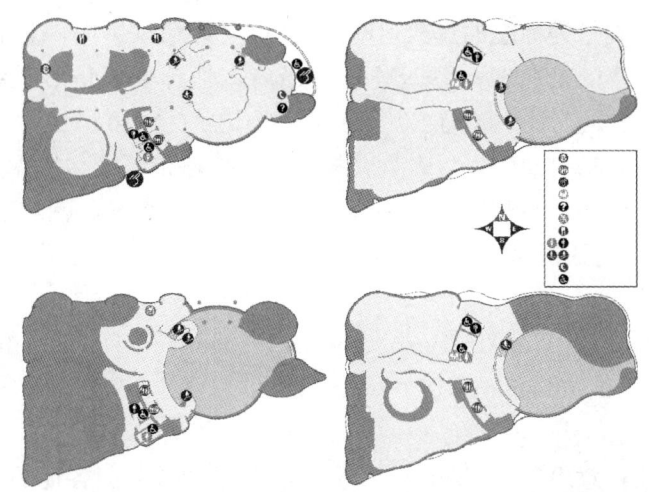

上左：第一层；下左：第二层；上右：第三层；下右：第四层①

二、NMAI 简述

由于内容丰富、涉及面广，NMAI 值得观察分析的方面很多。本报告从几个主要层面展开。

1. 命名含义。NMAI 的全称是 National Museum of the American Indian，汉语可译为"国立美洲印第安人博物馆"。不过其中的每一个词语都需要解释。

"国立"：在这里，National 是指国家而非民族，"国立"的意思不是官办而是指联邦，亦即超越了地方州、社团或某一印第安人的单一部族。因此，National 在此的含义实指 The United State of American (Nation)。

"美洲"：American 本可译为美国，但从该馆涵盖的范围看，译成"美洲"更准确些。在一定意义上，它还与"西半球"（the Western hemisphere）的含义等同，包含了北美洲、中美洲和南美洲。在美国的情景里，还包括了位于北太平洋的夏威夷原住民区域。

"美洲印第安人"：这个词值得深究一番。在美国官方文献里，对于使用什么词语来称呼所谓的"印第安人"是经过长期论争的。演变至今，保留了两个常用的名称：Native American 和 American Indian。自从 20 世纪 60 年

---

① 资料来源 Smithsonian 官网：http://www.si.edu/Museums/american-indian-museum

代以"政治正确"为标志的民权运动兴起后,"印第安人"一词日益受到非议,故用得较多的是前者;但 NMAI 选后者,估计主要是出于对其涵盖面超越了美国的实际考虑。对于汉语而言,Native 一词可译成"土著的"或"本土的"。二者都有缺陷,后者含义模糊,前者略带贬义,故需要在使用时视情况而定。例如,在与 NMAI 相关的美国国会法案里,就对"Native American"有专门的说明。其中陈述道:

The term "Native American" means an individual of a tribe, people, or culture that is indigenous to the Americas①.

译成汉语,意思是:"Native American"指的是美洲各地的原住民,包括不同的部落成员、族群和文化。此时,Native 一词译为"本土"或"土著"的都没错。

当我刚接触到 NMAI 的名称时,见其仍保留"印第安人"一语,感到与该馆的初衷明显矛盾。经过查阅各方解释及论辩后才明白这看似简单其实复杂的命名,其实是多民族国家深陷难离的普遍难题,只有通过族群互动的积极实践方可求解。

2. 总体布局。因为最初是由上述的"海伊博物馆"(包括海伊基金会和海伊藏品)等延伸而来,NMAI 就与一般博物馆不同,在布局上不仅限于华盛顿国家广场一处,而且还包括了设在纽约和马里兰的两个中心,即"海伊中心"[George Gustav Heye Center(GGHC)]和马里兰的"文化资源中心"[The Cultural Resources Center(CRC)]。三者各负其责,相互补充:以华盛顿"总馆"的展览为核心提供多项服务并实现博物馆预期的各项功能。此外,还有一支以网页、巡展、馆刊和会员项目为特色的团队,被称为 NMAI 的"第四馆"。纽约的"海伊中心"偏重关于印第安文化的影视制作和播映。马里兰中心则负责学术研究,主要功能是为印第安裔和非印第安裔的学者提供图书馆和档案库服

观众实拍的纽约"海伊中心"场景

---

① 资料来源:National Museum of the American Indian Act,Public Law 101-185,101st Congress(28 November 1989),http://anthropology.si.edu/repatriation/pdf/nmai_act.pdf

务。

3. 主要功能。根据1989年通过的国会法案（NMAIA），NMAI的主要功能是对"本土美国人"（Native American）的文化传统进行活态呈现。其中的任务包括三个方面：

● 提升对美国原住民的研究（To advance the research as "a living memorial to Native Americans and their traditions". [Native Americans]）；

● 收集、保护及展出美国原住民藏品（To collect, preserve, and exhibit Native American objects）；

● 提供研究美国原住民的项目（To provide for Native American research and study programs）。

为此，NMAI将利用博物馆拥有的一切现代手段提供服务。根据分工，位于首都华盛顿的NMAI"主馆"（The museum on the National Mall in Washington, D. C）负责的是：专题展出、舞台表演、讲座和研讨会、出版馆刊《美洲印第安人》（American Indians），以及开展学术研究和安排相应的公共教育等。用史密斯松尼安协会的话说，NMAI的功能即"致力于保护、研究和展示西半球原住人的生活、语言、文学、历史和艺术"。

2004年9月21日，NMAI向公众正式开放。首期推出的系列展览，如同一出完整的"博物馆剧"，在主题、称谓和结构上具有浓郁的印第安人自我意识和人类学意义上的"主位"特征。该"剧"由三个部分构成，分别是：

第一幕，"我们的天地：传统知识形成的世界"（Our Universes：Traditional Knowledge Shapes Our World）；

第二幕，"我们的族人：让我们的历史发出声音"（Our Peoples：Giving Voice to Our Histories）；

第三幕，"我们的现实：当代生活和身份"（Our Lives：Contemporary Life and Identities）。

这种主体性的博物馆叙事一改以往其他司空见惯的"他称"和"陪衬"样式，使美洲印第安人的文化传统得以由缺席的"被表述"向主动的"自表述"转型和提升。

与此同时，设在纽约的"海伊中心"[George Gustav Heye Center (GGHC) in New York City]设置有专门的影像机构"Film and Video Center"，负责拍摄和演播表现印第安文化的影片，并通过关联性网站"nativenetworks"展开印第安题材的影像节活动——Native American Film+

Video Festival。

在华盛顿主馆，观众们的参观是由先到四楼演播厅观看影片《我们是谁？》开始的。影片长约 13 分钟，配有西班牙语、法语和德语、日语。播映厅以美洲原住民风格建成，并一方面以印第安语的一种取名为"勒拉威"（Lelawi）——意思是"不偏不倚"，一方面又配置有四面对称的银幕和立体音响等高科技设施，体现出将传统与现代在精心设计和高投资的结合下融为一体的企图。在 NMAI 的众多场馆中，仅此一处据说就耗资百万美元。相对随后几幕重要的博物馆大戏来说，观众们在此看到的短片相当于整个展览的"序曲"。它通过对美洲印第安人的身份提问——我们是谁？引出了接下来的完整诉说。借助一位美洲土著的视角，影片揭开了印第安人文化的帷幕。其中既有各部族的起源、印第安人与大地和环境的关系，也包含了他们对宗教信仰与传统知识的重视，以及原住民的自我管理和自我表现①。

2012 年 6 月初，在我参观 NMAI 时，馆内的布展有所调整。除了常年开放的"序幕"电影和上述三大主题的展示外，又增添了三个新专题，分别是：

Lelawi 演播厅，NMAI 官网图片。

● "世界最佳：奥运会中的土著运动员"（Best in the World：Native Athletes in the Olympics）；

● "骑马民族的颂歌"（A song for Horse Nation）；

● "重返印第安土地：切萨皮克的阿尔冈昆人"（Return to a Native Place：Algonquian Peoples of the Chesapeake）。

其中第一个专题是为纪念 1912 年的斯德哥尔摩奥运会一百周年而设的。一百年前，美洲原住民运动员 Jim Thorpe 赢得了奥运会的五项全能和十项全能奖牌；夏威夷的 Duke Kahanamoku 夺得百米自由泳奖牌。

4. 开馆庆典。2004 年 9 月 21 日举行的 NMAI 开馆庆典格外热烈。据报道，活动从上午 9：30 开始，来自西半球各地的印第安部族成员身着传统服饰在国家广场举行盛大游行，从史密森学会总部所在地出发，经国会大厦

---

① 资料来源：NMAI 的官网介绍及其他媒体的相关评论，如 Sara Malone, Lelawi Theater, National Museum of the American Indian，参见：http：//www.buildings.com/tabid/3334/ArticleID/2625/Default.aspx

后抵达新落成的博物馆。除了印第安人的部族代表、演艺家和各界人士外，还有美国政府的各级政要。此前的头一天，时任总统的布什在白宫举行的仪式上致辞，强调了印第安人的历程"是美国历史的核心部分"，并指出这座最新博物馆的开放表明了一点，那就是印第安人及其自治政府具有"强大勃勃的生机"[①]。

开馆仪式上，印第安裔的馆长韦斯特（W. Richard West）在致辞中说，如今世界各地的原住民终于有了团结为一体的场地，在这里向全球展示我们对于人类的贡献[②]。

为配合庆祝新落成的博物馆正式开放，9月21日到26日主办者还在国家广场举办了持续六天的"美洲原住民节"（First Americans Festival），内容包括音乐舞蹈表演、讲故事、演示印第安乐器、服饰、食品和传统工艺的制作。整个活动预计将吸引60万人。

印第安裔的馆长致辞

开馆庆典上来自新西兰的土著游行[③]

当日《纽约时报》的报道是这样形容的：

---

① 资料来源：《美国参考》2004年9月24日报道：《布什总统祝贺美洲印第安人博物馆落成开放》，http://www.annian.net/show.aspx?id=10289&cid=8

② Shauna Lewis, *Grand Opening of the Smithsonian National Museum of the American Indian*. 转自：http://firstnationsdrum.com/2004/06/grand-opening-of-the-smithsonian-national-museum-of-the-american-indian/

③ 图片引自新华网的报道资料。

周二（2004年9月21日）上午，来自美洲半球（the American hemisphere）500多部族的20000多名印第安人聚集在华盛顿国家广场，举行国立美洲印第安人博物馆开馆的庆典游行。这一由NMAI组织、或许称得上当代美洲土著人民的最盛大壮举，与其说仅是为了庆祝隶属史密斯松尼安博物馆体系的又一新建筑落成；不如说是在举行全美洲原住民的自我欢庆[①]。

5. 运作模式。经过与美洲原住民人士和团体的多方沟通，为了凸显对印第安文化的活态展现，NMAI在运作上采用与其他博物馆不同的模式。

早在NMAI兴建之前，通过与印第安各界人士的交流和沟通，筹建方就了解到印第安人所希望的不仅是静态地展示1万年来的部族生活和文化，而更希望把博物馆当做窗口和平台，使自己及更多的人接触到印第安的文物和当代文化。例如切罗基族（Cherokee）前酋长威尔玛·曼基勒就表示说："我们应该利用这个重要的机会来告诉人们，印第安人是一个生机勃勃的文化的参与者，而不是博物馆或历史书里的事物。"

因此，NMAI选择了别具一格的运作模式，其中最突出的是对来自美国和全美洲的印第安族裔成员提供特别优待。在这里，印第安各部落不仅可以接触到NMAI三个藏馆的展品与文物，而且还可根据需要借走其中自己需要的东西。有报道说：

加利福尼亚中部的印第安部落米卓普达（Mechoopda）发现博物馆的藏品中有一件本族的舞衣，而那种舞蹈在1906年之后就再也没人表演过了，于是他们就向博物馆商借这件舞衣。（MAI负责文化资源的馆长助理）伯恩斯登先生随即带着这件鹿皮衣服去到了米卓普达部落所在的地方，让部落里的人照着它的样子进行复制，由此使这种舞蹈重现生机。

布鲁斯·伯恩斯登解释说："每一件物品在我们眼里都是有生命的东西，它们不仅仅是样本或者文物。"[②] 为了遵循事物皆有生命的文化传统，博物馆还向参与合作的数十个印第安部族成员承诺，同意他们定期来向本族的圣

---

① 参见 Rothstein, Richard, 2004 Museum with An American Indian Voice. *The New York Times*. September 21, weekend pages 1 and 5. 译文由笔者提供。

② 参见伊丽莎白·奥尔森《印第安人自己的博物馆》，《中华读书报》2004年10月27日，秦苑文编译。

物致祭或献礼。比如说，新墨西哥的圣克拉拉部落（Santa Clara）就可以"按照滋养圣物的传统"，在本族的物品周围"抛洒玉米粉"。与此同时馆内的员工也需接受专门的培训，以适应正确应对此类情况①。

6. 相关评论。自1989年开始筹建以来，有关NMAI的评论很多，称赞和批评者都有。前面提过的《纽约时报》那篇报道选择以《发出印第安人的声音》为题，突出创建NMAI对印第安人的意义。文章写道：

数百年来，在经历了无数的战争、毁灭、退让以及失败和复兴之后，这座面对东方、朝向国会大厦的印第安人博物馆本身就是一个象征，仿佛在向世界表明一个真理："我们仍然在这里！"②

对于NMAI的缺点，报道认为在于或许为了要平衡每一个不同的印第安部族，导致展出的方式过于单调、表面化和说教味过浓。

《美国参考》Lauren Monsen的文章转引了管理人员的自我评价，强调NMAI是"美国第一座专门为美洲原住民建立的博物馆，也是第一个从原住印第安人的角度安排所有展览的博物馆"。作者评述说："观察人士一致认为，史密森学会兴建的国立美洲印第安人博物馆是一件建筑杰作，博物馆中陈列的美洲印第安人的珍品彰显了西半球印第安人不断取得的成就以及不断发扬光大的传统。"③

此外，学术性文献也有不少，较为重要的是库伯等主编的专题文集：《国立美洲印第安人博物馆：评论对话集》（The National Museum of the American Indian：Critical Conversations，Edited by Amy Lonetree，Amanda J. Cobb，U of Nebraska Press）以及2012年出版的另一部专著《去殖民化的博物馆：国立与部族展示中的土著美国人》（Amy Lonetree，Decolonizing Museums：Representing Native America in National and Tribal Museums，University of North Carolina Press，2012）。主编者库伯把NMAI的

---

① 资料来源同上。
② Rothstein, Richard, 2004 Museum with An American Indian Voice. *The New York Times*. September 21, weekend pages 1 and 5. 译文由笔者提供。
③ 资料来源：Lauren Monsen，《国立美洲印第安人博物馆定于9月21日落成开放》，《美国参考》，2004年9月24日。引自"学术交流网"（www. annian. net）/美国社会生活/2004年9月22日。

文化遗产 研究

创建与"文化主权"（Cultural Sovereignty）联系在一起，指出应把 NMAI 视为继白人与印第安人打交道过程中先后出现的"军队"（暴力）、"教堂"（教化）和"条约"（政府）之后的"第四种力量"，由此见出印第安人对博物馆功能的日益重视以及在"文化主权"意识上的觉醒①。

至于中国官方和观众的意见，通过网络搜寻，也查询到部分报道、评论和观感。大陆主流媒体多以客观报道的方式作了介绍，其中不少持的是肯定态度，如本文题头所引的新华网消息。此外，对 NMAI 提出褒贬兼顾的评论也有。一篇题为《国立美洲印第安人博物馆——美国人的自我安慰》的文章先称赞"站在原住民的角度，通过原住民的思维来向大众推介这个美洲大地上的古老文化"，接着对该馆似乎有意回避白人的殖民罪恶提出了批评：

> 在美国创建者们的先辈出现之前，印第安人在美洲大陆已经生活了一两万年，然而在美国的历史上，除了被屠戮和掠夺外，几乎看不到他们的身影……
>
> 不过如果留心的话可以注意到，对于那段印第安人的惨痛历史，NMAI 似乎是含糊其辞，而在国家广场另一端的国家历史博物馆好像也没有相关的内容。可能没人想提起那段令人难堪的过去吧②。

一名来自贵阳的退休教师参观了设在纽约的"海伊中心"和华盛顿"主馆"，然后在博客里写了如下意见：

（1）博物馆（指纽约的"海伊中心"）坐落在美国海关原址，虽然服务人员不多，但却有很多让游客自己动手的装置。长年如此的"金碧辉煌"（指展出时一直开灯照明的蜡像区），想来光是电费也要开支不少。由此可见老美对于宣传自己的历史，是不惜本钱的。

（2）尽管这个博物馆不收门票，但和华尔街口的铜牛、"自由女神"相比，显然有点门前冷落车马稀。此外，用这座"移民局"的旧址来作美国印第安人国家博物馆，仅仅是一种偶然的巧合吗？我怎么会感觉到耳边掠过一

---

① 参见库伯《作为文化主权的美洲印第安人博物馆》，Amanda J. Cobb, The National Museum of the American Indian as Cultural Sovereignty, American Quarterly, Vol. 57, No. 2（June 2005）, pp. 485—506.

② 夫子《国立美洲印第安人博物馆——美国人的自我安慰》，《数字商业时代》，2009 年 9 月 4 日。

丝丝嘲讽的冷风呢?!

（3）要想了解美国，就不能忽略印第安民族的历史。我想，我看印第安人，大概就像老美看我们的藏族一样远古而神秘吧。可惜我们这代人在过去有限的课外读物中，只读到过关于这个民族的极为有限的描述，现在算是补课吧。

针对博主的观点，有网友回应说："印第安人是原著民族。时代的变迁，回归了历史。从这一点说，美国人还是很实事求是的……"至于博主本人，虽自称看不懂英文解说词，却对史学界公认"印第安人是从亚洲迁徙来美洲的蒙古人种"之说产生了广泛联想，认为他们"说不定还是我们中华民族的远祖亲戚呢"[1]。

三、与其他博物馆的比较

2004年建成开放的NMAI特色鲜明、影响广泛，却并非孤立的事件和现象，需要结合美国社会的族群问题和博物馆展示体系才可获得全面深入的理解。为此，笔者选择了不同地点的几个相关场馆来做比较。

费城（Philadelphia）：费城是美利坚合众国历史最悠久的城市之一，是《独立宣言》和《美国宪法》的起草地，还曾是比华盛顿特区更早的美国首都。作为一种重要的纪念和传播方式，在这里修建的每一所展览场馆无不具有开创性象征意义。针对与多民族展示相关的问题，我主要考察了其中的两处：独立纪念堂和非洲裔美国人博物馆。

"独立纪念堂"的英文名叫 Independence Hall，资历很老，最早是18世纪30年代作为殖民议会的议场而修建的。1776年7月4日，来自大不列颠殖民下的北美十三州的代表在这里签署独立宣言，宣告美利坚合众国诞生。1948年后，经国会批准，以纪念堂为核心修建了"独立国家历史公园"。公园由四个街区组成，包括的景点有：独立广场、卡本特厅（第一届大陆会议召开地）、富兰克林故居以及格拉夫厅（重建，独立宣言起草地）、酒馆城（革命战争核心区域）等，堪称规模宏大的博物馆群。然而在对待美洲土著人民的态度上，这里的纪念可以说仍充满空白和偏见，除了大肆宣扬的"独立钟"及"独立堂"之外，不但几乎看不见"印第安"文化的身影，

---

[1] 资料来源：署名为"黄月亮红月亮"关于2008年8月24日参观的博客文：《美国印第安人国家博物馆》。http://blog.sina.com.cn/s/blog_58908bff0100gn2s.html

文化遗产 研究

甚至在彰显人权平等的《独立宣言》里也保留着异常的傲慢，将本土原住民称为"残忍的印第安野蛮人"（merciless Indian savages）。

　　本来，宣言的宗旨是要宣告独立自由及人人平等，提出的主张是"人人生而平等，造物者赋予他们若干不可剥夺的权利，其中包括生命权、自由权和追求幸福的权利"，然而却又明确将印第安土著排除在外。为何如此？原因在于在进化论观念影响下，印第安土著被划成了文明之外的"野蛮"种类①。

　　费城的"非洲裔美国人博物馆"（The African American Museum in Philadelphia）离独立纪念堂不远，建于1976年，是展示美国黑人文化的专题馆。我去的那天，参观者的稀少与独立纪念堂形成强烈对比。后者免费参观，形成差别的原因不知是否与这里要花10美元的门票相关。快中午的时候，阳光炙热，上下几层楼里几乎仅有我一人。不过该馆的展示目标引起了我的注意。在致观众的简介中，博物馆声称：在费城，如果缺少了对黑人的纪念和展示是不可思议的。为什么？因为没有黑人就没有美国。由此可以见出在博物馆领域的文化展示和表述上，美国社会对自身多元构成的一种反思。

博物馆的解说语

该馆的解说词这样叙述道：

　　费城的非洲裔美国人迫使美国乃至世界面对一个严肃问题：自由的真意是什么？谁该拥有自由？

　　此外，这所博物馆体现的另一特征是在整个展出的表述里，出现了凸显

---

① 相关评论可参阅刘仰：《"美国人民"不包括印第安人》，《环球视野》，2010年9月9日：http://www.globalview.cn/ReadNews.asp? NewsID=22147

黑人主体的第一人称叙事。观众通过触摸1∶1的多媒体显示屏，即可看见事先录制好的黑人历史人物（由现代人装扮），听见他/他们讲述以"我"开头的故事。男女皆有，形形色色；直接面对，生动可感。

纽约（New York）：作为美国的最大城市和世界性大都会，纽约的文化展示可谓应有尽有。除了著名的"百老汇"外（那里有常年上演的各种舞台剧，其中不少便与族群话题有关），还有"大都会艺术博物馆"、"美国自然历史博物馆"、"纽约科学馆"以及"现代艺术博物馆"和"古根海姆美术馆"。

"大都会艺术馆"（Metropolitan Museum of Art）堪称世界最大的艺术博物馆。自1872年开展以来，全馆的展出面积已达20多万平米，藏品超过300万件。一方面，馆内虽然也设了"非洲、大洋洲、美洲艺术部"，并把"藏品研究与教育公众"视为办馆根基，声称要教育的对象是"所有的人"[①]，但另一方面，其中展示美洲土著的文物只占极少比例，与全馆的整体相比可谓寥寥无几。

纽约的现代艺术博物馆（Museum of Modern Art）位于离百老汇不远的53街，在许多方面与大都会博物馆齐名，而在收藏和展现上的现代性与国际化则遥遥领先。也正是在此前提下，该馆陈列了一系列举世著名的艺术家及其现代经典，如：凡·高（《星月夜》）、毕加索（《亚维农的少女》）、达利（《记忆的坚持》）、莫内（《睡莲》）以及马蒂斯（《舞》）和塞尚（《沐浴者》）等等。然而在这修建在美国、号称人类代表性艺术展出地的博物馆里，更是几乎见不到本土美洲人的痕迹。

值得反省的是，这些自诩展现了人类现代艺术的博物馆虽然忽略甚至无视土著人民的存在和贡献，但由著名艺术家创作出来的不少作品却体现出彼此间不可分割的紧密联系。其中最具代表性的是荷兰画家高更（Paul Gauguin）有关太平洋群岛土著的一系列作品，如《塔希提岛的姑娘》和《我们是谁？从哪里来？到哪里去？》等。在其中，土著民族不仅充满健康丰满的美，而且被描绘为指引人类的未来榜样。

---

① 参阅曾任大都会博物馆馆长的菲利普·德·蒙特伯诺著作《大都会与新千年》，转引自段勇《美国博物馆的公共教育与公共服务》，《中国博物馆》2004年第2期，第90—95页。

文化遗产 研究

《塔希提岛的姑娘》①

我们是谁？从哪里来？到哪里去？②

如今，名为《我们是谁？从哪里来？到哪里去？》（Woher kommen wir? Wer sind wir? Wohin gehen wir?）的油画陈列在波士顿美术馆（Museum of Fine Arts, Boston），被誉为现代艺术的杰作。2002—2003年我在哈佛访学期间前往参观过，当时就对它的构图和寓意深感震撼。在我看来，这幅西方杰作的意义在于，在源于太平洋原住民生活的启迪下，揭示了文明社会的现代性危机及其应从人类原始性中重获拯救的可能。随着岁月的流逝，后世观众们在络绎不绝地前往大都会艺术馆这样的场馆缅怀一个个被誉为大师的现代艺术家时，更应当记住为他们提供源头活水般灵感的世界原住民。如果现代艺术真给予了后人有效启迪的话，大洋洲、美洲等地的原住民及其生活世界才称得上真正的原创。

首都华盛顿：在华盛顿的众多博物馆美术馆中，最值得提出来与NMAI对比的是"美国国立自然史博物馆"和"国立非洲裔美洲人博物馆"。

与NMAI一样，"美国国立自然史博物馆"（National Museum of Natural History，简称NMNH）也隶属史密斯松尼安协会并且也设在华盛顿的国家广场内——位置就在NMAI对面，但资历和规模都超过很多。遗憾的是，这所力图从整体上述说人类进化史的大型博物馆，对于美洲原住民的存在竟也几乎不著一词，出现了不应有的空白。倒是设在纽约的另一所自然史

---

① 作品作于1899年，现陈列于纽约大都会艺术馆。图片来源：http://en.wikipedia.org/wiki/File：Paul_Gauguin_-_Deux_Tahitiennes.jpg

② 图片来源：http://zh.wikipedia.org/wiki/File：Paul_Gauguin_142.jpg

博物馆以相当篇幅对此予以了一定的弥补。

纽约的自然史博物馆（AMNH）虽说不是国立的，但却以对各大洲哺乳动物标本及人类学物品的馆藏、研究和展示的多样完整而著称，其中最突出的是以进化论为框架呈现全球的人种分布与进化历程。由于其中陈列了不少选自美洲的"土著文物"，在 NMAI 建成以前，这里称

NMNH 俯览图①

得上印第安文化最完整的展出地。同时，由于设有高层次的研究院，这里又还是美国第一个、也是唯一一个有权授予博士学位的博物馆，也即从人类学角度研究和阐释族群文化的高级机构。

对于纽约自然史博物馆有关印第安文化的展示，有来自中国的观众评价说：

美国人在自己的博物馆里没有回避对原住民印第安人的侵扰的那段历史。我为他们敢于承认自己过去所作所为并不是一贯正确而喝彩。

一个人，一个民族，只有敢于认识和承认自己的过去认识的不足和所犯下的错误，才能够尽快的总结经验，并放下包袱大踏步的前进②。

纽约自然历史博物馆门前和馆内展示的印第安人像③

如果把纽约自然史博物馆与国立美洲印第安人博物馆（NMAI）加以对

---

① 资料来源：http://en.wikipedia.org/wiki/File:National_Museum_of_Natural_History,_Washington.jpg
② 参见《纽约和华盛顿的博物馆》，http://hi.baidu.com/axiong2007/item/20f68ef7d922330cd99e720d
③ 图片来源同上。

比的话，可以见出二者在展示印第安文化上的同和不同：

（1）相同

● 都通过文物的收集和陈列，关注并展示了美洲印第安人的历史和文化；

● 都体现了美国族群和文化多元性；

● 都通过文化表述的方式参与了美国社会的国民教育并对多样化的身份认同产生了特定影响。

（2）不同

纽约自然史博物馆：

● 印第安人在整体结构中只是"少数民族"、"陪衬民族"、"边缘民族"；

● 印第安人在展览中"被表述"；

● 展览陈述采用第三人称；

● 门票收费

国立美洲印第安人博物馆：

● 印第安人在整体结构中作为"主体民族"、"第一民族"（The First Nation）；

● 印第安人在展览中"自表述"；

● 展览陈述采用第一人称；

● 门票免费

有了这样的比较，可再回头来审视华盛顿的"国家广场"与"史密斯体系"。尽管存在上述种种遗憾，在以博物馆方式展示美国多民族的文化共存上，首都华盛顿还是走在了全美前列。除了本文重点评述的 NMAI 外，另一个即将在国家广场诞生的新成员即是值得在此补充的案例。它就是已于 2012 年 2 月奠基的"国立非洲裔历史和文化博物馆"（National Museum of African American History and Culture）。据美国媒体报道，该馆也是由美国国会授权建造的，同时是史密斯松尼安协会的第 19 座博物馆，预计在 2015 年开馆。

奥巴马总统在奠基仪式上致辞

2 月 22 日，美国总统奥巴马出席了在华盛顿国家广场举行的奠基仪式并致辞，强调兴建此馆的意义在于彰显美国历史进程中的一个重要组成部分，即"美国黑人在国家生活中所发挥的核心作用"。奥巴马还说，他希望自己的女儿和其他参观博物馆的人"不仅仅将这座博物馆视为悲剧事件的记录，也将其视为一个生命的庆典"。这一点可以说正好体现了该馆的宗旨。用馆长朗尼·邦齐（Lonnie Bunch）的话说，那就是："这个博物馆将有催人泪下的时刻，但它也将是一个弘扬一个族群百折不挠的精神的博物馆。"①

这意味着到了2015年，在华盛顿国家广场的文化象征体系中，将形成一个既包括林肯纪念碑、国会大厦及"国立美国历史博物馆"和"国立美国航空航天馆"，同时还有"国立美洲印第安人博物馆"和"国立非洲裔历史与文化馆"等在内的多元大家庭。

四、几点分析

对于美国博物馆如何展示族群文化的诸多问题，我自2002年到2003年在哈佛大学访学期间就已开始研究了。除了到波士顿、纽约以及芝加哥和夏威夷等地不同的博物馆现场考察并在大学博物馆里旁听人类学授课外，我还拜访有关专家并与其他学者一道组织过专门的研讨会。其间积累了一批田野笔记并写过数则考察心得。2003年1月到芝加哥考察当地的艺术博物馆时做了如下记录：

艺术博物馆的藏品也是遍及全球，主要以大洲和时代分类。China占了很大部分，从石器说起，直到明清的字画。在标举瓷器的同时，也把日本和韩国连带了进来，并置在紧挨着的展室之中，体现出所谓的"东亚"文明。有意思的是，这种源自西方的"博物馆叙事"，数百年来，仍旧延绵不断地向西方观众宣教着少数学者所勾画出来的"世界史"。对于中国，这种以视觉贯穿的"史"，便是沿着石器、陶、青铜、铁……直到瓷、丝、字画等演化的直线来呈现的。由于这里的藏品丰富，布置精美，对于未能去到中国的人们来说，"中国"便在眼前留下了某种被组合过的器物式印象。

当年3月在哈佛参与杜维明、李欧梵等教授组织的"剑桥新语"和"文

---

① 参见 Louise Fenner（从华盛顿的报道）《纪念美国非洲裔历史文化的新博物馆奠基》，2012年1月22日。转自 http://iipdigital.usembassy.gov/st/chinese/article/2012/02/201202231282.html#axzz23E1pYqzS。

文化遗产 研究

化工作坊"活动,与日本民俗博物馆的韩敏及中央民族大学的潘守永等一起,以博物馆为题做过专门讨论。我的发言强调了如下几点:

(1) 讨论和比较东西方博物馆的文化展示问题,需要关注学术界针对博物馆理念与实践方面而提出的"后学"批评,比如:什么人、把什么、为什么并且怎么样"博物馆化"?

(2) 如果要做历史性比较的话,中国在西学东渐后陆续引进的博物馆,大约可以看作现代"孔庙",其功能在于营造以现代国家为中心的知识崇拜及其"视像体系"。

(3) 在这种东西交汇的体系中,隐含着大量的等级差异和话语"霸权"。若借用英语世界的学术话语来表述的话,至少包括了这样几个方面:Writing Culture(写文化)、Making History(造历史)和 Creating power(生产权力)[1]。

在当时的参考文献里,有一篇《纽约时报》针对现代博物馆演变的反思专文,题目是《超越文化多元主义:自由与否?》(Beyond Multiculturalism, Freedom?)作者提到:

近20年来,多元文化主义已成为美国文化的推动力……对于美国的黑人来说,在1960年代他们或许是"美丽的",1970年代是"有权的",然而事到如今却仍被文化史家们变本加厉地视为社会建构物:一种刻板式的种族形象。这一现象近日在(纽约)哈勒姆博物馆(the Studio Museum in Harlem)的展出中再次呈现出来。

作者提出的观点是,在讲述博物馆故事时要超越"黑人"与"白人"的种族界限,应从整体的视角出发,讲述"人类故事"(people story),亦即能够体现个人选择自由的故事,从而创造出世界主义式的新美国文化和艺术[2]。

联系10年来的变化,应当说《纽约时报》在当时就提出的问题与观点依然值得反思。如今,面对"国立美洲印第安人博物馆"的崛起及"国立非洲裔美国人博物馆"的即将诞生,有关多民族国家如何展现不同族群的文化

---

[1] 此处引述的内容出自笔者记于2002—2003年的《哈佛笔记》(未刊稿)。
[2] 参阅《纽约时报》2001年7月21日"艺术与建筑"栏目里的文章:HOLLAND COTTER, Beyond Multiculturalism, Freedom? *The New York Times*. July 29, 2001.

共存，仍将是需要深入探讨并不断实践的重大议题。结合这次对 NMAI 的考察，可稍作分析的有如下几点：

（1）"国立"下的平等。如前所述，此处"国立的"一语是对英文 national 的翻译。对于这个既核心又多义的关键术语，一百多年来的汉语世界可谓煞费苦心，作为限定性的形容词，还将其同时译成和分别使用为"民族的"和"国家的"，都对，又不全对。在解释 NMAI 时，我选用"国立的"而非"民族的"和"国家的"，是为了一方面强调其在合众国层面的超民族性，同时力图消除在"国家"与"官办"间可能产生的误读式关联。所以，这里的"国"是指美利坚合众国，所谓国立，便是指在联邦（federation）而某民族、某一州（state）层面的创立。对于具有"原住民"特性的美国印第安人而言，正因为有了这种联邦层面的"国立"，其以博物馆展示为载体的文化表述才享有了多民族国家内多元并存的话语平等。毫无疑问，美洲印第安人博物馆"国立"地位的获得是本土原住民身份的提升和对以往在联邦层面遭受歧视性空缺的反弹。

不过由于曾深受以往殖民式历史叙事的局限，这种依托"国立"的话语平等在目前还表露出明显的政治抗争痕迹，也就是有点过度凸显某一人群的族裔身份和界限。随着"国立非洲裔历史文化博物馆"的奠基以及对"国立亚裔历史文化博物馆"的呼唤，在不久的将来，说不定在美国创建"国立欧裔美国人博物馆"的愿望也会实现。到那时，多元民族间的文化并存、交往和对话或许才称得上真正的平等。

（2）并存中的区分。如果说并存体现平等的话，区分则彰显了权利。因为倘若平等的结果只是趋于同化，则无异于消灭了共存。由此观察，NMAI 最突出创意就在于在文化呈现上与其他族群形成的明显区分。就本次考察的情况来看，无论它所展示的内容、表述的价值观念，还是叙事的人称，都表现出突出的美洲土著的文化特性和布展者的主位立场。其中最具代表性的是被我称为"博物馆剧"的"第一幕"："我们的天地：传统知识形成的世界"。这一幕以"太阳时代"为背景，力图向观众展示西半球原住民古今相传的生命智慧。这些智慧表达出人与自然的紧密关系，体现在仪式、语言和艺术里，存留在超验和日常中。在展览中，一段以彼得·雅可波（2000）署名的图片解说表述说：在我很小的时候就目睹过族人击鼓跳舞，向 Ellam Yua 神表达感恩的情景。为什么呢？"正如如今我们信仰上帝一样，我们的祖先相信万物源于 Ellam Yua 神。"

这一幕的展厅序言告诉观众：

……我们的生活哲学源于我们的祖先。他们教给我们与动物、植物、精灵世界，以及周围的人们和谐相处。在"我们的天地"展厅里，您会遇见来自西半球的原住民，他们依旧在仪式、庆典、语言、艺术、宗教和日常生活中保留了这种古老的智慧。

我们有责任将这种教诲世世代代传承下去，唯有这样，才能使我们的传统永葆活力。

正是这种以第一人称及古今相连方式表述出来的土著世界观，使得 NMAI 的博物馆叙事在凸显美洲印第安文化特性的同时，也体现了与基督教信仰等其他文明的并置、交融和区分。

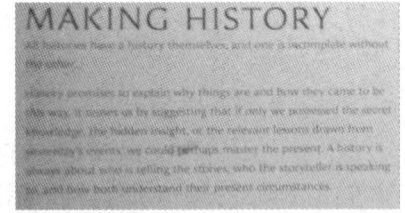

（3）族群"自表述"。在 2004 年 9 月 21 日的开馆仪式上，身为印第安族成员的首任馆长韦斯特（W. Richard West）做了重要致辞。他以美洲原住民的第一人称语气向世人宣告：

从今天起开放的博物馆，不仅将向世人展示早在外来者们来此之前本地人民伟大的文化成就，而且要表明跨越西半球的土著族群及其丰富多姿的文化仍在生动地存活着。在这里，印第安族人将用自己的声音，讲述美洲原住民的故事与历史，展示过去和现在[①]。

在我看来，如果要说 NMAI 取得了某些突破性成就的话，最重要的就是第一人称的使用和叙事主体的转换。前面提过，在它的陈述结构里，常年展出的主题均用"我们的"来彰显和呈现：从"我们的天地"（Our Universes）到"我们的族人"（Our Peoples），再到"我们的现实"（Our Lives）。

---

① 参见 W. Richard West，"Remarks on the Occasion of the Grand Opening Ceremony"，*National Museum of the American Indian*，Washington DC，September 21，2005. Available at http://newsdesk.si.edu/kits/nmai/

所有这些，想要表达的也是我们的思想、意愿和声音，即"传统知识形成我们的世界"（Traditional Knowledge Shapes Our World）和"让我们的历史发出声音"（Giving Voice to Our Histories）。

相对于以往长期的被表述、被代言乃至被污名化，这种第一人称的文化自表述，象征着美洲原住民在博物馆世界的主体性崛起。

（4）交往中的传递。NMAI的创建功能除了美洲印第安文化借助加入到国家形象整体中的便利而自我彰显外，还有一个重要方面，那就是力图通过与以往国家级博物馆系列的对等并列，来进行族群文化的相互对话和代际传承。上节举的例子已同时说明了这两点。此外，由于有了自己的展示场域和叙事舞台，NMAI的创建意味着印第安人获得了主体性的历史表述权。在展厅里有一段关于"制造历史"（Making History）的表述。其中的内容不仅体现出表述者鲜明的印第安主位立场，而且显示了与当代主流话语中后殖民、后现代观念的回应和连接。

这段陈述首先强调人类历史的多样性和依存性，揭示出"所有的历史都自成一体。如若缺少'他者'，没有任何一种历史还能完整存在"。接着指出历史的要义在于三个方面：（1）谁在讲述？（2）讲给谁听？（3）听讲双方在多大程度上明白各自的处境？由此引出土著历史的通常处境：

> 对于土著人民来说，历史意味着另一个战场和另一种征服武器。以往的官史通常置土著于不顾。其他人则把我们描绘成原始人和残暴者。只有在那些视印第安人为人类正常成员并拥有同等智力的历史书写者笔下，有时——尽管几率很小，才会呈现出历史丰富和复杂的一面①。

以这样的历史观为基础，通过NMAI体现的文化交往和族群传递就有

---

① 图片来源：笔者2012年6月1日摄于NMAI，汉文翻译由笔者提供。

了重大的突破。在我的观察中，其整个布展和陈述，在很大程度上就是在追问和回答上面提到的历史三题，即：（1）我们，美洲印第安人在讲述；（2）讲给包括"印第安"和"非印第安"裔的全体观众们听；（3）通过我们的陈述希望能够使听讲双方都明白彼此不同各自的处境。

上面的左图出现于"21世纪的印第安人"展厅，象征着印第安文化的古今并置和传承。右图展示的是早期殖民者与美洲印第安人相互关系的一种类型。以友好姿态排列的雕像力图呈现双方在入侵和反抗的暴力冲突之外的另一面；在塑像前聚睛张望的白人女孩则反映出此种和谐的意愿在展览过程中通过互动而获得认同的可能。正如有人在 NMAI 开设的博客中留言说的那样，美洲印第安人博物馆提供的展示和交流平台，能够帮助参与者了解本土美国人的真相和观点①。

（5）博物馆与人类学。在美国，博物馆与人类学的相互配合可谓源远流长，但使之与印第安文化展示发生关联的缘起要追溯到摩尔根（Lewis Henry Morgan，1818—1881）。作为美国的"人类学之父"，摩尔根将一生都投入到了对美洲印第安人的研究之中，还获得过印第安族人起的名字：Tayadaowuhkuh，意思是"搭桥在鸿沟上"，也就是介于土著与白人之间。作为能够连接并影响双方的中介者，摩尔根发表了一系列有关印第安人的著作，其中代表作之一就是《易洛魁人的民族志》。自19世纪40年代末到19世纪50年代初，摩尔根收集了500多件印第安文物并作为民族志材料用于自己的研究之中。这些文物如今收藏于纽约的州立博物馆，并向公众开放。值得强调的是，尽管提出过影响深远的人类历史三阶段说，即从所谓"蒙昧时代"、"野蛮时代"到"文明时代"并由此引出对美洲土著的有偏见划分，摩尔根对美洲印第安文化的研究并非仅充当那时欧洲既有白人历史的远方注脚，而是开拓了使美洲也成为主角之一的人类史。在这个意义上，被他收集并借博物馆展示的印第安文物，就具有了书写人类共同体的普世意义。

这些在后来被称为"摩尔根藏品"的印第安文物被不断用于美国民族学与人类学家的研究之中，如阿瑟·帕克的《易洛魁人对玉米和其他食物的使用》（1910年）等。阿瑟·帕克的先辈是摩尔根的挚友。他本人担任过美国

---

① 资料来源：NMAI 网页：http://blog.nmai.si.edu/main/american－history/。上传时间：2011年11月24日。

一系列著名博物馆的人类学和考古学家，还参与创建了美洲印第安人组织（Society of American Indians、National Congress of American Indians）。

在 NMAI 创建前的很长时间内，阿瑟·帕克曾经工作过的美国自然史博物馆（AMNH）不仅也陈列有印第安文物，而且号称全球藏品最丰富的人类学重镇。在创建四年后的 1873 年，该馆的人类学部就成立了。其中汇集着代表非洲、亚洲、欧洲、太平洋岛屿和美洲人群的 50 万件藏品。据介绍，如今它的人类学部拥有数十名专业的人类学家、创办有定期的人类学刊物 Anthropological Papers，工作范围涵盖生物、社会文化、考古和语言四大领域，关注的范围不仅涉及人类行为的方方面面，并且指向人类的过去、现在和未来[2]。

摩尔根收集的印第安文物：易洛魁人的竹编[1]

法国人类学家列维·斯特劳斯曾对美国自然史博物馆提出过赞赏，并且还预见说其中专门为印第安部落而设立的展览——范围从阿拉斯加到英属哥伦比亚的太平洋北部海岸，也许用不了多久就会从民族志博物馆迁入一般美术馆——同古埃及、古波斯以及中世纪欧洲的藏品一样占据一席之地。因为，"即使跟最伟大的艺术相比，这种艺术也毫不逊色"。

如今，国立美洲印第安人博物馆的出现，使事情发生了进一步变化。在对美洲原住民文化的展示上，包括 AMNH 在内的老牌博物馆都遇到了极大挑战者。有评论认为，即便是"国立自然史博物馆"（NMNH），如果不抓紧对其中有关美洲印第安人的项目加以改革，修补早已过时的展览，就会面临因新竞争者的出现而倒闭的危险[3]。

总体而论，自摩尔根以来，直到 AMNH 和 NMNH 等若干场馆的创建，美国博物馆与人类学结合对印第安文化的展览都是一种外部参与，也就是我所称的文化"他表述"。只有"国立美洲印第安人博物馆"才体现了真

---

[1] 资料来源，纽约州立博物馆网页：http://collections.nysm.nysed.gov/morgan/background.html#use

[2] 参见 AMNH 网页：http://www.amnh.org/our-research/anthropology

[3] 参见 Holland Cotter, Beyond Multiculturalism, Freedom? The New York Times. July 29, 2001。

正的原住民立场,即印第安文化的"自表述"。或许正因如此,《纽约时报》的评论才会特别提出这样的看法:

印第安人要自己讲述自己的故事,而无需外来人类学家的干扰①。

2012年夏季,几乎与我到华盛顿DC考察NMAI的同时,美国国会图书馆颁布了供暑期阅读的一批书目,共88种,命名为"塑造美国的图书"(Books That Shaped America)。其中唯一一部关于印第安人的作品被列在第83种的位置上,是非印第安裔的作家迪·布朗出版于1970年的小说,名为《魂归伤膝谷》(Bury My Heart at Wounded Knee)②。作品通过大量史料的查阅和使用,用小说手法揭露了在美国所谓的"西进时期"联邦政府派遣军队对印第安人的残暴屠杀。在我看来,尽管提出要排除各种外来干扰,但恰恰是一批批早于NMAI面世的非印第安裔作品——从文学、史学到人类学,与美洲原住民在NMAI里自我讲述的故事一道,构成了表述美洲印第安人文化的复调,彼此呼应,互为补充。

五、结　语

在人类学写作的意义上,遍及世界各国的现代博物馆堪称规模最大、影响最广的民族志。从多民族国家的文化表述角度看,一部博物馆的创建和展示史,既是国家的形塑史,也是族群关系的演变史。

早在1880年,《博物馆之功能》一书的作者就曾指出:博物馆应成为普通人的教育场所。一百多年后,美国博物馆协会将"教育"与"为公众服务"并列视为博物馆的核心要素。在此基础上,博物馆甚至被视为美国社会的"道德储存库"③。印第安族裔的学者库伯(AMANDA J. COBB)认为,在展现族群身份及其社会地位方面,博物馆扮演了基本定义者角色。他指出,长期以来,通过对印第安文物的系统性收集和研究、阐释,美国的博物

---

① 参见 Holland Cotter, Beyond Multiculturalism, Freedom? The New York Times. July 29, 2001.

② 参见署名慷慨的专题报道《国会图书馆发布88部"塑造美国的图书"》,《中华读书报》2012年6月24日,第4版。

③ 参见段勇《美国博物馆的公共教育与公共服务》,《中国博物馆》2004年第2期,第90—95页。

馆一直在"对象化"(objectifies) 美洲原住民，视他们为原始和走向绝迹的种群。博物馆表述的这种作用不可低估，它的影响与殖民暴力如出一辙①。

正是由于整个美国对博物馆及其身份表述、文化传承与国民凝聚等多重功能的重视，加上美洲印第安人长期不懈的卓越奋斗，NMAI 终于在 2004 年诞生。它的出现，可以说是美国多民族互动与社会合力的体现。前面提到过参与提交国会 180 号议案的议员除了一位来自印第安族裔外，另一位来自夏威夷的日裔议员井上健不但代表美国另一类型的少数族群——亚裔美国人(Asian Americans)，而且还担任印第安事务委员会主席和国会拨款委员会主席。他们的政治地位和积极努力无疑对促成 NMAI 的筹建起了重要作用。

来自法国的民族学家若埃尔·罗斯科斯基（Joëlle Rostkowski）对 NMAI 等同类机构的创建作了专门分析，他指出：作为一个渐进的过程，它的成果里既有来自外部的人类学家、艺术评论家以及历史学家扮演的先驱和协调者的作用，同时更应视为美洲印第安人文化重建的产物。为此，作者特别强调说：

> 要理解原住民声音的意义和规模，理解他们重新掌控本族文化和形象的策略，我们就必须重构北美印第安人在国内和国际舞台上的行动。正是这一点，让他们从为人忽略的少数族群，转变为本族历史的参与者和本族文化的阐释者②。

有了这样的相关理解和阐释为背景及引申之后，我愿意摘录作为 NMAI 重要自述的相关片段作为本报告的结语。在题为《族群叙事》的文章中，主创者们写道（引用顺序略有改变）：

> 我们在这里呈现的物品，旨在证明作为西半球上的原住民，我们的生存斗争史，堪称人类的最非凡历史。
>
> 长久以来，有关 1492 年前美洲原住民文化、人口数量以及导致其遭致

---

① 参见 AMANDA J. COBB, The National Museum of the American Indian: Sharing the Gift, *American Indian Quarterly*, Vol. 29, No. 3/4, Special Issue: The National Museum of the American Indian (Summer—Autumn, 2005) pp. 361—383. Published by: University of Nebraska Press.

② 参见若埃尔·罗斯科斯基：《表现与阐释他人的艺术：以美洲印第安人为例》，周小进译，《国际博物馆》，译林出版社，2010 年第 3 期。

灭顶之灾的疾病影响等事项的历史叙述充满了虚伪。现在这种已习以为常的历史终于被颠倒了过来。

从前，我们一直被认为是没有历史的人民。

我们曾被视作未开化的野蛮人、高贵的野蛮人、"人类进化的最低等级"；有时，我们甚至被视为非人。

过去从未改变。随时改变的，是我们理解它、学习它、了解它的方式。

如今我们充满激情，不惜代价，为夺回对过去的解释权而战斗。

你所站立的这个博物馆，就是这种力量的完成品，也是这种力量的见证①。

这样的表述，既代表美洲原住民通过博物馆叙事发出的主体声音，也传递着愿与多民族共同体成员和谐共处的真诚期盼。由此凸显的关键词是：

不忘过去，直面未来；交互表述，多元共生。

自20世纪二三十年代，继李方桂的语言学研究之后，由早期留美的李安宅开启了汉语世界对印第安文化的人类学研究。接着，又有乔健等对祖尼人及拿瓦侯部族的民族志考察以及张光直从考古学的比较角度提出的华夏—玛雅"文明连续体"学说等成果面世②。转眼若干年过去，尽管世事变异，希望笔者以美洲印第安人博物馆为题的此项报告，无论选题还是目标，都还能延续在一条相通的路上。

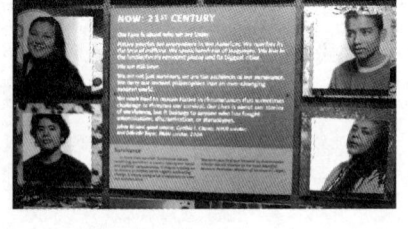

NMAI"第三幕"展示之一：21世纪的印第安人

---

① 资料来源，NMAI展览陈述词：Narration，撰稿：Paul Chaat Smith（科曼奇族）、Herbert R. Rosen；执行：Floyd Favel（平原克里族）；概念设计：Kathy Sutter；指导：Jeff Weingarten。由笔者根据现场图片加以摘录并译成汉语。

② 参见乔健编著《印第安人的颂歌：中国人类学家对拿瓦侯、祖尼、玛雅等北美原住民族的研究》，广西师范大学出版社，2004年。

参考文献：

Amy Lonetree，Amanda J. Edited，*The National Museum of the American Indian：Critical Conversations*，Cobb，U of Nebraska Press.

Amy Lonetree，*Decolonizing Museums：Representing Native America in National and Tribal Museums*，University of North Carolina Press，2012。

Francis Hayden，"By the People"，*Smithsonian*，September 2004，pp. 50—57。

HOLLAND COTTER，Beyond Multiculturalism，Freedom? *The New York Times*. July 29，2001.

Lauren Monsen：《国立美洲印第安人博物馆定于9月21日落成开放》，"学术交流网"（www.annian.net）/美国社会生活/2004年9月22日。

National Museum of the American Indian Act，Public Law 101—185，101st Congress（28 November 1989），

Rothstein，Richard，2004 Museum with An American Indian Voice. *The New York Times*. September 21，weekend pages 1 and 5。

Sara Malone，*Lelawi Theater*，*National Museum of the American Indian*.

段勇：《美国博物馆的公共教育与公共服务》，《中国博物馆》，2004年第2期。

夫子：《国立美洲印第安人博物馆——美国人的自我安慰》，《数字商业时代》，2009年9月4日。

乔健编著《印第安人的颂歌：中国人类学家对拿瓦侯、祖尼、玛雅等北美原住民族的研究》，广西师范大学出版社，2004年。

若埃尔·罗斯科斯基：《表现与阐释他人的艺术：以美洲印第安人为例》，周小进译，《国际博物馆》，译林出版社，2010年第3期。

伊丽莎白·奥尔森：《印第安人自己的博物馆》，秦苑文编译，《中华读书报》2004年10月27日。

文化遗产研究　文化遗产研究　文化遗产研究

历史书写

- 人面烛龙、神树烛龙即蜀龙、蚕龙
- 历史记忆的空缺之一：公共知识分子徐志摩
- 两岸与美国：中国近代史研究的相关比较

人面烛龙、神树烛龙即蜀龙、蚕龙

——三星堆"蟹睛人面"的新研究[①]

江苏淮阴师范学院中文系、上海交通大学文学人类学中心　萧　兵[②]

摘　要：三星堆青铜"筒睛"人面，如诸家所说，可能与蚕丛、烛龙相关。古无偏旁，烛龙就是"蜀龙"，又即"蜀龙、蚕龙"。三星堆青铜神树较确切的定名是"扶桑—若木"（兼为社树、中心神杆或宇宙轴），攀附其上的当然是以桑为食的"蚕龙、烛龙、蜀龙"。这些构成三星堆的崇拜系统或神话意象群。

关键词：三星堆青铜人面　扶桑神树　蚕龙　蜀龙　烛龙

图1　青铜筒睛"面具"
四川广汉三星堆器物坑出土，K2：148；商代晚期

所谓"面具"，其"瞳仁"作圆筒状突起，形象之奇诡，构想之神奇，

---

① 整理者为邵宜健。
② 萧兵：江苏淮阴师范学院中文系、上海交通大学文学人类学中心教授。代表著作有《楚辞研究》系列七种，《中国文化的人类学破译》系列四种，《中国小说的人类学趣读》系列四种，《中国文化的精英》、《傩蜡之风》、《神话学引论》等。

很少有出其右者。可惜至今"意义"不明。只能肯定：高度夸张、突出与太阳相关的"佳善"之目睛，能使邪恶害怕。鼻梁上或有变或"云纹"条状饰物，是饕餮等"载干"、"饰贝"的立体化，似乎相当龙之"尺木"；没有"尺木"，龙就不能登天。

"筒睛人面"及其关涉

四川广汉三星堆商代晚期祭祀坑（K2），出土全国仅见的青铜"筒睛人面"①。以 K2：148 为例（参见图 1），整体宽达 1.38 米；"筒睛"突出眼眶 16.5 厘米，直径 13.5 厘米，中空，无开口；也可称为"柱睛"。

发掘者据其上的三个小方推测，这个面像可能是附在某个建筑物或"图腾柱"柱上的②。"附着"自可肯定，但所附者至多可能为柱状物，很难断定为"图腾柱"。也有可能是某种造像。

有人说，这是一种"面具"或"类面具"，套插在某种仪仗上：平时悬挂供奉在祠庙殿堂等神圣场所；需要时，例如"迎神赛会"，便把它举起或抬着参加游行。例如，云南禄丰高禄彝乡，

图 2　彝族火把节"大面具"游行

就是举着类似大面具，"作为傩仪主神行进在队伍前头的"③。

屈小强注意到，"与古蜀人有深厚绵远的族源关系"的川滇彝族在六月火把节抬出来祭祀的宽达 1.5 米的"始祖面具"（三星堆"大面具"宽 1.38 米），有的黑底色上，凸出的眼球为黄色，眼圈、口唇、鼻子都涂成朱红色，脸上有朱红色横条（参见图 2）"而三星面具也有眉眼描黛，口鼻涂朱"的

---

① 《广汉三星堆遗址一号祭祀坑发掘简报》，《文物》1987 年第 10 期，第 8 页。
② 同上。
③ 唐楚臣《从云南禄丰高禄彝乡傩仪探索广汉三星堆文化之秘》，《从图腾到图案——彝族文化新论》，德宏民族出版社，1996 年，第 22 页。

痕迹①。

另一标本（K2：142），额鼻间有夔龙或勾云纹"装饰板纹"②（参见图3）。

图3 "蟹睛"青铜人面
四川广汉三星堆2号器物坑出土，K2：142，商代晚期

我们觉得，这件标本除了鼻梁镶嵌"夔龙"以外，跟1号祭祀坑出土的"筒睛面具"没有根本区别，是带着夸张变形的"人面"。

但也正是这"夔龙状嵌饰"耐人寻思。它可能是部落徽识或"图腾符号"。跟殷周铜器那种高度抽象化、程序化的夔龙纹有些相似。有的学者已注意到它与饕餮的趋同性。例如，陈德安将他所称的这件"兽面具"与殷商的"饕餮—兽面纹"做比照，认为"它们都是某种自然神而不是祖先神。"三星堆兽面"无角"是因为它可能属"爬行类"③。

日本学者饭岛武夫对三星堆凸目或筒睛人面是否隐指"纵目"的蚕丛持谨慎态度，只是认为："古代蜀人以巨目的人头像，人面作为宗教礼仪的崇

---

① 屈小强《三星伴明月——古蜀文明深源》，四川教育出版社，1996年，第36页。
② 陈德安《三星堆祭祀坑出土青铜面具的研究》，《四川文物·三星堆古蜀文化研究专辑》，1992年，第39—42页。
③ 陈德安《三星堆祭祀坑出土青铜面具的研究》，《四川文物·三星堆古蜀文化研究专辑》，1992年，第39—42页。

拜对象。"① 跟中原以饕餮（纹）为信仰中心不同。

难波纯子把"纵目"像称为"兽面具"或"人面具"，她更注意其与小型"兽面"（即我们说的"人/鬼/神/兽面"）的渊源关系，其眼目（平面观）跟中商期以后"有钩状锋利眼角"（即所谓臣形）的饕餮眼睛有更多相似点②。

李学勤指出，三星堆青铜器的饕餮纹是颇具特色的，大目"人面"跟《三羊尊》上的饕餮纹，颜面"神情颇为酷肖"③，但在"意义"或功能上，有差别（参见图4）。

图4　饕餮纹

左：《册父乙角单觯》腹部；右：《父乙盉》腹部；商代，殷墟晚期。采自马承源

饕餮纹的主要功能，我们的专著《中国上古图饰的文化判读——建构饕餮纹的多面相》（湖北出版社集团，2011年）认为，主要是震慑、厌胜邪恶，体现的是"食欲"原型；三星堆青铜人面虽有阔嘴，却不强调"吃"而突出的是"视"，尤其筒状目睛在上古文物中极为罕见，我们的论述也侧重于此。只是"夔龙纹饰板"跟饕餮额鼻间盾形或所谓"筐形纹"或有干涉，它们可能是不同形态的"尺木"（详后）。

单纯的"人面"，独立的"龙首"，都是很难辨明其性状的。

《淮南子·要略训》："今画龙首，观者不知其何兽也；具其形，则不疑矣。"（刘文典集释本，下·707）这类"混形动物"，往往都要通观全体，才能看出那是什么东西，尤其以什么为"母型"。

如果"纯属"人面，那就没啥稀奇。有蟹目、豕耳的提示，夔纹饰板的

---

① [日]饭岛武夫《三星堆遗址出土的青铜器与饕餮纹》，韩国河译，《扶桑与若木：日本学者对三星堆文明的新认识》，[日]西江清高主编，巴蜀书社，2002年，第122—124页。

② 参见[日]难波纯子《三星堆出土青铜器兽面纹的来源》，韩国河译，上引书，第146—148页。

③ 参见李学勤《三星堆饕餮纹的分析》，《三星堆与巴蜀文化》，巴蜀书社，1993年，第79页。

标识，多少有了些眉目，但因为看不到整体，判读才如此困难，争议才这样纷纭。

赵殿增认为，这跟"蜀"、"蜀王蚕丛"关系很大，甲骨文的"蜀"字就可能描写"大眼、巨头、身修长或蜷曲"的蜀人神像，其面目颇似三星堆"筒睛人面"。更重要的是，"这些面具［或］眼饰当时都是由一个长长的物体支撑起来的。这个长物或身躯，或为神树、图腾柱之类的支柱，或为鸟蛇之类的动物形象"①。这个推想，有道理，也有启迪。这跟"蜀"字的意象潜通，又让人想起"蚕丛"与"烛龙"。可惜此类实物发现太少，目前用"比较法"颇为困难。

"筒睛人面"肯定是套插在某种造像或仪仗之上——很可能为木器，所以腐朽无存。有人猜测，青铜面具所套插很可能是一种龙身形器物或者象征龙身、刻画龙纹的棍棒，从而构成"人面龙身"的完整形象。这在理论上不无可能。"人面龙身"或"龙首人身"，文献屡见——烛龙，就曾被说成"人面龙身"（参见图6）。台湾学者赵铁寒《古史考述》（1972）干脆说，"蜀"字也是"人首蛇身像"（146），只不过以最"灵"的眼睛代首罢了。

这里介绍一件"兽面龙身器"，也许会有些启发。2002年，河南偃师二里头"宫殿"遗址，一座贵族墓里出土一件"绿松石龙"，通长70余厘米。它拼嵌在一件通长为70.2厘米的"红漆条状有机物体"之上，由2000多片绿松石组成②。其头部是一块梯形物，上面有白玉镶嵌的"圈形眼"和长得出奇的"鼻梁"——简直让人想起那种镶嵌在额鼻间的"尺木"。杨武能很

图5　三眼神面

---

① 赵殿增《三星堆文化与巴蜀文明》，《早期中国文明期》之一，李学勤、范毓周主编，江苏教育出版社，2005年，第313页。简称《早期·三星堆》。
② 参见《河南偃师二里头遗址中心区的考古新发现》，《考古》2005年第7期，第15—20页。

重视这个"龙形",称其头部为"兽面纹",属"简化或抽象的造型"[1]。它的"梯形"头部,大得跟瘦长的龙身不成比例。我们不敢多事联想,但它确实意味深长。

"筒睛人面"与蜀王蚕丛

有人认为,"筒状目睛"跟蜀地的"三眼神"有关(参见图5)。蜀王蚕丛,其目纵。"蜀"字亦作"纵目"而有蚕蠋或虫蛇之身的样子。有的学者认为,三星堆出土的便是"古蜀纵目人青铜像"而蜀人是"以'纵目蛇'为图腾的";原来,"纵目"可指额间多出的一目,与双眼构成三目,"巴蜀的许多道教神像,如二郎神、青衣神(蚕丛)、炳灵(鳖灵)、斗姆(五斗米道夷神)、马王灵官以及青城山隋代石刻张道陵天师都是三只眼[2]。其"前史"十分悠久(参见图5)。

这就是烛龙的"直目正乘"。我们的《中国文化的精英》等书力证,三只眼或额中独目实际上也是象征并体现太阳光辉的(所以有人认为,三星堆跟殷商一样是崇拜太阳、太阳神鸟和太阳神树的)。但是更多学者是将此"筒状目睛"跟蜀王"蚕丛"联系起来,然后再连接于"直目正乘"的烛龙(参见图6)。

"蜀"在甲骨文里略作"蛇"或"蜎蜎者蠋"(蚕)之形,夸大其目,头部以目代替,完全是蒙古人种的臣形目,其形略纵[3]。

"蚕丛"的"纵目",除了见于古代文献如《华阳国志·蜀志》等外,晚近的方志也有记载。如《邛崃县志》(民国时纂修)说:"蜀中古庙多有蓝面神像,面上傀垒如蚕,金色,头上额中纵目,当即沿蚕丛之像。"据说,某些蚕丛造像有三只眼,额上第三只眼是竖直的。

图6 额中"直目"的烛龙
据明《山海经图绘全像》,蒋应镐绘图;采自马昌仪)

---

[1] 参见杨武能《另一种古史》(青铜器纹饰、图形文字与图像铭文的解读),唐际根、孙亚冰译,三联书店,2008年,第162页。
[2] 王纯五《五斗米道对巴蜀民间文化的影响》,《民间文学论坛》1989年第6期,第38页。
[3] 参见萧兵《蜀·蚕丛·纵目》,《四川文物》1986年第1期。

"蜀龙"就是烛龙、蠋龙、蚕龙

或说是为了证实"纵目"的蚕丛确实是有异于人的神,所以才把他的眼睛做成奇特的圆筒形①。这跟"蜀"字突出其眼目是一致的。段渝等《三星堆文化》(236—239页)大致采用此说。孙华则进一步将其与"烛龙、烛阴"或"祝融"联系起来。《山海经·大荒北经》说这位大神"人面蛇身而赤,直目正乘",郭注:"直目,目纵也。"② 孙华等这个说法是很有意思的。上古文字一般没有偏旁。"烛"可以写作"蜀"。那么"烛龙"就是"蜀龙"。"蜀"(蠋)本来是野蚕(参见图7),但是殷商人认为蚕目是"纵"的(有些像甲骨文、金文等所见的"臣形眼")。所以"蜀"能够指"纵目人"或"纵目神"。"蜀龙、烛龙"就是"纵目"神龙,所以说它"直目正乘"。"蚕丛"是纵目人或"蜀"之王。他们的眼睛都可以夸饰为圆筒状。

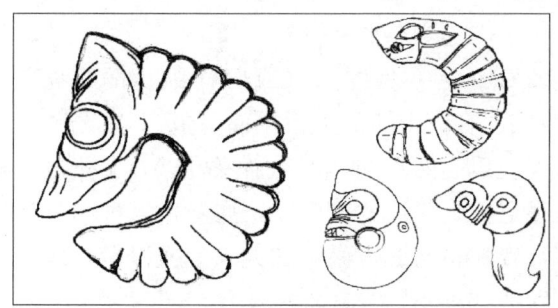

图7 兽首虫身玉龙

红山文化玉佩饰,传世;右下为河北建平的出土物

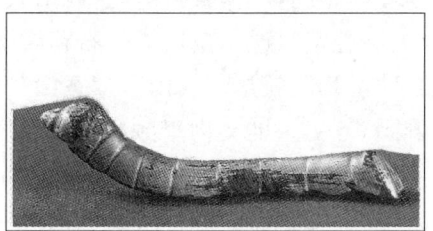

图8 蚕的形象

鎏金铜蚕,陕西石泉出土,西汉

---

① 参见赵殿增《三星堆祭祀坑文物研究》,《三星堆与巴蜀文化》,巴蜀书社,1998年,第85—86页。

② 孙华《凸睛铜面像——蜀人的尊神烛龙和蚕丛》,《中国文物报》1992年5月24日。

图9　烛阴、烛龙
《山海经》插图，清人的构拟

早在20世纪30年代，学者就接触古蜀与"先蚕"的关系。据林向介绍，朱逖先有《古蜀国为蚕国说》之作①。孙次舟反驳说，蜀地古无蚕业，也不能用"图腾"来诠释"蜀"之得名；"蜀"乃中原古语译音（按：卫聚贤说，与"竹"音近；朱氏谓，"蜀"古音近"叟"），古蜀国实属"夷邦"，南迁后为"叟"，与今之彝族相关②。

现代民族学家或认为，古蜀人（或同样纵目的"戈基人"）与古彝族（乃至藏族、纳西族）有较密切的关系，而彝族（以及藏族、纳西族等）的先民主要是羌。羌与氐当然不同，但是血缘较近，文化也有相似之处。古代四川盆地原居民很可能是百濮的西南支，属蒙古人种南方类型，文化上属于"南方苗蛮集群"，崇蛇；与北方南下的羌人混血以后，成了古蜀人，蚕丛很可能为其"邦酋"或"巫王"。

"蚕丛"的"丛"，本意是稻草或麦秆编成的"簇"，蚕宝宝们发育完成之后，就纷纷爬上草簇吐丝布网，"作茧自缚"。江南人唤作"上山"。《蜀中名胜记》（卷六）引《方舆胜览》说，蚕崖关"石路巉嶙如簇蚕"，便形容山路纵横支离如"蚕簇"。"蚕簇"就是"蚕山"，"蚕山"也可以说是"蚕丛"。他们的祖先是"高山群团"。三星堆文物里颇见神山祭祀，所谓"边璋"便主要用来祭山。

"蜀"、"蚕蠋"（或蚕丛）的眼睛都被夸饰，古文字中其身躯又夭曲而似蛇若龙；这样，凸睛或筒目人面，而有似龙又似云气的额鼻间"条形饰"，

---

① 参见朱逖先《古蜀国为蚕国说》，《时事新报·学灯》第44期，1939年。
② 参见孙次舟《读〈古蜀国为蚕国说〉的献疑》，《齐鲁学报》第1期，1941年。引见林向《近50年来巴蜀文化与历史的发现与研究》，《巴蜀历史·民族·考古·文化》，巴蜀书社，1991年，第4页。

便与"直目正乘"的烛龙相关,而不仅是"纵目"的蜀王"蚕丛"。

"蚕龙、蠋龙、烛龙"及其所食扶桑

现在来看《山海经》等书里有关"烛龙"的记载。《大荒北经》:

西北海之外,赤水之北,有章尾山。有神,人面蛇身而赤,直目正乘。其瞑乃晦,其视乃明。不食不寝不息,风雨是谒。是烛九阴,是谓烛龙(郭璞注:"身长千里"。王念孙谓是正文)。

它有一颗竖直的眼目正当额中("独目"或"三目")。这是一只"太阳神眼",等值于太阳,所以闭眼世界就黑暗,睁开便明亮,直照到"幽都"那样的"九阴"。所以又叫"烛阴"。它永恒地存在,又"身长千里",实在具有"宇宙蟒"(cosmic snake)的性格。袁珂把它列为"开辟大神",是很有见地的。说它是"太阳神龙",具有日神格,也是可以的。所以,《楚辞·天问》说:"日安不到——烛龙何耀(照)?"我们的《楚辞与神话》、《楚辞文化》就反复论证:烛龙(以及可能是它的人格化的祝融)本质上是太阳神。

它又叫"烛阴"(参见图9),见于《山海经·海外北经》,也可能是"月亮龙"。

钟山之神,名曰烛阴(郭注:"烛龙也。'是烛九阴',故名也。")。视为昼,瞑为夜;吹为冬,呼为夏。不饮,不食,不息;息为风。身长千里。……其为物,人面蛇身,赤色。居钟山下。

《大荒北经》郭注引纬书《诗含神雾》说:"天不足西北,无有阴阳消息,故有龙衔[火]精以往照天门中也。""火精"是"龙珠"。有的材料说是衔"烛"以照九阴及天门。这是"烛"所引起的麦克斯·缪勒经典效应,"语讹"所致。它本来只是"蜀龙"或"蠋龙",加上"火"旁,只因为它能发光,发出太阳神火。月亮是"夜间的太阳",晚上它代替太阳(或太阳龙)来辉照。

为什么既有"烛龙"又有"烛阴"呢?按照神话学通则,最初"宇宙蟒"(或创世龙)都只有一条,它是中性、无性或雌雄同体的,却又具有

"母性",所以能够创生日月天地以至动植和人类。但也可能一分为二:

阳龙(天龙;太阳龙)——雄性(相当于"烛龙")
阴龙(地龙;月亮龙)——雌性(相当于"烛阴")

后来阴性的龙专司创造并管理女性的事业,例如制陶、驯化动物以及养蚕等等——于是雌性的"烛阴"就成了"蚕龙"。她的人格化就是"野蚕"(蜀)之地的蚕丛。

这不完全是臆测。湖北宜昌巴楚交汇地民间传说里就有创世并且创生的"清(气)龙:天龙"和"浊(气)龙:地龙"(详后)。这有些像母性的创造大神(人首蛇身或人首蜗身的)女娲分化出伏羲/女娲夫妻神(或"夫妻蛇")。女娲有些像西北或西南方"发明"蚕桑的嫘祖,其主要动物化形为"蜗身龙";其"植物模式"则主要是"匏瓜:葫芦"(女娲就是"女瓜"),由"匏"分化出"匏羲"即"伏羲",构成"第二次创世"并且创生的配偶神①。

青铜扶桑树上有蚕龙

而如果"烛龙"确实是"蠋龙、蚕龙"的话,那么它将为神话学、艺术考古上的一个疑难提供解决的线索。

桑蚕或家蚕都食桑。桑与蚕是"共生"关系。"蚕"的神化是龙,是"蚕龙、蠋龙、蜀龙、烛龙"。"桑"的神化则是"扶桑—若木"。若木为扶桑之"枝",展示为三叉桑枝之状,甲骨文的"若"就是"桑"字②。

《说文解字》卷六:"叒,日初出东方汤谷,所登榑(扶)桑。叒,木也。"在篆文的"叒"字下面加个枝条就是"若":扶桑之枝。

三星堆出土一棵青铜神树枝(K2:192;树 N.1;参见插图10),极为精美,叶上栖有神鸟等物(代表"多太阳"或日子日孙)。学术界为其神话

---

① 参见萧兵《楚辞与神话·女娲考》,江苏古籍出版社,1987年;《伏羲女娲首交尾图像的新解读》,《女娲文化研究》,三秦出版社,2005年;《第二次创世——兼论羲娲洪水神话》,《神话中原》,大象出版社,2006年。

② 参见萧兵《楚辞与神话·楚辞扶桑若木与太阳树神话》,江苏古籍出版社,1987年,第144—146页。

性质争论不休：

桑树的神化：扶桑若木（母型：马桑树，或乔木桑）；

扶桑；穷桑；桑林——社树（寨心树）；

太阳神树；

世界中心树：宇宙树（Cosmic tree），如建木；

萨满天梯或（通）天柱（Shaman's Ladder, or heaven pole）。

如果要把这棵神树与文献相印证的话，那么，较切合的是"扶桑－若木"而不是"无枝"的建木。如上所说，太阳树可兼"世界树"，它身上正栖息着九只代表太阳的神鸟——跟后来的马王堆《西汉帛画》扶桑"九日"相当一致。

中国上古宇宙图式里的太阳神树的配置是：

图10 扶桑树与"蚕龙"

（青铜神树，模型放大，四川广汉三星堆博物馆。注意左边的龙）

```
    ［扶桑……………扶桑］
  东                      西
    ［若木……………若木］
```

扶桑、若木是太阳神鸟升降时歇憩之所。"东若木"与"西扶桑"的文献记载不是很清楚，但可用多重证据推出。如《离骚》第三次飞行，"饮余马于咸池兮，总余辔乎扶桑，折若木以拂日兮"，全是西方落日意象。扶桑－若木接得很紧。诗人不可能再回到东方去折若木①。这一点，徐朝龙也看出了。

重要的是这"扶桑：太阳神树"主干上，缠绕着一条（展开或达4米）的神龙（参见图12），如上，它应该就是与桑树伴生的"蚕龙、蜀龙、烛龙"！

---

① 萧兵《离骚的三次飞行》，《四川师范大学学报》1987年第3期（可参见《楚辞与神话》，《楚辞的文化破译》等）。

图11　太阳神龙与扶桑树
（长沙马王堆西汉《帛画》，局部）

图12　太阳神龙：蚕龙或烛龙
青铜神树局部，广汉三星堆，晚商

这神树上的"巨龙"（K2∶94），赵殿增的描述是：

它以方头、马面、辟绳状细长身和龙身长"手"、饰"璋"结"果"为特色。龙由神树上盘旋而下，具有其特殊的文化内涵。这条龙的头部呈长方形，上下颌向前直伸，似为"马面"。龙眼圆睁，每只眼有四个"眼角"。龙头上有三条火焰状勾云形饰件①。

"马"是龙的"异变"，马头是龙首的一种形态，龙牙基本上是"马齿"之形，以其"可更换"或"再生"为特征。马高八尺为龙（参见《周礼》

---

① 赵殿增《三星堆文化与巴蜀文明》，《早期中国文明》系列之一，李学勤、范毓周主编，江苏教育出版社，2005年，第334、335页。简称《早期·三星堆》。

等)。林梅村等以为,西域的"龙"基本是马,中原称为龙驹(参看我们《龙凤龟麟:中国四大灵物探研》里的专节)。"方头马面"恰是"蚕龙"特征。而跟"烛龙"有关的是龙首三条"火焰状勾云形饰件"——表明它是"太阳神火之龙"——此饰件还可能跟"筒睛人面"额鼻间"夔龙"或"勾云纹"牌饰同样是"尺木"的一种形态。

这里存在许多不解的谜团。它跟"蚕龙、蜀龙、烛龙"的关系实在也不很明朗。赵殿增明白,神树具有"天梯"与"社神"性质。巨龙盘树,是在"护卫神树"。作为古代"巫王"(priest king)的化身,"龙攀树而下,可能还是表现君王巫长顺着'天梯'从天上下到地上,代表上天把旨意传到人间。"① 这不失为一种诠释,却不圆满。他跟段渝等,都倾向于神树为建木之说。

林向也认为,神树是标识世界中心的建木,《海内南经》说它"引之有皮,若缨(绕)黄蛇",即谓青铜树上的"身若绳索状缠绕的无角黄龙";以为其即"夏禹的化身"②。此说不为无理。但《海内经》明明说建木"百仞无枝",而扶桑正有九只太阳神鸟栖息。

从造型技巧看,为了表现"龙"和"龙树"的矫夭连蜷,艺术家把它们藤蔓化——青铜树上的"倒悬龙"绞缠如"绳",其实是高度藤蔓化,并且有意使其与"扶桑、若木"一体化,让我们一时辨认不出何者为龙,何者为树。

季智慧说,同样发现于三星堆的神竹意象(或即外输到大西域的"筇竹杖、灵寿之木")可与龙互化③。如《蜀中名胜记》引双流县旧志说:"汉费长房至此,以杖掷坡中,化龙去。"旧诗也有类似描写。

抽得困身伴瘦筇,乱敲青碧唤蛟龙。(杜光建:《题龙鹄》)
春枕悠然梦何许,两枝筇杖唤雨潭。(陆游诗)
长听南园风雨夜,恐生鳞甲尽为龙。(陈陶:《长竹》)

松树更因其形态虬曲,枝干有"鳞",更多被比拟为龙。尹荣芳等曾引诗为证。

---

① 赵殿增《三星堆文化与巴蜀文明》,《早期中国文明》系列之一,李学勤、范毓周主编,江苏教育出版社,2005年,第334、335页。简称《早期·三星堆》。
② 林向《巴蜀考古论集》,第238—239页。
③ 季智慧《神树·金仗·筇竹与蜀文化》,《四川文物·三星堆文化》,第68页。

曾映月明留鹤宿，近经雷霆带龙腥。（宋子梁：《咏松》）
孤松倚云青亭亭，故老谓是苍龙精。（王冕：《孤松叹》）

中国少数民族颇有认树为龙，或龙树不分者。
彝族祭祀"米塞树"，称为"祭龙"。
傣族、哈尼族等，或称某些老树为"龙树"，祭树便是祭龙。
彝族文化史学派的代表人刘尧汉说，楚雄彝族以壁虎为龙的母型，它吮吸"龙树"的液汁。"龙树不能随便碰，很神圣，在龙树上的东西也都不能碰"，但这些被当成龙的动物，离开了树也就丧失了其"神圣性"与"合法性"身份，没啥稀奇了。彝族民众说，"树可算龙，爬在树上的动物都可叫龙"（参见尹荣芳）。
三星堆铜"扶桑树"，有人以为是"社丛"或"社树"。尹荣芳以为是祭龙，即祭"植物之神"，祈求风雨调适五谷丰登。所以有些地区在"二月二，龙抬头"之时祭社、祭树，也祭龙，称为"龙头节"、"春龙节"或"青龙节"，希望"大仓满，小仓流"。共工氏之子为"后土，祀以为社"，却正叫做"句龙"①。龙与社树、神树伴出，也就不足为奇。
尹荣芳也注意到三星堆青铜"扶桑"与龙的共生关系，以为这棵"通天神树"，正是上古时代的一棵"社树"或称"龙树"，龙、树原本就属一体。
樊一等说，既然神树达地登天，那么树龙应是"巫师们上达天庭的驾乘"②。这接近于张光直所说的"巫师"的"动物助手"。
他们的论证都颇有意趣（当然龙起源于树之说不够严密），可惜跟我们当初一样没有悟出扶桑树上挂着的正是"蚕龙、烛龙"。可谓未达一间。
再则，长沙马王堆汉墓出土《帛画》"太阳"部分有"九日"盘桓，于缭绕的神树之间，还有一条矫夫的神龙在其间"翻卷"（参见图11）。我们倒是认出了藤蔓化的扶桑与九阳③；那龙，则依安志敏定为太阳车驾或"日御"的太阳龙④——现在好容易才弄明白，那是与神桑伴出的"蚕龙、蜀龙、烛龙"，即由"蚕"神化而来的"太阳神龙"！正如王大有所说："〔帛

---

① 尹荣芳《福州求原》，上海古籍出版社，2003年，第154、166页。
② 樊一《三星堆寻梦》，四川民族出版社，1998年，第97页。
③ 参见萧兵《马王堆〈帛画〉与〈楚辞〉》，《考古》1979年第2期。
④ 参见安志敏《长沙新发现的西汉帛画试探》，《考古》1973年第1期，第16页。

画]龙和扶桑树可互换。"

徐朝龙很敏锐地把马王堆《帛画》扶桑树间的龙与三星堆"若木"干上的龙联系起来,并且相互对照,认为安氏"龙载太阳而飞"之说很难畅通。他认为《山海经·海内经》对它已有描写①。

南海之外,黑水清水之间,有木名曰若木,若水出焉。
有禹中之国。有列襄之国。有灵山,有赤蛇在木上,名曰软蛇,木食。

郭璞注:"言不食禽兽。"音如软弱之软。什么样的蛇形虫最软呢?蚕。什么样的"软蛇"不食禽兽只吃木(叶)呢?蚕。为什么色"赤"?此"软蛇"(或蚕母型)已逐渐变成太阳龙——烛龙。前举烛阴(烛龙)正是"赤色"。这是一条还没有生成为"烛龙"的软甲"赤蛇",很可能是"蚕龙"的雏形。

软蛇所在"灵山","灵"的繁体"靈",主体是巫,巫职重于祝咒祈雨,所以从多"口"及"雨"会意。《说文》云:"灵,巫也。以玉事神。"
《山海经·大荒西经》十巫升降之山,就叫灵山。袁珂《山海经校注》:"灵、巫古本一字。"灵山就是云雨迷蒙的巫山。然则软蛇与"蜀龙、蛇、蚕龙"故事都发生于蜀土。

烛龙也曾入川

一般说,神话地名(如若木—若水、扶桑—穷桑)都是游动乃至"假想",是很难确定地望的。《山海经》(尤其是《海内经》)等都是经过"重组"的,并非全是原生状态。跟若木和若水联系在一起的颛顼就是东北夷先祖②,跟巴蜀毫无关系。但《海内经》软蛇所处的地区却"有利地"指向四川。

"若水",雷(嫘)祖之子昌意"降处若水",郭注引《竹书》:"昌意降

---

① 参见徐朝龙《中国古代"神树传说"的源流——以四川广汉市三星堆遗址出土青"神树"为中心》,田尻圣子译;《扶桑与若木·日本学者对三星堆文明的新认识》,[日]西江清高主编,巴蜀书社,2002年,第218—219页。
② 参见萧兵《东北夷传说的再发现——由人类学发掘颛顼史迹》,《吉林师范大学学报》2005年第1期。

文化遗产 研究

居若水。"《史记·五帝本纪》同，索隐："若水在蜀，即所封国也。"

《水经注·若水》："若水出蜀郡牦牛徼外，西南至故关，为若水也。"蒙文通先生说："若水即今雅砻江。"他甚至说："考《海内东经》记载了江水、蒙水、白水，即今之岷江、大渡水、白水河，都在四川西部。"①

这一般说来不错。但如上所说，与若水相干的颛顼，只能是东北方传说先祖，跟四川毫无关系。反过来说明颛顼若水不一定在蜀。

"烛龙"的原生地，更难澄清。按照《山海经》，它在西北，有人说在中原；按照《楚辞》等，它又在北方高寒地带。与它相联系的祝融，一般认为在南方。我们不能确定它到底是"四大集群"（东夷、南苗、西戎、北狄）谁首先创造的神域神话。如今又因为三星堆"筒睛人面"的发现而引出"烛龙"本是"蜀龙、蠋龙、蚕龙"的有力论证，不得不令人思考"烛龙"原出西南（蜀地）的巨大可能性。

这些龃龉一时是调解不了的，至少我们想不出办法。暂且只能这么说：神话及其因子（或元素）是游走性的，即令能确定原生地，也不能排除其"交流"、"播化"的情况，特别是很难澄清其"模糊"与"混淆"的变异。

目前的感觉是：西南方与西北方的上古文化交流相当频繁，巴蜀文化，尤其是三星堆文化里有"大西域"因子或元素（有人甚至认为有中亚—西亚的成分）。这，现在证实或证伪都不容易。不但"烛龙、蠋龙、蚕龙"的出处"建木、都广之野"，多数学者都肯定其在四川（例如成都）；我们的《山海经的文化寻踪》却因为它与"稷泽、盐泽、泑泽——罗布泊"紧密相连，而认为较可能原在西域，作为"天地之中"，而与西域原生性"宇宙大山"昆仑（原型为和田南山）相一致，后来才逐渐"南移"。而"蜀龙、蠋龙、蚕龙"则较可能原生蜀地，或由羌人传递，进入西北，与当地"宇宙蟒、开辟神"相交汇，变成一条太阳龙、火龙（闻一多说是火山之神）。与南方始祖神祝融的"混淆"、迭合，则是较晚的事。

"蜀"：大眼睛的蚕虫蜀

《铁》217·4　　《前》8·3·8　　《后》1·9·7

---

① 蒙文通《略论〈山海经〉的写作时代及颛顼产生地域》，《蒙文通文集（1）·古学甄微》，巴蜀书社，1987年，第48页。

这字，商承祚《甲骨文字类编》（13·3）及孙诒让《契文举例》（2·9）等，都读为"蜀"。李孝定《甲骨文字集释》（13·39 [2]）是之。《说文解字》卷十三虫部正说："蜀，葵中蚕也。从'虫'上'目'。象蜀头形。中象其身蜎蜎。"甲骨文此字不从虫，但无论虫身、蚕身、蛇身都长而可弯曲。《说文》引《诗》曰："其身蜎蜎。"

甲骨文有"目"下从二虫者（《铁》5·3等），很可能也是"蜀"或"蚕"字的繁化；从一"虫"者，则见于周原卜辞（H11：68）。

以目代首，首可兼身，这是古文字通例。这里，虫身、蛇身已具，而代表首级的"目"，却是蒙古皱襞（或第三眼睑）非常明显的臣形眼，分明是人的眼睛。所以它可能暗示："蚕"在甲骨文里已有"人格化"趋势，或已具有神性（参见下文"蚕示"），已不纯粹是虫类。"蚕"的眼睛实在并不这么"斜"。甚至看不清。古文字或图纹却有意加以突出。

金文也有"蜀"字，见于《班殷》等，是从"虫"的。跟周原卜辞一致。

（周原卜辞 H11：68）　　《班殷》

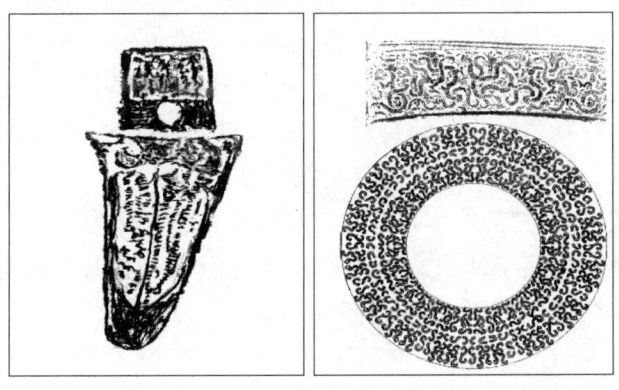

图13　蚕纹青铜戈

左：青铜鉴纹饰，河南辉县琉璃阁出土，战国；右：青铜尊口部纹饰，湖北随县曾侯乙墓出土，战国。

周世荣在湖南湘水采集的春秋战国的青铜尊上发现大眼睛的蚕纹,身有环节,尾部夭曲,跟卜辞所见相似,他认为"可能与蚕桑产地(蜀)有关"①,是楚文化里的巴楚因素。

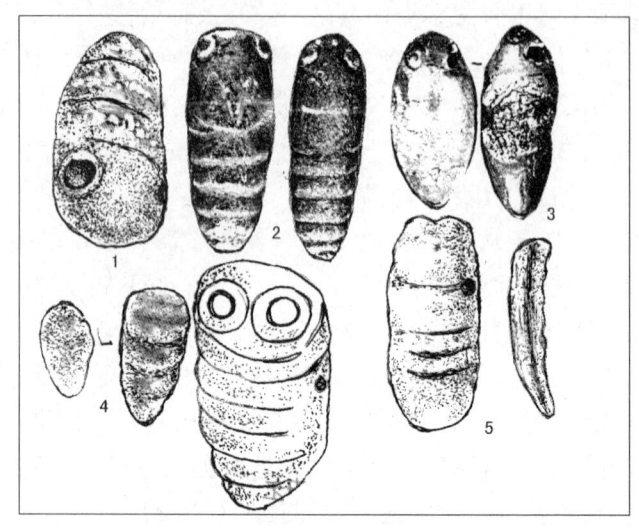

图 14　蚕纹
(四川成都交通巷出土,西周;采自兰莉,原拓不清)

浙江余姚河姆渡陶盂上发现蚕纹,其器也被怀疑为铜幼蚕所用。

青铜器上亦有蚕纹(参见图13)。四川出土者,尤值重视(参见图14)。

1976年,成都市交通巷出土一件西周时期的蜀式"蚕纹"青铜戈,长方形的"内"的两面饰有蚕纹(可惜拓本看不清楚)。"蚕纹头大,两眼突出,身体屈曲,体蠕动状。"这似乎是这类蚕形象的特征:有意突出本来极小的眼睛,强调其"屈曲"的身躯。"蚕纹边的小圆点可能是蚕食的桑叶,周围是云雷纹、窃曲纹等纹饰组成的方形图案。"②

邓少琴较早说,"蜀"本是野蚕,可能由蚕丛驯化为家蚕,"巴、蜀两国古代均以虫命名,其字从虫。巴为蛇,而蜀为蚕,各以之作为图腾"③。诺埃尔·巴纳德对类似的说法深表怀疑。他说,"直目、纵目"确似古文字

---

① 参见周世荣《蚕桑纹尊与武士靴形钺》,《文物》1979年第6期,第566、563页。
② 兰莉《谈西周蚕纹铜戈的文化内涵》,成都市博物馆编,《文物考古研究》成都出版社,1993年,第155页。
③ 邓少琴《巴蜀史迹探索》,四川人民出版社,1983年,第135页。

"蜀"的独目（却不能附会于"筒睛"）；然而，"甲骨文中的蜀字都是由一只眼睛（置于正常的位置）和一蛇形附属物构成"①。前引范小平，也说"蜀"跟蚕丛一样，都是"纵目"的蛇。

"图腾"之说，暂予搁置。蜀地的蚕业在商代后期已相当发达。《蜀王本纪》说："蜀之先，名蚕丛，教民蚕桑。""丛"就是"草簇"，供蚕宝宝们"上山"作茧自缚的。如果蚕丛确实化形"蜀龙、蠋龙（蚕龙）、烛龙"的话，事情就顺理成章。四川至今还有"蚕市"、"蚕陵"（县）等。《汉书·地理志》："蜀郡有蚕陵县。"《水经注·江水》官本作"西陵"，沈炳巽说，应为"蚕陵"。屈小强等《三星堆文化》也说，蚕陵即蚕神嫘祖所处的"西陵"。我们的《山海经的文化寻踪》（1434－1438页）介绍一说：嫘祖源出西羌，发明养蚕，后来入蜀，与原住民结合，发生"蚕丛"传说；后来蚕桑经济才进入中原，盛于全国。

林向对周协原卜辞之"蜀"的分析是："蜀"乃合体字，而像一个纵目之人，曲体裹虫形徽记②。我们觉得中间部分并不一定是"人"而只表示有所"包裹"。"虫"字跟其他卜辞所见一致，头部为箭头（像"烙铁头"），是蛇虫之状，而已非昆虫。可见甲骨文"蜀"已有蛇化特征。不能仅仅根据其首部三角、尾部钩曲而断定其非蚕。因为"蜀"确实是"蠋"，较古老的注解就是"野蚕"。但也有人因其头尾不似蚕而说其系蛇虫变形或"毒虫"者，是异族对当地原住民的"贱称"③。其实蚕也可能"异化"为金蚕蛊之类，在异民族那里，也要受到镇厌的。吴其昌等引《韩非子》和《淮南子》的《说林》，蠋似蚕而非蚕。可能是会"螫人"的毛毛虫，所以人们"见蠋则毛起"④，至多是野蚕。所以，甲骨文那更像蛇的"它"或"巳"都还可能是"怪蚕"，或可能是蛇化、异化的"蚕"而以蚕、蛇等为母型。还有一种说法推扩更甚，将蚕的"多象征"或"博喻性"看得更加广泛："蚕在巴蜀符号中是一个无所不在的神灵，既可幻化为蛇，也可神化为虎；所谓巴蛇、白虎云云，不过是蚕的不同隐语。"⑤ 这当然要求更严格的论证。

---

① ［澳］诺埃尔·巴纳德《对广汉埋葬坑青铜器及其器物之意义的初步认识》，雷雨、罗亚平译，《南方民族考古》（简称《南民考》）第5期，1993年，第32页。
② 林向《周原卜辞中的蜀——早期蜀文化及相关问题》，《考古与文物》1985年第6期；《巴蜀考古论集》，四川人民出版社，2004年，第5页。
③ 参见童恩正《古代的巴蜀》，四川人民出版社，1979年，第55页。
④ 参见吴其昌《王会篇国名补证》，《中国史学》第1辑。原文未见。
⑤ 张文《巴蜀符号琐谈》，《四川文物》1992年第2期。

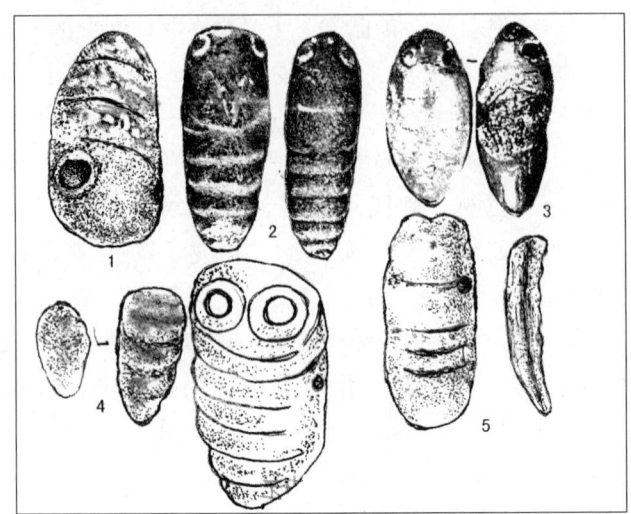

图 15　玉虫蛹，或玉蚕蛹

1. 原称"茧形玉蛹"，红山文化；2. 原称"蚕蛹形玉"，商代，傅氏藏品，二枚；3. 原称"棱形玉蛹"，红山文化，北京大学赛克勒考古艺术博物馆藏品；4. 原称"锥形玉蛹"，腹正面与腹侧面，近红山文化，顾伟藏品；5. 原标"匕形玉蛹"，红山文化，台北"日月坊"藏品。采自孙守道等。

红山文化等新石器时期遗址，迄商周，都有玉蚕蛹（或虫蛹）出土，暗示桑蚕能够死而复生，并且"羽化"成蛾而登天，寄寓着初民"生死一体化"的信仰。有的蛹突出其双目，暗示其即将化蛾。"再生"就是一种"不平凡"，一种神圣性（在此意义上，某些日本学者认为突出的眼睛是生命的象征，有些道理）。

蚕的中西古读

现在从上古音（依照王力、郭锡良系统）来看"蚕"与"蜀"（以及相关联的）"叟"的关系。

［蚕］
dzam 从谈
dzəm 从侵

［蜀］

zǐwǒk 禅屋
djewk→dzewk 禅屋

［叟］
sɑu 心幽
saw→sɑu 心幽

（第一行：王力、郭锡良系统；第2行：周法高系统。"叟"或纳入侯部）

"蚕"与"蜀"韵母相去很远，声纽却接近：禅纽的拟音 dj－或 di－跟从纽的 dz－，是很容易音转的。而野蚕或桑蚕的"蠋"与"蜀"基本同音。
有的专家（如孙次舟、童恩正等）说，"蜀"的上古音与"叟"大体相同：幽、屋或侯、屋可能"阴入相配"，心纽（S）跟从纽（dz）距离不远。童恩正引《书·牧誓》伪孔传注"蜀"为"叟"，朱骏声《说文·通训定声》以为"晋人语"；《后汉书·董卓传》"吕布军有叟兵内反"，唐李贤注："叟兵即蜀兵也，汉代谓'蜀'为'叟'"——从而揭出："所谓蜀，就是指叟或氐而言。"① 必须注意，江南方言称蚕为 zer 若 ser，跟"蜀、叟"的古音相当接近。而这个 ser 或 sau 跟西方人称"蚕"或者"蚕丝"大有渊源。
现代英语的"蚕"是 silkworm，直译是"丝虫"；养蚕业，却为 seri-culture，直译是"蚕丝文化"。Seri 来自：

［蚕］
［希腊语］ser，或 ser
［拉丁语］ser

这就与汉语上古音 sau（"叟"）颇为接近了。
他们称中国为 seres（赛里斯），意思是"丝之国"或"蚕之国。"
"蜀"这个名称，跟西方人称"丝"称"蚕"也颇有瓜葛。
西方古代称呼中国，主要有三种。

---

① 童恩正《古代的巴蜀》，《童恩正文集·学术系列》，重庆出版社，1998年，第62页。

China—Thiaico—china（西方称"中国"，"瓷器"）
Seres（丝，丝国，ser 指蚕）——sericum（丝织品）
Sinae（"秦奈"，或说由 seres 分化而出，或说为 seres 邻邦之意）

这几个名词与上古汉语的对音，原来的意思，争论极大。

这里只介绍 seres，对音于"丝"，还是说得过去的。

但有人说，其词干为 ser—，与"蚕"对音（特别是与江浙音的"蚕"有些相似）。

现在先看戈岱司总的介绍。

[古罗马] 奥古斯都（Auguste，即屋大维）时代的诗人们首先向我们提供了一些明确的数据。弗吉尔·霍拉赛（即贺拉斯）、普罗佩赛和奥维德都提到赛里斯人（seres），他们认为这是居住在靠东方、印度和大夏（Bactriane）一侧的一个民族。他们生产一种漂亮的织物，所用的原料是从一些树上采摘来的神秘物。这一产品明显是指丝绸，它是从蚕茧中所缫，而蚕茧正是从蚕树叶子中采收的。

西方上古不会养蚕，更不会缫丝；而漂亮的丝绸，可能在荷马前后就已传入欧洲。这样就产生一些稀奇古怪的传说。

或以为 seres 的词干或希腊拉丁语的 ser，就是"蚕"的汉语上古音的音变。罗马包撒尼亚斯的说法大致是：

丝是一种希腊人叫作"赛儿"（ser）的肥大虫子的产物……他对这些动物"饥饿"的隐喻证明他对它们的习惯，甚至他们的天性都很了解[1]。

在公元 2 世纪，托勒密（Ptolemee）《地理志》提到与 Seres 为邻的 Thinai（秦尼），"那里的棉花、丝线和被称为 serikon（丝国的）纺织品"，是东西方贸易的重要货物。Thinai（秦尼），或说，与 china 相关。事涉专门，姑略。杨宪益先生提出一个独特的看法：

---

[1] [法] 戈岱司《希腊拉丁作家远东文献辑录·导论》，耿升译，中华书局，1987年，第26页。

Seres——蜀

Sinae——滇

他承认"蜀"原指蚕（西方人或以蚕为 ser）。"蜀国的蜀本为织丝的蚕的原字，此亦与 seres 产丝的西方记载相符。"①

屈小强等《三星堆文化》（576 页）大体采用此说法。

这两组"对音"虽不很严密，却不失为一种重要的学术观点（ser 与"叟"的上古音 sau 更接近，"叟"与"蜀"对音，"蜀"与"蠋"同音，与"蚕"上古音声纽相通）。

蚕神——蚕生长为龙

关于"烛龙、蠋龙"的论证，其实已包藏着一个很惊人的"暗示"："蚕"或野蚕可能变成龙。学者们都知道，甲骨文的"蚕"字很像蛇，或具有蛇身——而蛇和虫本就是龙最重要的"模特"（model，母型）。《三星堆文化》（199 页）便说，三星堆"爬龙柱"上的羊角龙即烛龙，"这'烛龙'之身乃是蚕身"。

龙和虫都是很能变化的。身子圆长而夭曲或蟠蜷，这个基本结构是稳定的，头形便很"随机"，有角无角，或者有脚无脚，都不一定。它上天入地，驾云行雨，无所不至，无所不能。

[龙] 能幽能明，能细能巨，能短能长。（《说文·龙部》）

[龙] 能为幽，能为明，能为短，能为长。（《说苑·辨物》）

《管子·水地篇》说得更切我们题意："[龙] 欲小则化如蚕蠋，欲大则藏于天下。"

黄帝族崇拜龙，发现一条大蚯蚓（螾），也当做龙类。现在有些地方还把蚯蚓叫做"地龙"。

孙机讲得很好："说它小如蚕虫蜀或小如蛴螬（蝉的幼虫，红山玉龙母型之一），也不失龙的本色。"② 他举出形态类似红山玉龙的"玉蚕"主要

---

① 杨宪益《译余偶拾·释支那》，三联书店，1983 年，第 149 页。
② 孙机《蜷体玉龙》，《文物》2001 年第 3 期，第 75 页。

有：河南三门峡上村岭虢国墓地 M2006 玉饰①及宝鸡茹家村 M1 西周墓 III 式玉饰②

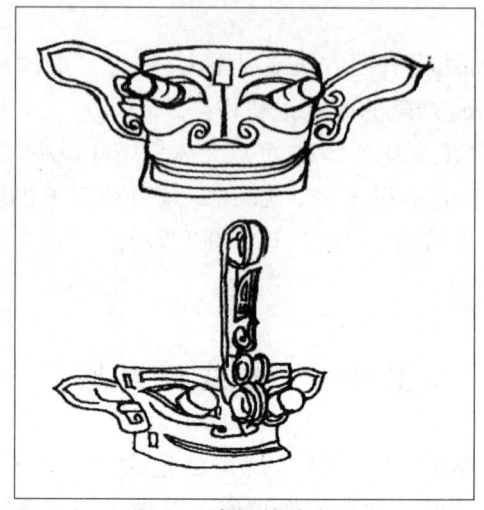

图 16　青铜筒睛人面

四川广汉三星堆器物坑出土，上，K2：148；下，K2：150。商代晚期

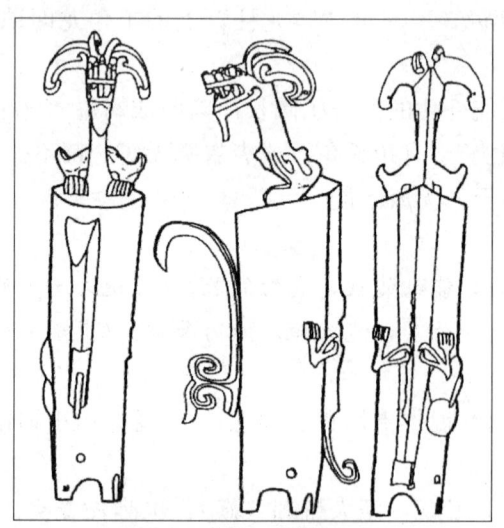

图 17　突出双睛的爬龙

广汉三星堆 K1 出土，青铜爬龙杖头，晚商

---

① 参见《上村岭虢国墓地 M2006 的清理》，《文物》1995 年第 1 期。
② 参见《宝鸡国墓地》，文物出版社，1988 年，上册，第 240 页，下册）图版 39，139，192。

阿尔金提出，红山文化的所谓"玉猪龙"，有些造型取象于金龟子幼虫，寄托初民的"灵魂"与"再生"观念；也影响了龙的栖居或生存的"二重性"或变化性（参见图17）。

古代人对龙的态度，正如他们对"生、死"两个世界之间神话般的中介者的态度，这似乎是人们努力解决这个问题的重要原因。在自然界，某些昆虫的幼虫居住在两种生活条件（水、陆，地下、地面）的交界处，它们本身就是具有中介功能的例子[①]。

我们在《龙凤龟麟：中国四大灵物探研》（华中师范大学出版社，2012年）里提出，"虫"跟蛇、蜥、鳄并列为龙的四大母型。论证十分繁重。这里只能简介最重要的论据。

（1）龙是能大能小、能粗能细、能长能短，极富变化的混形动物，只要身躯圆长而蜷曲，行踪诡秘，都可能被当成龙或龙的母型（头部变异很大，多标示地区或文化特色）；

（2）红山文化玉蜷龙，有的分明是蜷曲的虫躯或蚕身（参考前苏联阿尔金等的论证）；

（3）龙善化而神秘，跟虫类与爬虫类的冬眠与惊蛰、蜕皮以及种种躯体变化是分不开的，都是"生命"或再生的意象；

（4）有的虫子凶猛或善食，与蛇、蜥、鳄相似，还有"史前巨虫"的传说与发现（成虫能飞，跟飞蜥等构成"飞龙"的取象依据）；

（5）文献与考古文物都有"虫龙"或"蚕龙"的证据。

蚕蠋或者蛴螬等昆虫生命形态的变化，让初民感到惊奇与神秘。

澳大利亚原住民阿兰达部落模拟蛴螬生长过程的因特丘玛（Intechuma）仪式，反照着他们对这种昆虫破蛹而出，变为成虫的蜕变过程是何等重视。蚕或蝉（包括其幼虫"蛴螬"，称为"复育"），以及其他的一些虫之所以能变化为神、为龙、为图腾，根本原因在于其生命形态的多变化，及其造成的"再生"信仰。

原住民们用树枝搭起窝棚"翁巴纳"（Umbana），"代表着能够孵出蛴螬成虫的蛹"。扮演蛴螬的部众，"缓慢行进，走走停停，直到走进翁巴纳为止"。

于是——

[①] ［俄］S. V. 阿尔金《东亚神话的昆虫学部分》，程应瑞译，1994年中国国际民俗文化研讨会（北京）论文提要，第8页；参见《北方文物》1997年第3期。

文化遗产 研究

翁巴纳中渐渐传出了圣歌声，圣歌描绘了这种动物全部生长过程中的各个阶段，以及以圣岩为主题的神话。

逐渐地，他们有序地从窝棚（蛹）里爬出来，"他们摆出各种各样的姿态，其目的显然就是要将蛴蟥到成虫的各种形态表现出来"①。

这是一种增殖仪式（Incireaserites）。奇特的是，希望其大量繁育的（图腾）动物往往跟某种石头联系在一起。他们为石头着色，描画，使其近似那种动物的色泽、线条。有时部落的青年还要把自己的血淋在上面。斯宾塞和吉伦说，他们把属于该图腾的人的血滴在岩石上，使活的动物"精灵从那里驱向四面八方，这样来增加它们的数量"。

在一切周围的人们看来，这个图腾氏族和它的首领就是图腾的"主人"即这种动物或植物的"主人"。他们好像有责任在自然界中使这种东西达到充分的丰富②。

他们一般不吃这种动物的肉。只是酋长在"因特丘马"仪式之后有权吃那么一点点（有时部众在酋长特许下也吃一点），目的仍在刺激它生长。生长得那么多有什么用呢？过去，有人说，是为了帮助吃这种动物的部落繁殖。但是，更多的人认为，"图腾"与部众能够因交感而相生。

河姆渡蚕纹，钱山漾丝织，西阴村残茧，等等，我们已多次做过介绍。

科学史证明，殷商的蚕桑事业相当发达③。

殷墟卜辞里已经有把蚕或虫祀为尊神的暗示。例如二"虫"并列的一个字（《说文》等读为"昆"），在卜辞中地位就很高。

燎于蚰。（《前》4.52.4）

有人以为虫神，有人认为是殷相"仲虺"（如陈邦福《殷契说存》），有人以为是水神（如饶宗颐《巴黎所见甲骨录》）。暂不管它是谁，只要说明"燎祭"规格很高，就明白了。这是把柴架成堆，上面搁上动物或者人的"牺牲"，烧出烟气来上达于天，所以后来又叫"烟祭"或者"柴祭"（闽中春节还要烧起这种"火爆柴"来祭神、辟邪）；在卜辞里，燎祭对象不是

---

① ［苏］托卡列夫等《澳大利亚与大洋洲各族人民》（上册），李毅夫等译，三联书店，1980年，第283、284页。

② Spencer and Gillen, Native Tribes of central Australia（《澳大利亚中部土著部落》，London, 1899, P. 176；［法］爱弥儿·涂尔干《宗教生活的基本形式》，渠东、汲喆译，上海人民出版社，1999年，第466页。

③ 参见［日］布目顺郎《养蚕的起源与古代绢》，东京，1979年（参见库恩文）；［德］库恩《商代的丝织物工厂》，刘龙光译，《中国科技史探索》，上海古籍出版社，1986年，第368—369页。

人面烛龙、神树烛龙即蜀龙、蚕龙

"帝",就是高级天神敌祇,或者先公。

还有个"蚕示",也见于卜辞(如《后》1.28.6),要用"三牢"(三只羊牲或牛牲)来祭祀它。

"蚕示"有两种读法:"示"是神,"蚕示"就是"蚕神"(叶玉森说,见《前释》及《枝谭》);某种高级的祭法,祭祀"先蚕"(后世还一直祭祀蚕神,皇家与民间都祭祀,主要为了保护蚕丝业)。

甲骨文里的"蚕"字颇有争议。有的似蛇若虫,张政烺先生便反对释"蚕",而以为是"它",即蛇,头部略呈三角形,似"烙铁头",有剧毒[①]。张先生进一步说:今观其字形绝不类蚕,头大颈细,头与身有明显的区分,身上似有鳞纹,而尾巴是弯曲着,皆与蚕形不同[②]。

这是有道理的。但是事情并不这么简单。既是"虫神",不论是蛇还是蚕,都可能就其体躯、器官加以夸饰(参见图18)。

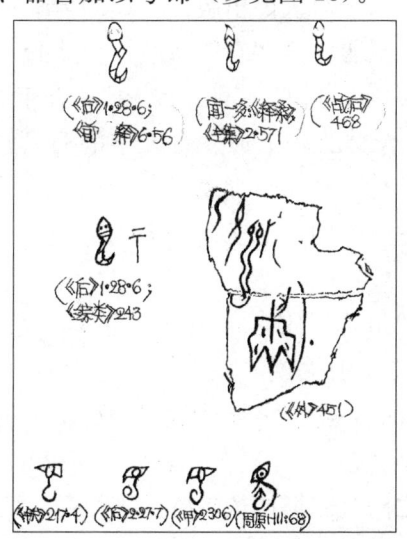

图18 与"蚕"相关的甲骨文

上:蚕;中左:蚕示;中右:有争议的卜甲;下:蜀

例如蚕眼简直就看不清(库恩说,要用放大镜、显微镜才能看清楚)。然而作为野生蚕的"蜀、蠋"居然长着人类才有的"臣形眼"。"蜀龙"或"烛龙"直目正乘(字面意思应是在面当中或额部长出一只"纵目"),突出

[①] 张政烺《释甲骨文俄、隶、蕴三字》,《中国语文》1960年第4期。
[②] 张政烺《释它示——论卜辞中没有蚕神》,《古文字研究》第1辑,中华书局,1979年,第64页。

其眼——这样还不够，还得换上螃蟹的"筒形目"（如"筒形目睛"青铜人面所见），这样才能显出其可"再生"的强大生命力与神性。不然就不能构成神话意象。还有人因为"蜀"字的殷墟甲骨文，下半为蛇身勾曲之象，以为"蜀"字本不从"虫"，进而推论甲骨文"蚕"并不是"虫"而是"它"（短蛇）。如今周原卜辞发现，"蜀"字下部确实可以从"虫"，而又不一定是"虫"；只是在暗示此虫正在龙蛇化。《述异记》里，员峤山的冰蚕就"长七寸，黑色，有鳞角，基本龙化"。

这些也间接证明，"蚕"与"蜀"的形象确实有些像蛇，但基本上是"蚕虫"的蛇化——暗示着其可能变成龙的一种。

有一片引起很大争议的卜甲，见于董作宾编《殷墟文字外编》第451页（史语所，1956年，台北）。李亚农《殷代社会生活》（1955年）曾予著录（又见《李亚农史论集》，上海人民出版社，1980年，上册）。

其左上偏中是一只巨虫，像"它"（蛇），金文的"它"近之。

日本学者白川静认为，这是一只"蛇精"，有手持"魔杖"正在扑打"它"①。如上所说，甲骨文的若干似"蚕"字的与"它"（蛇）不易区分。鉴于"它"业已具有神性，形体多加以夸大和变形，白川氏说是"蛇精"，并非纯属怪论。因为它已经向"龙子"的方向靠拢了。即令是"它示"，也是"蛇神"，也近于龙。

甲骨文确实有个"组合"字，一边是"它"（蛇）或蚕形，另一边是"手"持"杖"，张政烺前引文说"象一只手拿着棍子打蛇"（《古文字》63），就是卜辞常见的"敁"字（参见孙海波《甲骨文编》139，420号）——可以写作今字"改"（"巳"代表蛇，可通也、它），用作扑打、殴攘。信仰的心理根源之一是恐惧或依赖感。害怕蛇，所以要殴击辟攘；但为了"怀柔"，还得祭祀它为"蛇神"（它示）。说不定还可能由蛇提升为龙——祀蚕为神，为龙，也是为了怀柔，依赖。

蛇与蛇的"毒气"，可能对蚕和养蚕人构成威胁。蚕室湿热，往往有蛇打洞蛰居；其实蛇能食鼠，鼠爱吃蚕，蛇倒是保护了蚕。不过还是小心为妙。

《山海经·北山经》："湖灌之山，三桑生之，其叶皆无枝，其高百仞，白果树生之；其下多怪蛇。可见桑树下多蛇。"蛇与蚕很可能是一种相生相

---

① ［日］白川静《汉字的历史及其背景》，1970年，东京，第37页。引见库恩。

人面烛龙、神树烛龙即蜀龙、蚕龙

克的关系。

卜辞有"𡴂蜀"的记载（如《乙》7194）。

"𡴂"以"它"（蛇）为主体，古人穴居畏蛇，见面打招呼是"有它乎"，就像现在问"吃过饭没有"。加上"止"，好像用"足"来踩踏镇压。字略读如"祸"祟之"祟"，是灾咎之意。它跟"蜀"字并出，可见"蜀"（蚕）之非"它"，而"它、蛇"可能为祟于蜀。

要之，甲骨文这个似"蚕"或似蚕非蚕的字，疑问较多。

(1) 它确是"蚕"字；

(2) 它不是"蚕"而是"它"字（尤其是如《外》451那样头目更大、身躯曲折，与金文"它"更像者），就是短蛇，与"手持又"组合，构成"攱"即"改"字；

(3) 蚕与蛇"互渗"，"蚕"被神秘化为似蛇之形，暗示其可成龙；

(4) 有的是"蚕"，有的是"蛇"，随"上下文"而定。

这几种"可能"都存在（我们倾向于3、4）。

《外》451（插图）的情况稍见特殊。拓片，"它"或"蚕"旁的一字看不清是否"从又（手）持杖"而构成"改"字。问题更大的是下方的一个很大的字。布目顺郎把它看成一片树叶（上面的"它"被认做"蚕"），为"五裂片"的白桑，其上的四点为"白眼蚕"（Rondotia menciana moore），或它的茧[①]。库恩对此可能有所保留，他连殷商的所谓"玉蚕"都怀疑，因为其眼过大而身上的"环节"又太少[②]。周世荣也认为是蚕，下为"采桑叶"[③]。

照我们看，所谓白桑叶，分明是个"鬲"，那是很方便烧开水的，四点表示"刺纹"（便于捧握以免打滑）。上面有一只手，手旁一根棍插在鬲中，似在搅拌——莫非是在煮茧或者抽丝？这是中国缫丝业的一大秘密：先把茧内的蛹杀死（蛹是很好吃的），以免蚕蛾出来时咬破茧壳，断了丝，便不能缫。外国人不懂这个大发明，所以不会养蚕缫丝织绢。只能依靠"丝绸之路"，取得轻洁美丽的绢绸。中国也因而号称"丝绸"（seresa，或说即"蜀"）。

---

① 参见［日］布目顺郎《养蚕的起源与古代绢》，1979年，东京，第8—9页。

② ［德］库恩《商代的丝织物工厂》，刘龙光译，《中国科技史探索》，上海古籍出版社，1986年，第875页。

③ 参见周世荣《蚕桑纹尊与武士靴形钺》，《考古》1979年第6期，第566—567页。

那么，上面那个"它"便可能是"蚕示"之"蚕"，让它保佑缫丝的顺利，或者防止它因为子孙被杀害而对养蚕人有所不利。蚕或蚕神都是可能"异化"的。江南有些地方祀拜"僵蚕菩萨"，就是害怕它带来"蚕瘟"或者危害蚕农。

这里最重要的一点是，蚕曾经被当做"龙精"或"龙子"。

《周礼·夏官·马质》汉郑玄注引《蚕经》：

蚕为龙精。

《淮南子》汉高诱注等，也沿用此说。

红山文化的虫形"蜷龙"，有的具有蚕或蚕蛹状的带"环节"的身子，所以有人认为那便是"蚕形龙"或"蚕龙"。邓淑苹揭示，这类玉器"常雕出昆虫在幼虫转化为［成］虫前的形态。……［这］这是强调物化与蜕变的生命力——元气"①。

孙守道说了"蚕、龙"互渗并且互拟的理由：

(1) 蚕小，色白吐丝而喻如龙之精者；
(2) 蚕体能屈能伸，卷曲而如龙之躯者；
(3) 欲将蚕神化，则莫如龙化之②。

有人直截了当地把蚕当做龙的母型。

假如我们的论证不错，虫（甚至于蚕）是龙的一种母型，那么就可能一层一层地推进下列论断：

(1) "蜀"是蚕，蚕曾经被神化为"龙"；
(2) "蜀"也因而可能被当成一种"龙（形）蚕"；
(3) "蜀（烛）龙"是由神化的蚕生长的一种"龙"；
(4) 具有"蚕龙"形瞳仁的神面，可能为蚕龙或蜀龙的造像。

---

① 参见邓淑苹《群玉别裁·红山文化玉器》，1995年，台北。
② 参见孙守道《红山文化玉蚕神考》，《中国文物世界》第153期，1998年5月，台北，第52页。

历史记忆的空缺之一：公共知识分子徐志摩

新西兰惠灵顿维多利亚大学　王一燕[①]

摘　要：徐志摩的形象在中国的公共记忆里是一位浪漫诗人，人们不大知道这位诗人的公共知识分子角色及其在当时文化领域里的主导地位。其实徐氏涉足多个文化艺术领域，做过很多公益事业，是梁启超看重的弟子，与胡适志同道合多年共事，是沈从文的挚友，并与刘海粟艺趣相投。徐志摩曾是颇负盛名的《晨报副刊》编辑，成功经办教育部全国首届美展，并以与徐悲鸿就中国艺术现代化走向的辩论（"二徐之争"）在艺术史上留名。等等一切，不一而足。本文初步梳理徐志摩作为公共知识分子的过程和业绩，旨在还原徐氏的历史真面目，同时也进一步说明当时知识分子对国家文化建设的参与是多方面的。

关键词：徐志摩　公共知识分子　民国时期

一

徐志摩（1897—1931）当年乘飞机从南京飞往北京在济南不幸遇难逝世的时候只有34岁。遗体由13岁的儿子徐积锴护送运回家乡浙江硖石安葬，墓碑上的题字为同乡文人浙江教育厅厅长张宗祥所书："诗人徐志摩"。时至今日，墓碑已毁，但在多数国人心中徐志摩仍然只是"五四"新文学运动中的浪漫诗人。可是，虽然徐志摩在新诗创作中的创新不可忽视，但诗歌写作只是其文学创作的一部分，而且文学创作也只是其政治关怀精神探索的一部分而已。徐志摩少年励志，聪明好学，兴趣广泛，为人豁达，广交朋友，有思想，有抱负，是新文化运动的中坚，也是中国社会的精英。只是由于种种原因，尤其是由于20世纪50年代到80年代国家的意识形态要求，中国的

[①] 王一燕，四川成都人，新西兰惠灵顿维多利亚大学教授，主要从事中国文学与文化研究，研究视域涉及比较文学、文学人类学。代表作有《叙述中国：贾平凹及其虚构世界》等。

文化遗产 研究

文化历史记忆选择性地忘记了许多20世纪初期的杰出人物,而80年代以来文化及出版业的商业化虽然复苏了部分有关的记忆,但书店里畅销的又往往偏于有关徐志摩的艳史轶闻。历史应该还原其公众知识分子的形象,并承认他为中国社会文化变革所作的贡献。

实际上,中国的知识界并没有忘记徐志摩,也有很多学者关注徐志摩的社会活动和社会关系,迄今为止香港、台湾、内地在过去的几十年里出版了各种各样的《徐志摩传》、《徐志摩全集》、《徐志摩选集》,以及许许多多研究徐志摩的专著和文章,涉及历史社会的方方面面。20世纪90年代以前无论是大陆还是台湾出版的徐志摩的传记或文章,或多或少都带有明显的政治偏见,但近年来的学术著述便公允得多。韩石山2000年出版的《徐志摩传》是笔者所见徐志摩传记中资料掌握得很全面的一部,而且因为韩石山"慧眼识泰山",知道徐志摩对新文化运动的贡献远远不止于新诗运动,因此将徐志摩的生平置于历史背景之下写得更为深入[①]。值得钦佩的是,韩石山不仅不刻意渲染徐志摩的情爱故事,而且尽量澄清很多流言。只是徐志摩的社会文化实践广泛涉足汉语文化圈以外的政治、历史与文化,属于世界主义的范畴,因此韩石山未能把握徐志摩的涉外交往,他自己也说英语世界里的人和事他就不涉及了。可是韩石山《徐志摩散文全编》的前言是笔者所见最有见地的徐志摩评价,特意指出了徐志摩对社会功业的深度思考及其思想的复杂性。《徐志摩散文全编》也是迄今为止收录徐志摩文艺创作之外的文章最齐的版本,而且编者还将原文是英文的篇章也一一收入并请英语学者译成中文。笔者所感唯一不足的是将徐志摩的很多论说文都归于"散文"。当然,散文是可以包容多种文类,但以此命名徐志摩的文论不可避免地掩盖了徐志摩的社会关怀及对新思想的追求,而且还可能误导读者以为徐志摩的文章也属于抒情散文一类。

韩石山忽略的徐志摩的世界文化实践恰恰是梁锡华1979年在台湾出版的两本徐志摩专著的核心。梁氏通英文,所著《徐志摩新传》、《徐志摩英文书信集》搜集了徐志摩与国外友人的通信,徐氏各大学成绩单,均是英文,包括上海浸会大学、天津北洋大学以及北京大学。因此有很多资料是只了解汉语世界的徐志摩研究者所不具备的,也相当珍贵。梁锡华也是认真的有见地的学者,因此也看到了徐志摩在社会功业方面的雄心及胸襟,其《徐志摩

---

① 韩石山《徐志摩传》,十月文艺出版社,2000年。

新传》着意描述徐志摩在各个时期的社会活动、文化实践及其与国内外社会的文化交往。不过梁锡华的主要目的是将关于徐志摩的资料整理出版，以利于后来学者对徐志摩的研究，因此他本人除了在台湾的《联合报》发表过一些文章外，并未对徐志摩做更为深入的阐述。刘介民的《类同研究的再发现：徐志摩在中西文化之间》(2003)在梁锡华的研究基础上进一步阐述了徐志摩的很多观点和文化实践，强调了徐志摩"现象"的世界性。

二

徐志摩所受的教育也是跟他所处的时代相应的。1900年，不到四岁的徐志摩入本乡私塾发蒙，打下了厚实的古文基础。12岁进硖石初中，15岁离家到杭州读高中。杭州高中时期徐志摩便开始崭露头角了。他聪明过人，强闻博记，对很多事物学科感兴趣。高中二年级开始在校刊《友声》上发表文章，如"论小说与社会之关系"、"镭锭与地球历史"。徐志摩的文采与才气随即为有识之士张公权留意，点名召见。张氏对徐志摩万般赏识，认定徐志摩会学有所成前途无限，当下立定与徐家提亲，将妹妹张幼仪许配给才貌皆备的徐志摩。1915年底18岁的徐志摩与15岁的张幼仪在硖石商会结婚，同年，徐志摩入上海浸会大学。

据梁锡华搜集的徐志摩在各大学的成绩单，徐氏一直文理兼并，成绩优秀。1915年至1916年徐氏在上海浸会大学就学，所选科目有：英国文学、中国文学、中国历史、世界史、基础物理、平面及球面三角函数、公民学、高级几何、化学、化学实验与圣经。随后，徐志摩入天津北洋大学预科学习，修课五门：英国文学、中国文学、世界史、基本法律、逻辑与心理学。1917年至1918年在北京大学法学院政治系听课，所选科目有：政治学、西方政治史、东方政治史、宪法、经济学、基础民法。1918年夏徐志摩由上海乘船西渡，入美国麻州克拉克大学，次年秋季毕业，获一等荣誉本科学位，所选科目第一学期为：经济学（企业管理）、法语（语法、发音、口语）、心理学（普通心理学）、政治学（社会学）、欧洲现代史。第二学期为：经济学（劳工问题）、法语（语法、发音、口语）、历史（19世纪欧洲社会政治）、历史（1789年以来的民族主义、军国主义、外交及国际组织）、政治学（社会学）、西班牙语。

1919年秋季徐志摩入美国纽约哥伦比亚大学政治学系攻读硕士。次年获硕士学位，并获博士研究生入学资格。其论文《中国妇女的地位》（The

Status of Women in China）非常有见地，结合中外比较，从哲学渊源、世界观、社会历史、家庭关系、教育状况、近期变化等各个方面有理有据地驳斥了来自欧洲北美的传教士、学者及观光客对中国妇女地位过于简单化的完全负面的界定与看法。因为论文是政治学的，徐志摩还采用了表格数据等方式，步步为营，证明西方人认为中国妇女从古至今上上下下都生活在水深火热之中的说法不切实际。如果从当代学术界的视觉来看，徐志摩挑战的是西方媒体与学界从前惯用的"东方主义"实践，由于论文是用英文写的，也没有正式发表，而且也很少有学者真正关注徐志摩的思想及政论，因此国人并不知晓。笔者首次见到徐氏的这篇论文是在由韩石山编辑出版的《徐志摩散文全编》之中。单单是徐志摩的选题和论证方法就足以说明其思想的敏锐及视野的开阔。《中国妇女的地位》是很值得研究中国社会性别身份政治的学者关注的，他的很多观点与当时知识届的妇女讨论不太一致，比如他根本不关心易卜生主义，也不是完全想"打倒孔家店"，认为儒家的君臣父子之道、内外有别之序实际在家庭内部给予妇女很大的权益，值得进一步探讨①。

徐志摩的社会功业大志还体现在他给自己取的英文名字：Hamilton（汉密尔顿），在哥伦比亚大学论文的签名为：Chang-hsu Hamilton Hsu。此举出于他对美国开国元勋、金融家、经济学家 Alexander Hamilton（1755—1804）的仰慕，也表达了他当年的雄心壮志。用徐志摩自己的话说：

在二十四岁以前，我对于诗的兴味，远不如我对于相对论，或民约论的兴味，我父亲送我出洋留学，是要将来进金融界的，我自己最高的野心是想做一个中国的 Hamilton，在二十四岁以前，诗不论新旧，于我是完全没有相干，我这样一个人如真会成为一个诗人——那还有什么话说②。

据陈从周记载，1918年徐志摩在北京大学念书时，由张君劢引荐拜师梁启超，梁氏也非常喜欢徐志摩，当即收为门下弟子。虽然几个月以后徐志摩就出洋留学，但二人时有通信联系。徐志摩受梁启超影响很多，梁氏的论著徐志摩是潜心学习的，尤其是梁氏的新民及教育思想。1920年，徐志摩在美国攻读硕士的同时也更为深入地思考政治哲学国家建设各种问题，有意

---

① 韩石山编《徐志摩散文全编》，第75—154页，上海复旦大学教授谈峥译文。
② 陈从周《徐志摩年谱》，1949年，第16页。这是第一本徐志摩的传记资料。陈从周妻是徐志摩内侄女，手里曾有很多徐志摩的第一手材料。

将国外受人关注的思想介绍给国人，一年之中，写了三篇文章，均于1921年在梁启超当时主办的《改造》杂志发表，其中第一篇是分量很重的介绍爱因斯坦相对论的长文——《爱因斯坦相对主义——物理界大革命》。徐志摩下了很大的工夫自己先弄通相对论本身的意义，然后用通俗诙谐的比喻由浅入深地讲解相对论的科学意义与社会意义，以及物理界新近的科学发现。徐志摩是以普通读者为对象写作的，因此他遣词造句用心良苦，切实希望更多的人能够了解这一复杂的新知识。《改造》同期发表多篇介绍相对论的文章，但其他都是专业物理学家写的，用很多数学公式从理论上解释相对论，也可见梁启超作为编辑以《改造》传播新思想的宗旨。

徐氏在《改造》的另外两篇文章介绍两位当年英国杰出的思想家：一位是罗素（Bertrand Russell），另一位是威尔士（George H. Wells），两位都在1920年前后去过苏俄，见到了高尔基，罗素还见到了列宁。两位均有著述论说苏俄状况及社会主义体制，徐志摩比较了罗素去苏俄前后对共产主义思想的截然相反的态度，之前罗氏认为共产主义应当是人类共同的理想，目睹苏联残酷的现实之后，尤其是亲眼见到高尔基衣衫褴褛、病入膏肓的容貌，罗素对共产主义的看法完全改变。徐志摩还比较了罗素与威尔士对苏联现状的分析、二人对共产主义思想看法的不同，还对他们的人品性格进行了比较，认为威尔士为人更宽容一些。徐志摩对他们的评介是在国际社会对共产主义的讨论的前提下进行的，徐志摩必定博览群书，而且非常熟悉国际社会的公共场域。徐志摩后来跟威尔士成为好友，并拜罗素为师，最早的思想接触由此而始。这两篇文章是在同一期《改造》上发表的，那一期《改造》的作者还包括其他知识界的领军人物：梁启超、张君劢、蒋百里、李三无等等。显而易见，徐志摩是他们中间的一分子。

后来徐志摩成了中国首屈一指的诗人，更加关注文化方面的事物，但是他并未放弃政论和社会评论。实际上，20世纪20年代初期，中国的文化人总是各处插言、四方显身的，他们是中国新知识分子第一代，以天下事为己任，知识结构是全方位的，古文、今文、外文、文学、艺术、科学，都很有兴趣也有造诣，而且并不特意追求一技之长。更加重要的是，他们的个人志趣往往跟国家前途相连。加上报纸杂志等传媒的出现，这些文人许多便在中国社会转型的过程中成为公共知识分子。徐志摩可以说是当时典型的中国公共知识分子，只是"常人看重的是他的婚恋，不看重的是他的社会功业，其文章也就难以彰显"①。

三

徐志摩 1922 年 10 月从剑桥回国,乘船到了上海,回家见过父母之后,就前往南京见当时在金陵讲学的梁启超。后来定居北京,住在梁启超经办的松坡图书馆,一面在北京大学做教授,一面也做些其他的事如翻译等等。徐志摩逝世以后,家人将其所有藏书赠给松坡图书馆,此是后话。据章君榖记载:"梁启超眼见他这一位入室子弟的学成归来,自是相当的高兴,徐志摩遨游欧美四年之多,虽不曾获得博士学位,但是,他在英文方面,造诣很深,尤其结交欧西著名作家,蔚然文学革命运动中的一员健将,对于梁启超全力从事培植国民实际基础的文化教育事业,可能成为一位得力的助手。"② 1922 年至 1926 年,梁徐二人来往甚密,二人的日记中均互相提及,且有梁氏赠徐氏一词为证:

临流可奈清癯,第四桥边,呼棹过环碧。此意平生飞动,海棠花下,吹笛到天明③。

1922 年 10 月到北京不久,徐志摩即被梁实秋请去清华大学演讲,他用英文讲"艺术与人生",后来由郁达夫直接用英文发表在当年《创造》季刊的第二期上面。其他大中小学也相继请徐志摩做各类演讲,可见徐志摩当时已很受人仰慕。

直到 1931 年去世,徐志摩几乎是一直不断地写作,大量诗作的问世自然无须赘述,各类散文、文论、书评、剧作、小说及译作不断在各类报刊发表。他对公共事务非常关心,也积极参与各种讨论,文章话题多样,国际国内政治、文学、历史、文化,无不涉及。写作在文化界声望很高。

徐志摩于 1925 年 10 月 1 日起应陈博生邀请接替孙伏园成为《晨报副刊》的编辑。《晨报副刊》当时已是北京文化界非常显赫的报纸,是北京文化人出现率最高的论坛。徐志摩接手之后,更上一层楼,一是增加版面以增

---

① 韩石山编《徐志摩散文全编》,第 3 页。
② 章君榖《徐志摩传》,台北立志出版社,1960 年,第 220 页。
③ 陈从周《徐志摩年谱》,第 42 页。

加内容，二是重立专栏并增设刊题画，三是扩大撰稿人。《晨报副刊》可以说是在徐志摩编辑时达到高峰，每期有八个版面，三个栏目。徐志摩在任期间，《晨报副刊》还先后增设了"诗刊"和"剧刊"，为新诗和新剧提供发表的场地。后来徐志摩因为与陆小曼结婚，回南方居住而离职。离职时请好友瞿菊农代理编辑业务，但仍然常常为《晨报副刊》撰文。

徐志摩是把《晨报副刊》当作重要的文化事业来做的。在其接手时的宣言中，徐志摩就申明他的编辑宗旨如下：第一，"我来就是个全权的记者"，坚持全面的新闻自由；第二，《晨报副刊》要做"思想的先驱"；第三，集思广益，邀请各路专家投稿，如语言学家赵元任，思想家梁启超，政治学家张奚若；另有中国美术专家姚茫、余越园，并刘海粟、钱稻孙等谈西洋美术，还有中西音乐专家，各路文学创作者。徐志摩自己的好友，如胡适、陈西滢、凌叔华、闻一多、郁达夫等自不待说，他还扶持了新近出台的沈从文，支持当时做学生的赵家璧，沈、赵二人对徐志摩终身心怀感激。《晨报副刊》是中国文坛当年的重阵是不争的史实，徐志摩接手编辑以后，《晨报副刊》的起色也是有目共睹的。

四

徐志摩的师友之中很多人都是 20 世纪初期中国社会各个方面举足轻重的人物：梁启超、蔡元培、胡适、林长民、张君劢、张公权、郁达夫、赵家璧、沈从文、周作人、梁实秋、蒋复璁、刘海粟……郁达夫和徐志摩是杭州高中的同学，两人的政治观点可以说是截然相反，但他们之间的友情却持续不断，相互能够看到对方的价值。就连跟陈西滢打笔仗的周作人也都善待徐志摩，徐氏去世之后，周作人撰文悼念，文中高度评价徐志摩对新文学的贡献。

徐志摩在国外留学及游学时也结识了许多域外的公共知识分子：罗素（Bertrand Russell）、狄更生（Goldsworth Lowes Dickinson）、傅来义（Roger Fry）、魏雷（Arthur Waley）、泰戈尔（Robindranath Tagore）等。这些交往不仅是他自身成才的重要因素，也是中国现代思想史的具体侧面，具有重要的社会意义。魏雷曾是大英博物馆的研究人员，翻译介绍了中国的唐诗宋词绘画，是鼎鼎有名的汉学家，他从徐志摩那里了解了文学艺术这些东西在现代中国有教养的人士中的地位，认为"徐志摩是中国在战后给我们知识界的一项影响"。如梁锡华说："徐志摩在英国并非单作学生，他也做了文化交流的'大使'。[1]

　　做文化交流的大使，确确实实是徐志摩的意愿，也是他非常成功之处。罗素可以说是徐志摩第一个非常钦佩的西方人，中国的思想界当年非常崇拜罗素，很多报刊不断刊登文章介绍和评论罗素的言论和著述。徐志摩很想做他的学生，未果，因罗素由于政治和宗教原因被剑桥大学辞退。徐志摩先后写过多篇介绍罗素思想及著述的文章，认为罗素是中国人民真正的朋友，罗素的社会改良思想有利于中国社会，再则，徐志摩赞同罗素对苏俄的反感。徐志摩与泰戈尔的友谊也是基于不同文化思想的沟通，后来泰戈尔准备在山西施行农村计划，徐志摩积极参与，这一计划当时已得到山西军阀阎锡山的支持，后来因为战乱，不得不放弃。狄更生是剑桥皇家学院的院友，早就到过中国，1901年出过一本名叫《中国普通老百姓的来信》（Letters from John Chinaman）的书，是典型的世界主义者，不存种族文化偏见，希望实现人类大同的理想[2]。通过狄更生，徐志摩认识了傅来义，后者也是剑桥皇家学院的院友，是当年首屈一指的艺术史教授，是赫赫有名的热情介绍东方艺术的比较艺术评论家，也是在英国较早肯定印象派和后印象派绘画的学术界人士。傅来义和狄更生都是伦敦布隆斯比利文艺社（Bloomsbury Group）的核心人物，伍尔芙还为傅来义作传[3]。徐志摩1922年回国以后，跟梁启超、蔡元培提起二人，梁、蔡均赞同由梁启超主办的讲学社请二位来中国讲学，并授意徐志摩与狄更生、傅来义二人书信联络。徐志摩给傅来义的信件及贺年片等均保存在剑桥皇家学院的图书馆。可惜二人因健康问题，均未成行。

　　徐志摩想请傅来义前来中国的主要动机是想推动中国艺术的现代化。徐志摩跟很多画家是朋友，闻一多、江小鹣都为徐志摩设计过书面，凌叔华替他临摹《晨报副刊》刊头画，常住巴黎的四川画家常玉为徐志摩画像，刘海粟是他的至交。徐志摩对中国美术现代化的贡献是应当载入史册的，但由于种种原因，虽然他和徐悲鸿关于艺术风格和实践的争论是现代艺术史上的人所皆知的"二徐之争"，很多学者也对他们不同的观点做了很多详尽的分析，但迄今为止并未有人去深究为何徐志摩一介书生、诗人会卷入画论的辩争？

---

[1] 梁锡华编译《徐志摩英文书信集》，第4—5页。

[2] Goldsworthy Lowes Dickinson, *Letters from John Chinaman and Other Essays*. London: Allen&Unwin, 1946.

[3] Virginia Woolf, *Roger Fry: a Biography*. London: the Hogarth Press, 1940.

其实徐志摩非常关心美术方面的事物，中国文人的传统是书画不分家，在徐志摩身上体现为对视觉艺术的喜好和很高的鉴赏能力。另外，徐志摩对新文化运动的理解是全方位的，文学艺术包括了文字、视觉、感官等各个方面的表达，是社会的，也是个人的。他编辑《晨报副刊》的时候，不仅设计了各个栏目的刊头画，还特别刊出和介绍美术思想和美术作品，他编的《新月》也是如此。诚然徐志摩并未形成系统的美学思想，但他对美术在中国的发展是非常关注的，对美术实践是很有见地的。

就笔者统计，徐志摩先后发表过六篇关于美术的文章，最早的可数前文提到过的《艺术与人生》（1922），系徐志摩在清华的演讲稿，后来的两篇都与刘海粟有关：《侣死木死》（—isms）（1926）、《海粟的画》（1927）。1929年徐志摩在组织第一届全国美展期间，连续发表了三篇关于美术的文章：《美展弁言》、《想象的舆论》及《我也惑》。徐志摩的艺术观点总的说来有两个方面：一是倡导以美术美化生活及提高社会精神及人民生活质量；二是倡导艺术的从体裁到主题的多样性。

徐志摩对中国现代美术最为重大的贡献是1929年担任第一届全国美展筹备处的理事。因为历史材料的拮据，笔者所知情况不一定完全准确，但可以确定的是徐志摩是被特别请去参加筹备工作的。当时全国第一届美展筹备会在南京召开，徐志摩出席，被推举为筹备处理事。办这样的全国美展是蔡元培多年的宿愿，是当年国家文化建设的头等大事，早在民国初年就提上了议事日程，但因中国当时社会的动荡，一直没有机会。1925年，教育部在山西太原召开全国美育工作者会议，有十五省代表到会，刘海粟正式提出举办全国美展，得到通过，并推选刘海粟为理事会会长。1928年国民政府正式在南京立都，终于有了机会。1929年1月在南京开筹备会的时候，刘海粟还是主席，理事会的其他成员包括：画家李毅士、林风眠、林文峥、徐悲鸿以及徐志摩。徐志摩是唯一不是画家的成员。待到画展即将开幕的时候，刘海粟已于当年二月去了欧洲。后来因为美术观点的不同，徐悲鸿退出筹备会，并且退出参展作品。笔者的估计是刘海粟知道自己去欧洲的行程即在，特邀好友徐志摩来接办会务。可想而知，剩下成员的工作一定加倍。展览终于在1929年4月10日开幕，5月7日结束。据《申报》陆续跟踪的报道，美展非常成功，参观人流不断，开幕、闭幕都是当时上海滩的大事，名人、要人云集。

美展的成功及徐志摩的功劳还可以从美展的附属刊物《美展》三日刊的记叙、影响及撰稿人的多样内容丰富来证明。徐志摩的《美展弁言》发表在

《美展》第一期，头版头条，说明美展的宗旨、信念、参展作品的范围、来源以及种类。由于篇幅有限，美展的具体盛况暂且不述，还是只说徐志摩。就笔者看来，这样的文章往往是由主事者来作的，因此猜想徐志摩一定是在筹备处运筹帷幄。《想象与舆论》提及美展的社会影响，以及美术和文化生活现代化对民族的重要。再后来，徐志摩应答徐悲鸿之《惑》的长文《我也惑》是美术史上的重大文件，"二徐之争"是有重要的历史意义的，因为二人的争论涉及了中国美术现代化的各类关键问题。徐志摩是《美展》所列第一编辑，其余三位编辑为：陈小蝶、杨清磬、李祖韩。同理，也可以想象，在《晨报副刊》做过编辑的徐志摩一定是组稿、编排的主力。《美展》共出十期，外加一期增刊，后来合在一起出版为《美展汇刊》，现在是中国现代美术发展史研究的重要史料。

第一次的全国美术展览会，在不止一宗的困难情形下，竟能安然的正式开幕，不能不说是一件可喜的事。此次美展的性质与规模更是前所未有的。

此次美展是由教育部主办，这是政府提创美术初次正式的表示。

如其美术的成绩是一个民族最可自傲的一份家当，如其艺术是使生活发生意义与趣味的一个绝大条件。

如其我们记得这几十年来是我们民族进展史上一个极重要的环节。

上述都是徐志摩写在《美展弁言》里的语句，足可见其为国为民的赤子之心，也可见其为国家人民办成一件大事后由衷的愉悦。徐志摩与杨清磬一起编辑的《美展》三日刊，现在已经成了中国美术近代史的重要文献。他与徐悲鸿的争论，蔡元培及其他知名画家也有介入，是艺术史家们百谈不倦的话题，影响实为深远。当然徐志摩社会活动的层面决定了他的影响力度，但他本人却从未有过自恃清高，更没有等闲以待。现在是我们走进历史的记忆，恢复淡化了甚至抹去了的许许多多历史人物的时候了。重新寻找并承认徐志摩作为公共知识分子对中国文化现代化的贡献也会引导我们重新认识中国现代化的历史途径。

五、结　语

徐志摩短短的一生，业绩累累：上百篇的著述，包括诗歌、散文、小说、剧作、论述、译作；《晨报副刊》高峰期的编辑；1929年第一届全国美术展览的主要筹办人之一并兼《美展》的主事编辑；《新月月刊》的编辑；曾任北京大学、南京中央大学、上海等大学的教授或兼职教授。徐志摩的确是一位诗人，也是很有创意和建树的诗人，但他并不仅仅是诗人，更不是只写情书的诗人。跟"五四"时期的许多文化精英一样，徐志摩对中国命运的关怀体现在对公众文化事业的发展上。诚然徐志摩只在中国文坛和思想界活跃了十余年（1920年到其逝世的1931年），但这十余年是中国现代文化发展的关键时期，而徐志摩处在文化思想的前沿，他的抱负和业绩都是一位典型的公众知识分子，历史应当还给他这一更为符合史实的身份。

参考文献：

陈从周：《徐志摩年谱》，1949年。

章君榖：《徐志摩传》，台北立志出版社，1960年。

梁锡华：《徐志摩新传》，台北联经出版事业公司，1979年。

梁锡华编译：《徐志摩英文书信集》，台北联经出版事业公司，1979年。

朱传誉编：《徐志摩传记资料》，1—4卷，台北天一出版社，1979年。

顾永棣：《风流诗人徐志摩：徐志摩传》，四川文艺出版社，1988年。

秦贤次编：《云游——徐志摩怀念集》，台北兰亭书店，1986年。

赵遐秋：《徐志摩传》，中国人民大学出版社，1989年。

杨新敏：《徐志摩传》，团结出版社，1999年。

韩石山：《徐志摩传》，十月文艺出版社，2000年。

高恒文、桑农：《徐志摩与他生命中的女性》，天津人民出版社，2000年。

宋炳辉：《徐志摩传》，香港花千树出版有限公司，2001年。

刘介民：《类同研究的再发现：徐志摩在中西文化之间》，中国社会科学院出版社，2003年。

周静庭：《逝水人生：徐志摩传》，杭州出版社，2004年。

韩石山编：《徐志摩散文全编》，人民出版社，2005年。

Dickinson, Goldsworthy Lowes, *Letters from John Chinaman and Other Essays*. London：Allen&Unwin, 1946.

Woolf, Virginia. *Roger Fry：a Biography*. London：the Hogarth Press, 1940.

两岸与美国：中国近代史研究的相关比较

台北"中研院" 张朋园、黄克武等①

题 记：中国近代史研究中，跨越了三个区域。海峡两岸在中国近代史研究中有许多对话的平台。2010年夏季，台北"中研院"近代史研究所研究员、著名学者张朋园先生应邀访问四川大学，为文学与新闻学院和历史文化学院的师生作了专题演讲。本文根据演讲录音整理而成。限于篇幅，刊出时略有删节，供参阅。

主 讲：张朋园，台北"中研院"近代史研究所 研究员
讨 论：黄克武，台北"中研院"近代史研究所 研究员
       陈廷湘，四川大学历史文化学院 教授
主 持：徐新建，四川大学文学与新闻学院 教授
主 办：四川大学文学与新闻学院、四川大学历史文化学院

徐新建：

今天的题目强调两岸历史研究的比较，希望由此引出一些对话。我早上专门读了黄克武先生的一篇文章，提到他1993年到大陆开会，在会上发生争论，感到两岸的差别。我想这是很自然的。最近几年有了一些交流和沟通，但仍然存在差异。所以，两岸在中国历史研究方面是有很多可以对话的空间。

另外，张朋园先生的研究有部分著作也涉及了大陆的情况。所以，他们对大陆的研究和看法值得了解、交流。张朋园先生可以说是台湾近代史研究的前辈、开拓者之一。同时，他们两位先生都在美国的学术圈里有非常广泛的接触和了解。张朋园先生的老师中有很多名家。他写过一本著作专门提到

---

① 张朋园，台湾"中研院"近代史研究所研究员；黄克武，台湾"中研院"近代史研究所研究员。本文整理者为王立杰，宜宾学院文新学院副教授。

过,书名叫《郭廷以、费正清、韦慕庭——台湾与美国学术交流个案初探》①。希望今天有这么一个机会,让两位先生讲讲两岸及美国对中国近代史研究的比较。我认为对历史研究的比较就是对历史书写、社会记忆和族群表述的比较。这个话题很重要,希望引起大家关注。先请张先生主讲,再由黄先生做补充和发挥。

张朋园:

各位教授、先生、各位同学,今天我感到非常荣幸来四川大学做这个讲座。我跟徐教授于12年前在贵阳认识。这次应徐教授邀请到访川大,得以在83岁高龄来这里看看我长期向往的四川成都,并同各位同行交流对话感到很高兴。

我的一本书《郭廷以、费正清、韦慕庭——台湾与美国学术交流个案初探》谈的就是台湾与美国的学术往来。现在不妨用这本书作为一个引子,来谈一下今天的这个话题。这本书写的就是台北的近代史研究所与美国学术界的往来。这个问题在今天已经可以很自由的讨论。以前可不是这样。台湾这么小的一个岛上一个小小的研究所,为什么会跟美国有学术性的往来?这个原因当然很清楚,就是因为两岸的关系隔绝——隔绝不仅是我们不能从台湾回到大陆来,而且也指大陆的学术界也不能到台湾去。美国人是看的整个中国啊。对这个东方的一个非常大的国家,是不能不理会的。这么一个13亿人的大国今天已可在世界上同西方分庭抗礼,是一个非常重要的对手。所以美国当然要研究中国。美国对中国的这种注意已经至少有一百年时间了。不过虽然有一百年的时间,但它却不如欧洲。欧洲对中国的研究,是研究中国的整体,历史、文化,从上古到近代,只是它注重的是中国的传统,对近代的研究并不太注意。所以,在欧洲的中国研究叫做"汉学研究"(Sinology)。美国的研究注重近现代,名称也不同,叫做"中国研究"(Chinese Studies)。这两个名称的区分意义是:美国所重视的是近代中国,而不是整个的中国文化。现在美国对中国研究投入的人力比欧洲还要强,对上古中国的历史、文化也都有研究。但是美国的研究更重视中国近代。近代中国的变迁非常大,所以,投入对中国近代的研究也非常大。

第二点,美国投入到近代中国研究领域的人多是一回事,能否做出成就是另一回事。其中最主要的是,一个外国人想要研究中国五千年的历史、文

---

① 参阅张朋园《郭廷以、费正清、韦慕庭:台湾与美国学术交流个案初探》,"中央研究院"近代史专刊(80),台北,1997年。

化，谈何容易啊！你拿什么研究呢？很多东西连我们中国人都不一定能搞得清楚。可实际上，美国的研究的确相当深入。原因是，美国至少有十个非常充实的中国图书馆。这一点，在座的有到过美国的，都会了解。美国是一个发达的社会，有钱了之后就从事公益，买中国的文物，买中国的图书。你们知道普林斯顿大学有一个非常好的图书馆，收藏有关中国眼科疾病的图书就非常丰富。现在我们恐怕在中国研究眼睛疾病的传统问题，也还要去普林斯顿参考他们的材料。这个例子就可以证明，美国拥有关于中国的图书收藏之丰富，比如国会图书馆、哈佛大学图书馆、哥伦比亚图书馆、耶鲁图书馆等。还有加州大学图书馆、现在的斯坦福图书馆——就是现在黄克武读博士的学校，都是研究非常好的场所。尤其现在的斯坦福图书馆，它里面的中国近代史藏书，有很多可以说在国内都不容易找到。从中可以看出，美国对中国研究的重视及其取得的成就，原因有政治和国际关系上的，同时也有它在设备和投入方面的，另外还要加上美国社会科学的发达。我曾经给徐先生讲过，我看过一篇报道，全世界有两万个政治学家，世界各地有五千个，而美国就有一万五千个。想一想，多么惊人的比例！他们每一个大学都有一个出版社，每个大学都有中国研究的系列出版物。所以说，他们对中国的了解非常卖力、下工夫，在财力方面的预算也十分充足。各个名校都投入了足够的财力。有相关博士课程的学校可以说是非常之多。到现在，博士生毕业出来之后，尤其是研究中国的人，要找工作都很容易。

还有一点，我再补充一下，美国在中国研究方面取得的成就，夸大一点说，就是在 20 世纪 60 年代出了一位学者——费正清。费正清是哈佛大学的教授，是研究中国近代史的。他在哈佛大学创办了一个中国研究中心，并且开创了一个理论，即"挑战—应战"说，强调"近代中国对西洋冲击的反应"。他所有的观点，关于中国近代所有问题的变迁，都突出西洋的冲击，用英文讲就是 western impact of China。

所以，从 20 世纪 50 年代到 20 世纪 80 年代，美国的中国研究可以说都是在费正清的这个观念笼罩之下的。所有大学的研究，都在说近代中国问题的发生，都与西方有关。直到差不多 15 年前，他的一个学生柯文（Paul·Cohen，1934—）出来，说：我们实在是被费正清的观念限制得太死了。近代中国的问题，哪里会只由一个外来冲击造成呢？难道其中就没有中国本身的动力吗？柯文提出应该从中国的内部去寻找和发现，然后研究中国问题、了解中国问题。用他的话说，就叫"在中国发现历史"①。这是最重要的变迁，是在费正清去世之后出现的一个挑战。

以上我把美国的中国史研究情形做了一个很简单的介绍。下面，再介绍一下台湾。

1949年国民党战败后退到台湾。当时的"中央研究院"一共有两个研究所跟随搬迁，一个是数学研究所，一个是历史语言研究所。数学所搬去时，是一支铅笔一张纸，轻轻易易地就到了台湾。另一个历史语言研究所，搬了一个图书馆到台湾。这个图书馆可以跟美国的哈佛大学图书馆相提并论。在国内，我不知道跟哪一个大学可以相比。台湾搬过去这个图书馆，大概有三十万册的线装书、十万册的平装书。史语所研究的是比较传统的中国历史，突出考古、甲骨文、语言学等方面，没有近代史的研究。后来成立了中国近代史研究所。其中有一个因素，就是当时把清代末年总理衙门的档案，还有民国初年的外交档案，都搬到了台湾。这两个档案，用费正清的西力冲击观念来看呢，正好都有所涵盖。当时，"中央研究院"的院长朱家骅就说，可以成立一个近代史研究所。所以，近代史研究所，就是在这样一个基础之上成立的。

这个所的成立，是由台湾师范大学的教授郭廷以开创的。郭廷以是我的老师。由于当初拨给的经费非常少，他想尽办法在香港、日本等地，买了一些中国近代史方面的书籍，大概一万多册。这个就是近代史研究当时开始的情况。

不久以后，美国人来跟"中央研究院"近代史研究所合作，想一同研究近代中国。其实，他们说来合作，可除了总理衙门的外交档之外，并没有什么他们所需要的材料。前辈中从大陆退到台湾去的学者，真正搞近代史的学者不多，除了郭廷以的资格最老之外，只有两三个比较年轻的在搞。近代史研究所成立的时候，在没有人才可用的情况之下，郭廷以只有把他的学生都叫去。于是我也就在近代史研究所成立的第五年，进了近代史研究所。比我先进去的同事就编档案，不做研究，怎么能做研究呢？因为一个方面没有书，就那么点资料；另一方面，我们只有大学毕业的资格。从我进研究所开始，才开始做专题研究。这个时候美国人来了，费正清来了。费正清说要跟我们合作。此时的近代史研究所已经有五六年的历史了，档案也整理得差不

---

① 参见［美］柯文《在中国发现历史》，林同奇译，中华书局，2002年。

多了。美国人想利用我们的档案。合作做什么呢？他们给我们钱，给我们15万块钱，做一个五年计划，做完之后，再给15万，再做一个五年计划。一共是十年的时间，两个五年计划。具体怎么做呢？内容就是，他们的人可以到台北来以近代史为主题，与我们近代史研究所的小伙子做伙伴，共同商谈研究的问题，交换意见。就像现在这样，大家一起研讨。那时的我们比他们要大一点，我们几个大概三十几岁，他们的人大概二十七八岁。

值得补充的一点是，为什么美国一定要去台湾？光是近代史这一个因素不足以吸引他们。但是要知道，费正清的想法是要研究中国，就必须要到中国的社会当中，但是那个时间的大陆是关闭的——我们叫"关闭"，用你们的说法是没开放。大陆不开放，外面的人进不来，里面的人出不去。对美国人来说，唯一能去的地方就是台湾。台湾人讲的是中国的话，风俗习惯，一切都跟大陆一样。像黄克武先生，他是在台湾生长的广东人，语言、习俗跟老家差不多。所以呢，美国人就是到台湾来看看中国人；看看学术界的情况是小事，主要是看中国的社会，了解中国人的生活与风貌。这个是他们认为做研究的一个很重要的因素。

反过来，我们接受他们的补助，我们得什么好处呢？那就是到他们的国家去做访问。我们可以读一个硕士。给我们一共两年的时间，像我，两年的时间中，在哥伦比亚读了一年半，得了一个硕士，又拿半年时间转到哈佛大学，跟费正清学习半年；然后，回到台湾。所以，我只有一个硕士学位，不像黄克武教授长期在美国住下来，拿到一个博士学位才回台湾。

我们到美国去的两年，事实上是"镀金"啊。这个镀金啊，对我们非常有益处。我到美国去，受到的最大影响，就是科际整合的观念。你们叫跨学科的训练。我在美国接受了这个观念。第一个是听社会学的课程，但是听不懂。我去买一本书，从头到尾一个字一个字地啃，认不得的字查字典。这样坚持下来，逐渐建立了社会学的基本概念。

在我出版的书中，有一本叫做《中国民主政治的困境》，是2010年初出版的[①]。从这本书可以看出来，我在美国所受的"科际整合"影响。其中影响最大的一点是"精英主义"。一开始我并不知道精英主义的观点。我是读了 Principle Sociology 一书之后，才有了初步的概念，然后再按图索骥，去认识精英主义。把精英主义运用到政治学上是很有帮助的。我早年的时候接

[①] 参阅张朋园《中国民主政治的困境：1909—1949》，吉林出版集团，2008年。

触到立宪派的问题。所谓"立宪派",简要来讲就是主张开国会,强调一个国家要走上民主政治,就是要开国会。国会里都是些什么人呢?精英分子。精英分子怎么产生呢?就是选举。所以,我就慢慢地由精英的观念扩展到政治学的更多方面,比如说选举的问题,一人一票的观念,懂得了要有选票才有民主,没有选票,没有民主。一人一票,是非常重要的。还有一个观念就是:为什么一定要有国会?为什么一定要有选举?选举的时候,情况可能乱糟糟。你们看台湾选举的时候,时常打得天翻地覆。但是,你们有没有想到一个问题,如果不让他们在里面打架,在外面打就可能是动刀动枪了,是不是?像国共两党当年的打斗。直到1978年邓小平改革开放,走上渐近的路,社会开始变迁,经济开始成长。三十年来,经济突飞猛进,大家吃得好,穿得好,上学的设备也非常好了。现在差的就是议会问题,但一定会走过来的。现在台湾,你别看国会里面打架,乱糟糟,也有流血,也有贿赂。但从政治学上就讲,你是要贿赂,还是要流血?你要哪一个?这样一比较,大家就很明白了。所以,这些观念对我的治学非常有用处。

可见,我们今天在这里讲两岸三地关系,首先讲的就是台湾跟美国。我们这一代得到美国的好处,由我个人的受益、个人治学方法上的扩展和深入等等,都可说明。

现在谈到台湾与大陆,可以说关系已在逐渐改善。自从20世纪80年代,我们就可以回来访问。这边的学者也可以到台湾去访问。这是彼此交换的二十年、互相观察的二十年。我的感觉是,国内的变迁非常快,经济的成长非常迅速。学术界的治学方法也由原来一个主义的局限变得更加开放。马克思是著名的政治学家和社会学家,这一点我们在外面也承认。他的地位是非常崇高的。但是对于中国历史和人类社会,可以从各家观念出发来研究。我们回来一看,20世纪80年代到20世纪90年代,新起来的年轻一代都已经超越了原来的框架,进步非常大。当然,感觉在国内还有进步的就是留学的风气已经展开,已经有很多人出去接受博士学位的训练,学成归来的人也不少。大陆的学术界也开始出现土洋之分。就跟台湾有一段时间一样,就是出去的人不肯回来,回来的人趾高气扬。我们这些土生土长的人看着他们的时候,就觉得矮了一截。我不知道现在国内是不是这样的情况?我想这种现象还不可避免。但是,不管怎样,互相之间的切磋气氛已经产生。老的已经老了,新的已经起来了。我看大陆上最近的著作非常丰富,许多很好的著作在不断涌现。两岸的学术交流也比原来亲切得多。双方在观念上的交换,对今后所起的作用现在难以估计。但是从保守的学术气氛走向开放的学术气氛,这是最近这十年特别惊人的发展。我们从台湾方面来看大陆,比较早一点受到科际整合的观念影响,但是大陆后来居上。因为台湾不过就是二千三百万人,学者又有多少呢?不过是大陆学术界的千万分之一而已。大陆学术界人才充实,人才济济,发展前景难以限量。

我就先做以上几点说明,请黄克武教授再发挥。

黄克武:

徐老师、陈老师、大家好!

我比张老师小31岁。所以,我们两个可以算是两代不同的在台湾从事中国近代史工作的学者。我跟张老师有相当多的渊源。我在1975年进入台师大,台师大正是张老师的老师郭廷以先生所创建的。我在台师大的时候,基本上已经没有机会可以见到郭廷以先生。我的老师辈有两类:第一类是从大陆来台湾教书的年纪大一些的学者,这些多半是北大的、北师大的,还有中央大学的这几个系;另一类就是郭廷以先生在台湾培养出来的"中央研究院"的子弟兵。这些子弟兵包括张朋园先生、李国清先生、张玉法先生。我们现在在台湾近代史研究所数得出来的人物基本上都是郭廷以的学生,也是我在台师大的老师。所以,我等于继承了这样的一个治学传统。我今天如果有任何的成就的话,都得益于老师的关心。

我想,我跟张老师一样,感到非常高兴到这里来,因为成都是我们两个梦想已久的地方。我们大概十几年、二十年前就想来成都,结果今天终于成行了。非常高兴。川大也有我很多的老师、同学辈。像1996年我见到的隗瀛涛先生以及现在回川大历史系任教的何平老师,一个是长期的朋友,一个是我的同学。川大真是一个我仰慕已久的地方。我想今天跟张先生来这里,也是希望能够站在一个学术交流的立场,把我们亲身经历的一些过程跟大家分享,同时希望从大家的身上学到一些东西。

刚才张朋园老师谈到目前世界上大概有五个地方在研究中国的传统,包括大陆的史学传统、台湾的史学传统、美国的史学传统,以及欧洲和日本的史学传统。我想这五大史学传统都对中国非常感兴趣。所以,目前有关中国的学问已不仅是中国人的学问,而是世界的学问。在世界各地都对中国历史、中国文化有非常深入的探讨。我自己亲身接触的是台湾、美国和欧洲,最近接触到一些日本的学术传统。我自己特别感觉到我的根还是属于台湾的史学经验。怎么说呢?因为我所生长的时代是蒋介石的时代,也即是一个威权统治的时代,那个时代政治上比较单纯,思想文化上比政治要复杂一点。

大致来说,在我成长的过程中,一直有两股力量在心中冲击。第一股力量是钱穆和牟宗三。一如钱先生所说，要对中国历史文化抱持一种敬意的态度，也就是说，对中国传统抱持的一种温情与敬意的一种肯定态度。这个态度也跟蒋介石的教育政策是一致的。我们从小是要读经典的，要背《论语》，背《孟子》。我记得我爸爸在我一放假的时候，就叫我看《古文观止》。所以，暑假没有课的时候，我就要背那些经典，一篇一篇地背。这是我要讲的第一个传统，这个是跟中国过去比较亲密的部分。我想，一直到现在，我还能感觉到《论语》、《孟子》中的一些所谓的"封建遗毒"在心里还扮演了比较重要的地位。这当然跟钱穆、牟宗三等这些儒家学者对中国传统的诠释有关。这个一直是在台湾深处的一个部分。我已讲到这跟蒋介石的教育立场是一致的。你们都知道蒋介石是讲阳明学的。在这个系统里，对他来说，牟宗三和钱穆都是国师级的人物。我们那时的教育系统里洋溢着一种对中国传统保持着一种温情与敬意的态度。这是第一个部分。

第二个部分是北大和"五四"的传统。这个传统的代表人物是胡适。所以，一直以来，在我心中有两个代表人物：一个是钱穆，一个是胡适。问题是：这两个人物怎么合在一起啊？胡适先生，大家知道，是"五四"运动的健将。他对于"科学"、"民主"的宣扬，是一个非常重要的贡献，还有就是提倡白话文运动。到台湾之后，胡适基本上是台湾文化界的领袖。从胡适引领出一系列的运动，继承了"五四"传统对于中国文化的批判。最典型的代表是李敖。李大师，大家都知道，在北京也待过，还主持过一段凤凰卫视的节目。李敖完全是"五四"的产物。他对于民主与科学的遵从，对于自由主义的提倡，对于中国传统的批判，对于老年人的打压，这个在台湾都是非常有名的。所以，对于我们年轻人来说，李敖先生的作品非常有吸引力。他是我们的鲁迅。在台湾看不到鲁迅。可是李敖先生的作品非常流行。当然，除了李敖之外，还有其他许多深受"五四"精神影响的，像张朋园先生也是，深受"五四"思想影响。我想，这两个传统大概在我们（20世纪）50、60、70年代长大的台湾人心目中基本上是受两股力量的拉扯。我觉得这个拉扯其实是蛮有意义的。也就是说，一方面我们看到了自己生活中传统的延续性，另一方面也感到这个传统的确有问题。那要怎么去修补这个传统？这样一个议题是"五四"跟新儒家的一个共同议题。也就是说，怎么样面对中国传统？将中国的传统接引到西方的民主科学。我觉得这个是台湾一直在努力追求的方向。

台湾很小，当初六百万人到现在二千多万人。台湾大学的陈绍馨教授讲了一句话：台湾是中国文化的实验室。这个提法非常到位。意思是什么呢？

就是说，台湾让我们感到，中国文化在现代转型里保留了另外一种可能；除了1949年后在大陆实行的一套以外，台湾体现了另一种存在，让我们做了另一个实验，表明中国文化在现代是不是有另一套选择。当然到目前这个选择还在继续努力，可是我觉得陈绍馨先生所谈的"台湾是中国文化的实验室"这个提法是蛮有意思的。

  这是我所要讲的一个背景。我自己在这样的一个环境中长大，感觉到在20世纪70年代的时候，其实自己对历史文化的关怀是非常强烈的。我还记得那个时候，我的老师墨子刻先生到台湾来，记得那是1980年初，他很喜欢问我们一个问题："你们喜欢当王永庆还是当余英时？"那个时候王永庆先生（的影响）已经过时了，而余英时先生正在台湾当红。余先生在台湾有非常长的学术根源。他的书印刷量很大，几乎成了台湾一代学人文的一个英雄人物。所以当墨先生就我们"是当王永庆那样赚大钱还是当余英时那样对中国文化有非常深入的认识？"我们每个人都举手说："当余英时。"后来我碰到余英时，跟他讲起这段往事。他说："其实我自己很想当王永庆。"

  我要想说的是，我们那一代人基本上对中国历史文化是怀有一种使命感的。我们整代就是在所谓复兴中国文化的使命感之下成长的。对我们来说，李白、苏轼当然是我们的先人，最感动我们的一定是唐诗、宋词。所以我想，这就是文化的根，也是我们感觉到两岸在将来可以合在一起的最重要基础。说到底其实就是文化的基础。

  以上是台湾的情况，下面讲欧美。

  我在台师大毕业后，先到英国读书，后到美国留学。开始接触到张先生所讲的欧美汉学传统。这个传统也真的是蛮有意思。因为这些洋人读中文非常困难，光是把中文学好、读好，看懂文言文，至少就要花上十年的功夫。所以中文对他们来说，是非常难的语言。我到英国读书，碰到几个刚才张先生所说的汉学家。当然他们认为汉语是中国的，所以中国研究叫"汉学"。汉学研究基本上是朴实的。他们的目的其实是想了解中国。刚开始时这些汉学家做翻译，就是把中国的经典翻译成英文或其他文字，作为主要的学术成绩。这个是欧洲这一块。所以欧洲的汉学研究不太花哨，不讲理论。他们讲究踏踏实实地做文献，对文本进行深入的研究。这个跟美国其实不太一样。

  美国讲社会科学，讲科际整合，讲理论，强调怎么样把理论运用到历史。美国的历史学研究非常花哨，而且江山代有才人出，一个理论过后又换一个新的，让大家应接不暇。全世界跟着他们跑。我的老师是费正清的弟子。我在斯坦福读书时的几个老师都是费正清的弟子。其中大约有两个传承,一个是费正清,一个是列文森。这两个刚好是东西两岸。东岸基本上都是费正清的弟子,包括柯文这些,是费正清在 20 世纪 60 年代起在哈佛大学培养出来的一整代美国的中国通。我想刚才张先生讲得不错,费正清是美国的英雄,也是一代枭雄。他对于整个美国的中国研究有一种全盘性的规划和笼罩。整个美国的版图都被他控制住了。他是有雄才大略的。这个不得了。他的弟子基本上是美国目前整个汉学界的核心人物。这些人中基本上不是费正清的直接学生,就是他的徒子徒孙。包括我在内,我也是他的徒子徒孙之一。

我在 20 世纪 90 年代到美国之后,开始用英文读中国历史。这是一个很大的挑战。我想大家用中文读中国历史比较习以为常,但是用英文读中国历史是一个非常有趣的事情。不断遇到有人问:"为什么你作为一个中国人,要到英国或美国去读中国历史?这不是笑死人了吗?"这也是蛮有趣的一个问题。后来我慢慢感觉到其实洋人有他治学的长处。这个长处,跟欧美整体的文化实力和文化霸权是结合在一起的。也就是说,整个近代学术的形成不过两三百年的历史,汉学是其中的一环,而且是它比较薄弱的一环。他们基本上是在做全世界的学问,中东、南美都做,此外还有日本研究,有韩国研究。我自己在斯坦福大学读得比较多的是他们的日本研究。接触到在美国的日本学者、日本史学者。这也是一个非常大的史学传统。这些人都有非常好的训练。他们中的学者基本上都在中国待过,很多人在台湾待过,到日本待过,都有很基本的、非常深厚的语言训练。所以他们都能够读中文书。当然,刚开始那一代还不怎么好,后来的这一代则说、读、听、写,基本上没有问题。也就是说,近 30 年来,美国的汉学传统有长足的进步。我自己也是深浸于这个传统。因为我到斯坦福之后就开始从本科的课程开始,一直学到研究生的课,一个层次一个层次地读,然后考学位考试、写博士论文,直到最近我的英文书才出版。这是一整套的培养体制。美国的汉学界的确给我相当多的启示。刚才张先生也讲到他们那一辈从美国学者身上学到很多。我自己也是深受其影响。

我觉得他们有几个好处。简单地讲,第一,他们对学科本身有很强的反省能力。特别对于研究典范的反省,基本上是不断地挖深,不断地提升,不断地反省。我想大家都看过《中国典范的危机》和柯文的《在中国发现历史》这样一些书,可以看到,他们一个时代就有一个时代的典范,从刚才张先生讲到的费正清的"冲击—反应"说,到"现代化理论",再到"中国中心论"……差不多不同的时代都有不同的研究中国的典范。而这个典范过一阵子就又会受到批判跟反省。每一次批判与反省都是一个提升的过程。这种自我批判与反省的能力让我印象非常深刻。

第二点，美国的学术根基很深厚。这个深厚是在于说，这些治中国史的学者都有很强的其他学科的背景。就像刚才张先生所讲的，费正清一去，就告诉你说，你要读中国学，就要从马克斯·韦伯开始读起，要从帕森斯开始读起，要从西方的现代哲学变迁开始读起。也就说，这些社会科学、哲学、文学以及语言学理论，对美国学者来说，是非常重要的相关资源。因为他们也感觉到，他们的中文不如中国人好，怎么样在中文不如中国人好的情况之下，做出一个跟中国学者所研究的、所看到的东西不同、而别有新意的成果，这对他们是一个挑战。所以他们开始百花齐放，开始采集各种各样的理论。这些理论对他们来说，目的都在于帮助他们解决某一问题。其实我也知道这是他们心头永远的恨，就是说，他们没有办法像中国人这样阅读大量的史料。对我们来说，阅读大量的史料不是特别困难的事情。我特别佩服川大的罗志田兄，你看他的著作里面用的各种类型的史料，令人瞠目结舌。这个是外国人没办法看的，因为他们没有办法迅速、深入地阅读大量史料。怎么样解决这个问题？用新的问题意识。这样，依靠少数关键性的资料就可以做大文章。这是他们的一个长处。这长处当然也跟他们深厚的学术传承有关。对此，我到美国之后，感到非常的惊异。惊异之处就是美国的学界是学术社群十分明显的一个世界。这个学术社群是怎么样的呢？这个东西，我觉得在台湾、在大陆基本上不存在。什么叫学术社群？学术社群就是由学者组成的民间社会。美国最重要的学报，不是官方的机关报。官方的机关报在美国没有，有什么？association，也就是各种各样的学会：民史研究学会、清史研究学会、近代中国研究、20世纪中国研究，最大的当然是 AAS（Association of Asian Studies）。这些学会基本上是学会从会员身上汇集到一笔钱，然后开始办刊物，办各种各样的学会性刊物。刊物的作用大有名堂。如果现在你要深入了解美国学界，那就要看这些专业性的刊物。我到美国之后，发现这些刊物的一个很重要作用，是用三分之一的篇幅发表专业性的文章；另外三分之二发表什么呢？书评。书评有两类：一类叫 Book Review，一类叫 Review Articles。这两类不太一样，Book Review 是"单篇书评"。单篇的书评不长，最多一页到两页，清楚明了。第二类 Review Article 比较长，叫"书评论文"，中文也有这样的写法。它主要是综合评论几本书，或者说 state of the field，即对整个相关领域加以回顾。这个很厉害。这是美国学术界的一个基本规范。他们有一种评估机制，就是由学者本身参与的互相评估。这个机制非常厉害。这个就是我所说的学者社群，或者叫由学者组成的民间社会。通过这个相互批评的机制，他们建立起一个学术的网，从而让他们的学术工作更上一层楼。这是他们的第二个特点。

第三个，美国的学者基本上像柯文所说的，是"outsiders"，即外在的观察者。跟我们的"内部观察者"不太一样。我也是到了美国好久之后才感觉到，二者有很大的区别。对美国人来说，为什么要了解中国？当然有一个目的是希望为美国的外交政策提供一个文化的基础，或者说，提供美国舆论对中国的一个适当的表述，等等。这是一个方面。另一方面呢，我觉得他们对于我们最关心的"中国往何处去"并不关心。对他们来说，这样的问题一点也不重要。他们研究的结果，基本属于分析的层面，而不是应然的层面。也就是说，是在一个实然的层面去了解中国社会过去到现在所发生的东西是什么。用这种分析的结果，提供给美国民众、美国社会对中国的一个认识。而这样的一个特色，跟中国学界对中国历史的研究就有很大的不同。就是说，中国学者用中文写的东西，无论分析还是评估，往往都跟对未来的建议交织在一起。这其实问题蛮大的。也就是说，我们对历史的回顾，背后每每藏有经世的意图，最后是希望能够指点江山，能对现实有所作为。这是中文学界对于中国历史研究的一个很大特色。我想，这种特色的最极端发展，当然也就是"影射史学"了。在座各位对此的了解当然比我还深刻。而在这方面，我觉得美国学者是比我们容易避免的，因为他们不在其中，因为不在局中，反倒能看到整体，全盘关照，而且能够比较置身事外地来看待其中的问题。所以我想，这些大概是美国汉学研究的几点特色。这些都蛮值得我们学习的。

近年来，江苏人民出版社翻译出版了西方研究中国的大批译丛。由此看出国内对于西方的研究兴趣蛮浓厚的，同时也可以看出来，国外的学者确实是有我们所不如的地方。虽然我们可以夸口说我们的中文比他们好一百倍，可是，他们在语言环境蛮恶劣的情况下，还能做出重要的东西。我想这是我们绝对不能忽略的。但是，当把这个文本翻译成中文的时候，我也常跟我的学生说，读西方汉学著作的汉语翻译版本，是蛮危险的。第一个就是翻译上的错误。这个数量甚多。现在看到的汉译著作，如果不是经过作者本人校订，大都有非常严重的错误，有的简直惨不忍睹。像墨先生的《摆脱困境》，江苏人民出版社也出版了,那翻译也是有问题的①。而且译者没有把墨先生征引的原文翻译成原来的文本。其实这些东西,花一点功夫都可以找得到,像《诸子语类》之类的,是都可以找得到的。这是一个。另外一个比较深层的原因是,我们对西方汉学界并不了解。西方汉学界写作这些东西都是有发言对象的。他们基本上都不是为中国人写的,而是为了用英文来了解中国的读者来写的。所以,他们有他们基本的预设和对他们的知识背景的一个考量。他们知道他们的读者对什么东西知道,什么东西不知道,这些都有详略的考察。这是大家看这些书的时候,可能要留心的一些地方。我想,如果要了解美国汉学家写的书,还是得要像张先生所说的那样,要一个字一个字去看,不懂的就查字典,要了解这个东西在西方脉络当中是什么意思。最近几年我在台师大上研究生的课,发现即使现在的台湾研究生,能够百分之百掌握西方论文的人也少之又少。真的是少之又少。多半都是囫囵吞枣,只了解其大意,把精微的地方都忽略掉了。这也是蛮可惜的。所以我想,我们要是想从美国汉学真的学到东西,了解人家的长处的话,要读透英文,要了解他们的学术背景,深入到这些东西之中才行。

下面我再讲讲自己跟大陆学界交往的状况。我跟张先生1993年到大陆来开会,就是刚才徐老师开场时所谈到的,我在文章中所写到的一段经历。那个其实蛮有意思的,是在广州开的康梁思想研讨会。在那次会议上,我自己有一个cultural shock——文化冲击。因为那是我第一次来大陆开会,第一次跟大陆的学者有学术上的交流与交往。因为那时我是从美国去的,我发现国内学界跟我所想象的很不相同。那时我就提问道,这边写文章,为什么不先做学术史的回顾?在1993年的时候,这样做的人的确是非常少。为什么?即使是训练很好的博硕士学生,差不多都不做文献的回顾。这是我百思不得其解的地方。后来我略微了解到一些,其实是资讯不发达所致。大家看不到。第二点是学界不强调这一点。这两个问题近十几年之后已改变了很多。特别是对学术史的规范性要求已明确提了出来。我刚才讲过,大陆、台湾、美国、日本、欧洲,一共有五个传统,你得看看人家都做了什么?你目前的题目在哪些地方可以超过别人?我发现,现在大陆的历史研究已开始重视这方面的要求了。因为他们请我审查文章的时候,也会有这个要求,也说你要注意这个,有没有做学术史的回顾?而当时在广州的康梁研讨会上,有

---

① 参阅〔美〕墨子刻《摆脱困境:新儒学与中国政治文化的演进》(汉译本),江苏人民出版社,1996年。

好几个学者谈到梁启超在民国时期的贡献,却都没有看到张朋园先生的著作。其实好多题目张先生都已经说得非常清楚了,分析得更深入。这些文章都没有看到,又再炒冷饭,重新大谈特谈一次,像从来没有人谈过这件事情一样。所以,我那次受到的冲击的确很大。不过我感觉到近几年来,国内的情况好转得非常多了。第一,大家对于其他传统的学术状况的了解有所增强;第二,外面的书也比较容易看得到。1993年到现在,一共17年的时间,我几乎每年都来大陆,有的时候,最多一年来五六次,基本上南京、北京、福州各地都跑过了。我跟张先生一样的感受,就是,近年来,大陆在改革开放之后,情况好转非常多。出版物的印刷也越来越精美。这是很有意义的发展。我们自己也感觉到,国内学界实际上挣脱了诸多束缚之后,整个学术的进展非常可喜,跟国外对话的机会也很多。像川大到国外进修过的老师也非常多。

在这种情况下,海峡两岸的交流互补也是指日可待的。当然,海峡两岸的政治情况还存在很强的张力。这个张力短期之内可能没有办法解决。可是我觉得通过文化上的交流,会对将来起很大的帮助,因为交流的最后根基是文化。所以我也讲,将来如果要合的话,合的基础一定是彼此有一个共同的文化基础。当然,在此过程里两岸不免会有竞争,但可以加大两岸的文化交流,透过海峡两岸的互访来达成目标。我想通过文化上的交流,我们可以共同创造中华民族非常靓丽的美景。

我就讲到这里。

徐新建:

谢谢二位先生的精彩演讲。下面我先问黄克武先生一个问题:您在文章里提到1993年参加大陆的学术讨论时感受到"文化震惊"。你后来提到,有人对你的发言不以为然,能请您具体说说吗?

黄克武:

那是17年前的事了。当时我主要是觉得有人对学界前辈不够尊敬,不尊重老先生们已经做出的成果。由于我提到的几篇文章涉及一些作者,引起他们很不高兴。我只是提问说,你们为什么没有看过张先生写过的东西呢?不料有人就勃然大怒。

徐新建:

我想请张朋园先生补充一下,刚才您说费正清在中国近代史研究中有这么高的地位和影响,如果他的核心观念就是"西方的冲击与中国的回应",我想听张先生谈一下费正清的这个核心观念是怎么形成的?然后过了几十年来看，在您的学术经验中来看，您怎么样来评价他的这个核心观念？

张朋园：

费正清这个人，是从研究清末欧洲对中国的贸易起步的。我们有很多人看这个问题的时候对此不够了解。如今需要再来回顾一下1850年前后的情景。1840年是鸦片战争，以后进入第二次鸦片战争。对此，费正清认为西洋人来华的目的是贸易，而没有其他什么野心。这与中国人的看法很不同。我们认为他们是帝国主义，来了就是侵略我们。这两个观念冲突得非常严重。西方人希望中国人能够了解，他们来中国并没有其他目的，但中国人并不同意他们的想法。所以，对于进关、出关、以及关税的问题，他们有一套自己的说法。费正清完全是利用当时他们西方人对于中国海关的报道和资料来看这个问题的，认为当时中国的观念十分落后，跟不上国际和时代的变迁。所以，在他看来西方人必定要改变中国，也就是让中国慢慢地走入世界，走入国际社会。西方人的目标就是想让世界各国都走上他们的道路，学他们的制度，而后能够互相公平地贸易往来。我想早期的时候费正清就是这么一个简单的诉求。这是我的看法。

黄克武：

费正清提出"冲击－反应"的学说与他的学习背景有关。他是牛津大学毕业的，早期就是做所谓的中外贸易这个部分。同时这也跟整个洋人对中国的认识相联系。对他们来说，中国的变化是怎么产生的？他们的理解和阐释其实是受到了西方长远以来一个观点的影响——叫做"中国停滞论"，是黑格尔的想法。后来的马克斯·韦伯在某种程度上也有类似的想法。他们认为中国是停滞的，几千年不变。那中国近代为什么会发生变化？答案是西方人造成的，是西方人给了中国一个冲击，就是challenge，挑战。这个冲击、挑战便是造成近代中产生重大变化的原因。这就是他们的想法。在这背后存在着西方人对中国的认识背景。在这背景之下，他们从事近代中国研究的第一代人，就开始研究轮船，研究贸易，研究洋务运动，研究西方的科技如何影响中国。这其实是非常根本的一个工作。也不能说他们错，尽管后来有的结论被人们所修正。后来修正的着眼点就是说，中国近代的变化不完全是西力所完成的，而是因为中国本身也有动力，中国本身也在变化，而且有些变化不是对着洋人而来的，而是对着中国本身内部的议题而来的。所以，我想说费正清那一代从这个角度切入中国研究，后来他的子弟进行了一种修正。我们大家看柯文的书，里面就有传统和现代化间的争议。特别从列文森开始，中国的现代化历程跟中国的传统有着根深蒂固的关系。特别是我的老师墨子刻，他就是典型的"打老师"的传统，他就是要把费正清的观点驳倒。费正清挺欣赏他的。墨子刻提出，中国近代变化的一个动力，在于宋明以来的一种传统。他从朱熹讲起，讲中国知识分子内在的困境感，还有中国官僚组织的一种戴罪感。这些挑战费正清的观点，开始进入到了中国内在的变化动力当中。这些人都是从内在来超越费正清，像狄百瑞、史华慈、列文森等，他们更加深入地进入到中国的传统内部。在此以前，洋人做的多半是军事史和政治外交史，可是，后面这三个人做的是中国最正宗的儒学研究。这个就不得了了！他们开始讲中国最深微的宋明理学，直到宋明理学近代的变化。这些都是西方中国研究的变化。不过我想，即便在今天来看，费正清的"冲击－反应"理论也不完全是错的。现代化理论也一样，也是要跟着这样一个角度来看的。学术就是如此，他们的典范就是日新月异。这也是西方学术可以充满活力的一个原因。一个说法出来之后，能够引领风骚，可是过一阵子，一定会有人全盘地加以摧毁，重新再有一个新的说法。

张朋园：

新建要我说说，费正清的这个观念拿来看中国近代史到底合不合理？要不要接受他的这个观点？我们就来看看中国近代的变迁。近代中国如果不接受西方的这套东西可不可以？政治制度、社会制度，或者是社会的自由、平等这类的观念，是不是中国也有？还是说要从西方引进？还有司法的问题。我们的司法存不存在落后？比如说审判的程序问题，一个人犯罪之后，要不要给他请一个律师？判别一个人是否有罪的时候，要不要旁证？同不同意法官的看法？要不要坚持人人在法理之前平等？反正一句话，自由平等这些观念，都是西方的东西。从今天来看，这是不是叫"西力冲击"？又比如我们的现代化问题。你看高速公路、铁路，这些都是西方的东西。是不是在接触西方后，我们才有的呢？这不是西力的冲击是什么？如果不是，我们的传统是否可能发展成超出西方的社会？

我想费正清有一种使命感，不仅希望研究中国，而且希望自己写出来的东西中国人也阅读，从中加强彼此的了解，同时把他们的方法、观念，输送给中国人。

我最近写了一本书，叫《中国政治民主的困境》，里面引用到新近流行的一个观念，就是 civil society，市民社会或公民社会。西方人认为他们能够走向民主政治，是因为他们有市民社会。所谓的市民社会，就是有很多自由组合的社团、各式各样的行业，以及各式各样的生活相近的群体。他们自行组合起来，为这个群体的利益而奋斗。换句话说，西方一方面是个人主义的社会，但也同样会顾及团体利益。中国人讲"何为言利益"。而西方人讲的就是趋利，团体可以发挥能量。所以，西方人是用他们各式各样的社团为基础，才走向自由平等。

　　这一点我们中国人有没有呢？最近我看余英时先生写的一本书，从中看到儒家思想似乎也有一点，要让人民的水平提高，合作团结。但是，中国始终有科举制度，某一个人求取个人的功名，获得一官半职。做绅士也完全是为了个人的利益，很少为乡村或村庄争取利益。在乡村里，人们也有修桥铺路的观念。这也有走向 civil society 的味道，不能完全说中国完全是阶级观念之分，而没有平等合作的现象，多少有一点。这个问题很难回答，实在是很吊诡的问题。如果没有 civil society 的话，中国要想走上民主政治就很难。西方人的看法呢？他们因为有 civil society，所以能走上民主政治。当我们这样看待的时候，是不是会认为需要先有民间社团，而后才能有民主政治呢？

　　费正清的想法，就是中国要实行民主政治，但是实行起来非常艰难。我就是用这个例子来说明，费正清他们不断地研究中国，固然是为他们的国家来提供一些参考意见，其实他们也有影响中国的意思。对此有人接受，有人不接受。到底要不要，今天是一个两难之间的状态。我个人是接受费正清观点的。

徐新建：
　　记得前几天在跟张先生讨论时提到费正清弟子们的造反，说到那样的造反带起了一股思潮，就是"在中国发现历史"。发现了什么历史呢？有人发现了早期中国的现代化可能，发现了明清时期的"资本主义萌芽"。但是张先生是很尖锐地不同意这个观点的，他认为无论如何你发现不了科学民主。这个问题，我觉得还可以继续争论。也就是说，研究历史有两个指向：一个是认识历史，一个是指导未来。但这个话题，正好是一个纠结，还值得大家讨论。

　　关于两岸和美国的中国近代史研究，存在着一个核心问题，我想以后还会顺此延伸。费正清提出的认识模式并非孤立现象，而是有其深厚的西方来源的，关联着西方漫长的学术谱系。刚才黄先生把西方学界如何认识中国做了大致梳理，值得大家关注。我认为费正清的思想，与汤因比的学说关联最大。汤因比名著《历史研究》的基础就是文明的"挑战—应战"。因此我们应该看到，费正清等人讨论的问题并非限于中国，而是与整个的世界史相联系。这个模式反映的西方史学后面是它的历史哲学，也可说是一种学术的建构，就是我们讲的"元历史"，或"元话语"。这个传统其实中国人也是有的。中国人在过去讲历史的时候也有自己的历史哲学，只是近代以后没办法拿出来应对罢了。我想这个话题以后一定还会再讲的。我为什么要补充一下呢？现在讲中国近代史的路子太复杂了。一方面是学术问题，另一方面又关涉到现实社会，因而会对中国的未来产生影响。在中国发现历史，否认"挑战—应战"模式的背后有一个拒绝，那就是中国的近代转变还要不要继续依赖西方？如果不要，中国也可现代化，甚至也可以产生科学民主。是否是这样？可以再讨论。我认为学者们的讨论其实是在借历史说未来。

张朋园：

西力冲击的后面，实际上还有个中国的回应，west—impact and the China's response，对不对？这话要这样讲才完整。你们注意看费正清的《China's response》这本书，里面其实就引了非常多清朝末年总理衙门的文件，由此来说明中国人对于西方人到来后的反应。费正清他们想说的是：中国人的反应错了。如今我们中国人一直在指责帝国主义。帝国主义绝不可以否认。你看整个非洲不是都被西方人瓜分了么？日本人看到了，开始着急。他们一看非洲、美洲之外，剩下的就只有亚洲了，如果日本人再不起来相抗衡的话，自己也要被西方人吃掉，变成他们的殖民地了。于是日本也开始转变起来，变成帝国主义，想要征服东亚。这个问题要用帝国主义的观念去看，用殖民主义的观念去看。它证明"西力冲击"当中确有帝国主义的实质在里面。费正清的说法是，我们来就是做生意，希望把我们西方好的给你们；把你们好的接收过去。中国人呢？中国人认为你洋鬼子有什么了不起，我们有五千年的文化，我的东西比你好，比你古老，是不是？你这个算什么？不要！这样子对立起来，双方才冲击。到今天我们走的是现代化之路。中国革命已搞了七八十年。可"革命"的概念是从哪儿来的？完全是受法国和俄国的影响而来的。这就是西力冲击。可见事事都有两面啊！

陈廷湘：

我向张先生提个问题，还是关于费正清"冲击—反应论"的。我认为其中有两个不一样的层面。对物质和政治的层面，费正清讲得比较多一些。但如果认为中国文化、中国的整个体系都是在西方的冲击下往前发展的，就成问题了。这涉及如何看待文化传统的作用问题。北大有位叫甘阳的先生讲过，什么是传统呢？传统就是流动于过去、现在，并且永远指向未来的无限可能世界。向未来展开可能世界的时候，它总是要受到由历史形成的方向指示道路。任何一个民族的文化过程中间，它的传统都必然要吸收外来的新东西，但是这个吸收是有为的吸收，而不是简单的加法。吸收进来后，会按照传统的方向往前发展的。所以说，费正清在讲这个问题的时候，对物质的东西讲到了很多。西方的物质文化确实是进来了，而且对于我们中国的影响很大，比如说我们今天吃、穿、住、行的东西基本上都现代化了。讨论时我们也常说，水泥铸造了我们的人格，电话消解了我们的意义，就是说那些现代化的东西冲击我们，确实影响很大。但是有些深层的东西却变化不大。我曾经指导我的一个博士生写一篇文章，就是费正清在何种意义上是一个冲击－反应论者？后来这个学生不想做这个题了。实际上，这个中间有一些变化，包括后来出现的"中国中心观"。大家可能没有想到的是"中国中心观"后来在大陆也受到了严厉的批判。费正清的思想也不完全百分之百的都是"冲击－反应论"。我想问：费正清的思想中，除了冲击－反应论之外，还有没有对中国文化的其他看法？

张朋园：

费正清的时代受马克斯·韦伯的影响非常的深。韦伯这个人呢，诸位知道，他是一个德国人，也没到过中国。但这个人是一个阅读能力非常强的人，也非常能思考。韦伯是没有来过中国，但他通过研究认为中国缺少动力，认为中国是一个父系的社会，是一个以父亲为主、父亲权威的社会。这是从社会学角度来看的，因为父系社会是一个缺乏动力的社会，所以传统的力量一直到现在还发挥效力。韦伯认为中国社会缺少动力，中国社会要想经济成长，那是不可能的事情。要想现代化，走向富强，也是不可能的事情，恐怕还得要过着平均的生活。费正清受他的影响非常大。帕森斯是把韦伯的思想介绍到美国的人。美国非常接受韦伯的思想，笼罩了整个社会学、人类学和历史学，这影响大概维持了三四十年之久。费正清当然跳不出这个观念，他当然接受韦伯的这一思想。一直到20世纪七八十年代，东方的"四小龙"起来之后，韦伯的思想才慢慢地衰退，才说明儒家的思想并不是没有动力的。但那个时候，大陆还没有动静。

以四小龙为代表的"东亚奇迹"出现后，人们开始在儒家典籍里找现代化因子，果然找到一些有力量的话，如"工欲善其事，必先利其器"。你看，这些话多有力量啊！这不是动力是什么？

非遗视界

- 中国饮食：作为无形遗产的思维表述技艺
- 谈"工"说"艺"：关于刺绣工艺的几个问题
- 苗族刺绣纹样与楚帛画的对比研究
- 生者与死者的节日：喀什维吾尔古尔邦节节日仪式描述
- 吕洞宾形迹考

中国饮食：作为无形遗产的思维表述技艺[①]

厦门大学人类学研究所　彭兆荣[②]

摘　要：中国的饮食体系不啻为一种思维的表述，亦可称之为"饮食思维"。它首先是具有中国传统特色的认知形态，在此基础上造化出自成一体的"物理学"，《本草纲目》即为这种生命认知的物理实例，它曾开启西方学者在认知分类方面的灵感。作为一种无形的遗产，中国饮食同时为我们留下完整的技艺系统，它不仅是饮食思维的具体，更具备了技术的"魅力系统"。本文对中国饮食的"思维—物理—技术"作初浅探索。

关键词：饮食　思维　物理学　《本草纲目》　无形遗产　技艺

> 正是（中国的）食物激发其思想者的想象，
> 　　使其学者的智慧愈加敏锐，
> 　　增加其手工劳动者的才能，
> 　　并使其民众精神活跃。
> ——F. T. 程[③]

中国食物：关于思维的讨论

"思维"一般被表述为人类抽象的思想活动过程。中国饮食体系也是传统思维的果实——"饮食思维"，指在琐碎的、具体的、习惯的饮食活动中所包含哲学的、抽象的、形而上的思维表述。钱钟书在《吃饭》中说："伊

[①] 基金项目：国家社科基金重大项目"中国非物质文化遗产体系探索研究"（批准号：11&ZD123）成果。本文刊载于《民族艺术》2012年第3期。

[②] 彭兆荣，博士、教授，厦门大学人类学研究所所长。国家社科基金重大项目"中国非物质文化遗产体系探索研究"首席专家。

[③] 引自西蒙《中国思想与中国文化的食物》，郭于华译，载［美］尤金·N. 安德森：《中国食物》附篇二，马孆等译，江苏人民出版社，2003年，第264页。

尹（被认为是我国饮食的鼻祖——笔者）是中国第一个哲学家厨师，在他眼里，整个人世间好比是做菜的厨房。"①《吕氏春秋·本味篇》记伊尹以至味说汤，把最伟大的统治哲学比喻成食谱。中国古代的哲学家们喜欢以烹饪况比统治哲学。老子《道德经》第六十章中："治大国若烹小鲜"便是例证。《礼记·王制》有"修六礼、明七教、齐八政"；"八政"者，饮食为第一大"政事"②。事实上，伊尹、老子、《尚书》、孔子、孟子、管子等为我们留下了大量以饮食言说义理和论政王道的传统。另一方面，中国饮食是一种对生命的认知方式，并形成一整套完整的技艺与技术。《易》中充满了大量以食为"卦象"来讨论世事的"卦辞"③。说明中国传统的经验理性早已将饮食缀入到认知和体悟层面，无论是儒家或道家的论政，均有深厚的饮食思维。"食物是生活，人类通过食物可以了解和理解生活"④。这是著名的饮食人类家的一句具有箴言性的语句。

事皆有律，就像语言有语法，法律有规章，社会有秩序，游戏有规则一样，但规律与规则有所不同：我们偏向于将事物的自然属性，即不以人的意志为转移的存在视为一种"内在规律"；而将人们根据自然规律所创造、制定和认可的，与自然规律具有一致性的东西视为"外在规训"。"内在规律"与"外在规训"之间存在着一个认识问题，即相信人类在与自然的相互关系中，有能力、有限度地认识事物"内在规律"，并进行属于人的归纳和表述。而归纳与表述又与人的思维有关。思维有赖于表述。时间在这里成了一个划时代的界线。学者们试图以不同的思维形态去对应历史时间，比如以"神话思维"（myth thought）、"史前思维"（prehistory thought）、"前逻辑思维"（pre－logic thought）、"原始思维"（primitive thought）、"野性思维"（la pensee sauvage）⑤、"古典思维"（classic thought）等对逻辑思维之前的形态进行"话语"（discourse）总结。食物为人类生命和生计之本，自然成为思维、思想的策源。比如巫术是原始思维的一种基本形式，原始人类生活在巫术的世界里。远古时代，人们相信自然存在着一种"力"（不同的地方和人

---

① 钱钟书《吃饭》，见《钱钟书散文》，浙江文艺出版社，1997年，第29—31页。
② 参见龚鹏程《饮馔丛谈》之"儒家的饮馔政治学"，山东画报出版社，2010年，第151页。
③ 参见龚鹏程《中国传统文化十五讲》之"饮食：礼文肇兴"，北京大学出版社，2006年，第25—29页。
④ C. Counihan and P. Van Esterik (eds.) *Food and Culture*. New York and London: Routledge. 1997. p. 1.
⑤ 典出法国人类学家列维－斯特劳斯《野性的思维》——笔者注。

群有不同称谓，比如太平洋的波利尼西亚、美拉尼西亚群岛中就普遍信仰"玛纳"［Mana］——一种不灭的力量，而寻找和获得食物作为人类最基本的生命和生计活动也就构成了人类最古老的巫术形式之一，即"获得食物的巫术"。考古学迄今为止所发现的大量洞穴岩画中最具代表性的就与捕获野兽联系在一起。当然，植物作为人类食物来源的另一类，以巫术行为保证人们对植物的丰收也成为最重要的主题之一①。

法国人类学家列维－布留尔以研究原始思维饮誉世界，他提出一个著名的概念——"互渗律"，认为在原始人将所面对的各种事物，尤其是人与物之间互相影响和作用的联系称为"互渗"②。"互渗"的原文为 participation，意为"参加"、"共事"、"同情"等。这一现象建立在"集体表象"的基础上。值得一提的是，布留尔在书中运用了许多中国的民俗事例，他的中国材料主要来源于传教士德·格罗特的《中国的宗教制度》，他认为中国人的思维中存在着将"主观与客观的东西混淆在一起"的现象，例如在中国可以看到无数同类的丧葬仪式（即我们称之为"白喜"——笔者），在出殡的特定时候，"死者的儿子与大多数在场的男亲戚一起匆忙吞下几口煮熟的挂面，他们聪明地推断，挂面的长条应当最能抵消或消除寿衣可能给他个人带来的那种短阳寿的影响"③。法国人将中国人吃长寿面归入"原始思维"范畴，显然，这不是无知便是无礼。其实，这与西方人在教堂里"吃面包"、"喝红酒"（耶稣基督的身体与血液）的仪式行为根本上并无二致。不过，布留尔的"集体表象"倒可资借鉴。

思维的前提从分类开始。认知人类学也始于概念的分类。如果说原始思维的"互渗"具有"规律性"的话，那么，抽象的、逻辑思维的"绝然性分类"（二元对峙、隔绝）和分析正好是对原始思维基本特质的反叛与颠覆。中国的饮食文化虽然也可依循西式的分类进入研究，龚鹏程教授在"圣俗秽净"一文中引西方的二元分类于中国的饮食体系，并以修道人的"服食、服气"为例，以区隔俗人④。这样分析虽有道理，却陷入西式分类的窠臼。总体上说，中国的传统饮食体系属于整体性的，是体验、感受、知识和认识的

---

① 参见［德］利普斯《事物的起源》，汪宁生译，敦煌文艺出版社，2000年，第326－328页。
② ［法］列维－布留尔《原始思维》，丁由译，商务印书馆，1981年，第69页。
③ 同上，第290页。
④ 龚鹏程《圣俗秽净》，载《饮馔丛谈》，山东画报出版社，2010年，第148页。

产物，虽然圣/俗、秽/净、高/低、好/坏、安全/危险这些关系无不具备，人们也依照遵循，但这样的分类与中国式的"浑然一体"（二元融洽、互动）不同，人们只要看一下太极图就清楚了：

黑白、天地、阴阳……尽在其中，却充满变化、通融和互动。反映在中国的饮食体系中，与西方式的分类"界线"不仅差异甚大，而且时常通缀转换，比如神圣的食品与世俗的食品经常瞬息万变，时间和空间、场域和背景等无不在其中起作用。重要的是，中国的传统文化是务实的，并没有绝对的"圣俗"分类，饮食一如传统的思维，属于圆通的、周转的，泾渭分明的分类只具有特定语境中的工具性功能，却没有不可逾越的界线。

饮食是中国人宇宙观的反映。中国古代智慧中早就形成了一套对应自然的哲学：自然为一个整体：生命、身体、造化、物理、变通、气势互为一体。"中国人将日夜交替、季节变换与人的生活周期相比。然而，对于神奇的生命力，即'气'的信念却是中国人独有的。气充满宇宙，它所包含的一切都处于一盈一亏、不断循环之中，后来人们把它定义为阴阳两种宇宙力量间的消长。据信这种生命力遵循一定的道路，这种道路代表着至上的自然秩序，所以后来便称为'道'①。"气"（氣）在甲骨文中的字形三横，表示气与云；《说文·气部》："气，云气也。象形。"为什么"氣"中有"米"呢？原有馈送人予粮草的意思，包含着气之于人如同食物之于生命一样重要。不同数量的元气包括在食物之中，食物与元气因此建立了养身关系，也就是我们今天所说的营养关系。元气通常称为"气"，气之于身体表现为活力。

在中国传统的生命观里，自然（包括生命）被物化为"五行"（五种元素组成），人的生命和身体也就由五种元素所组成。"五行"，配合食物的"五味"。人的身体就是一个生命体，生命的表征为"气"，气又是"活力"的表征。"气"是周身运行的，否则，就成"淤气"；"淤气"就是不通畅，就生病。气与"五行"关系密切，"五行"是基础物质，又相互通缀、运行呼应和照应；形成一个流通体系。生命正是在这个流通体系中运动。推动这一流通运动的是食物和食用行为，这是活力的来源和保障。没有食物，生命

---

① ［荷］高罗佩《中国古代房内考》，李零、郭晓惠等译，上海人民出版社，1990年，第14页。

就没有资源和动力。而食物中包含了"五味",对身体的"五行"起到调和与调节的作用。身体中的"和"表明生命的正常运行,便是和谐之态。"和谐"也运用于社会的正常和秩序。所以,中国的食物养身(养生)也不妨理解为一种生命哲学。因此,我们说,吃出来的生命哲学也算不得一种虚指。

命理中缺少什么元素,就要在名字中加入什么元素。身体中缺乏什么,就要通过饮食补充什么,使之完整、无恙。任何一部分、部件的问题归根到底都是整个生命和身体中的某一环节出了问题,中医的经脉讲究的是整体关照,每一部分与其他部分形成了整体的关系。语言是思维的果实,在一个文化的表述体系中,哪些方面在表述中多样多姿,什么东西在表述中周详细致,那么,那些被表述者也就丰富而发达,这是常态,也是常理。比如中国封建社会的等级森严,亲属制度也必然严密,亲属关系就复杂。《红楼梦》的亲属关系可谓庞大、森严、细致、周密。一棵《红楼梦》的亲属树仿佛一棵盘根错节的古榕树,地下根系杂缠,地上枝干纷发,森森然,茂盛无比。俨然为封建大厦在照相和写生。中国饮食体系的细密无妨如其亲属制度,皆行其"道"。

《本草纲目》——中国的"物理学"

从现行的学科理念和分类来看,中国的饮食体系可以归入物质文化——"中国物理学"范畴。但这里的"物理学"与西学的、科制化(大学中的物理学科)不同,中国的物理学有一套自己的规范和学理;从学理形貌的历史发生学角度看,与"博物学"走得很近。不过,现在"博物学"概念相当混杂,有必要先做一个厘清。现在社会上普遍认识的这一用语是由西方引入的,"事实上中国人并没有一门学科,一个知识体系,甚或一个连续的学术传统,刚好与西方的'博物学'、'植物学'、'动物学'相对应……'博物学'也是19世纪翻译西方著作时出现的新词新义"[①]。但是,我国自古就有"博物"(包括概念、分类、文体、知识相融合的"博物体系")。从现存的材料看,殷商时代的甲金文就具有这一特殊的"博物体"雏形,其内容涉及当时的天文、历法、气象、地理、方国、世系、家族、人物、职官、征伐、刑

---

① [美]范发迪《清代在华的英国博物学家:科学、帝国与文化遭遇》,袁剑译,中国人民大学出版社,2011年,第159页。

狱、农业、畜牧、田猎、交通、宗教、祭祀、疾病、生育、灾祸等①。直到秦汉以后，逐渐形成了正统的"经史子集"知识分类，从而将此外的事物置于"博物"之中，使"博物"从属于正统的分类体系，或者成为正统分类的"补充"。

在此，我们以李时珍的《本草纲目》为例；毫无疑问，它是中国博物学的典范，是中国知识体系中"物理"的榜样。在此，我们援引李建元《进本草纲目疏》中对《本草纲目》的评价为纲："上自坟典、下至传奇，凡有相关，靡不收采，虽命医书，实该物理。"在这里，"物理"与"博物"在知识谱系上具有关联性，但与西方的"物理学"physics（典于希腊文 φυσικ，指自然）、"博物学"（natural history）却不相同。李时珍的《本草纲目》正是一个中国物理学的注疏。中国素有"医食同源"之说，证明中国的饮食体系与医药体系结成了一种友好的共生关系。在这方面，李时珍毫无疑问是中国历史上最伟大的先贤。我们之所以用"先贤"，是因为我们无法按照今天常用的专业性杰出人才给予评价，简单地将他列入诸如医学家、药学家、动植物学家、食物学家都未必准确。他留给后世的《本草纲目》继承了中国传统博物学、博物志、"博物体"的传统②，展现出中国文化中非西学专业所能统纳的"另类科学"——中国式的物理学知识面貌，并使之成为一份人类丰硕的文化遗产。

单是"本草"一词就值得我们深入地研讨。什么是"本草"？指草本植物和作物吗？当然不是。著名科技史家李约瑟博士曾就此给出了独到的见解，他首先赞扬中国古代的"本草"知识谱系的伟大传统③，认为"本草"不是简单的"具根植物"，而是"草药"④。这基本上是正确的，但又不完全正确。从分类学角度看，《本草纲目》中至少跨越了自然物种和物质中的不同类种和类型：植物、动物、矿物，同时又是药物。"本草"作为一个对自然界物质的总体性表述，反映出中国博物学的分类体制。有意思的是，《本草纲目》表面是一个医药学方面的总集成，却也是食物和饮食方面的一个类

---

① 姚伟钧等《中国饮食典籍史》，第23页。
② 参见彭兆荣《"博物体：一种中国特色的生态概念与模式》，载《福建艺术》2010年第2期。
③ 参见李约瑟《中国科学技术史》（卷6）"生物学及相关技术"（第1分册"植物学"），科学出版社，2006年，第187—189页。
④ 李约瑟《中国科学技术史》（卷6）"生物学及相关技术"（第1分册"植物学"），科学出版社，2006年，第302页。

型,因为它们是"可食性的"和"药用性的",哪怕包括有毒之物。也就是说,在"本草"之下包括我国在认知分类上的全部知识。

《本草纲目》之名受到《通鉴纲目》启发,藉以采用"以纲挈目"的传统体例来编这部书。《本草纲目》既继承了中国知识分类的传统,又进行了创新。比如已在药物分类上改变了原有上、中、下三品分类法,采取了"析族区类,振纲分目"的分类法。把药物分矿物药、植物药、动物药。又将矿物药分为金部、玉部、石部、卤部四部。植物药一类,根据植物的性能、形态及其生长的环境,区别为草部、谷部、菜部、果部、木部等5部;草部又分为山草、芳草、醒草、毒草、水草、蔓草、石草等小类。动物一类,按低级向高级进化的顺序排列为虫部、鳞部、介部、禽部、兽部、人部等6部,还有服器部。这种分类方法已经暗合着按自然演化的线路——即从无机到有机、从简单到复杂、从低级到高级——这种分类法明显含有生物进化的思想,因而受到达尔文的高度重视。达尔文在《动物和植物在家养下的变异》一书中就引用了《本草纲目》中关于鸡的七个品种和金鱼家化的资料,尤其对植物的科学分类。这些精细的工作要比瑞典的博物分类学家林奈早了200年。

如果"本草"仅是生活中的一般概念,或许不需要花费这么多的笔墨。事实上,《本草纲目》从一个方面反映了中国人与自然的体认关系。传统的中国医药与中国的饮食在这方面是一致的,即不像西方认识论那样,将人的主体与客观的客体隔离开来,表现在西医中对人的病理认识以及采用强烈的方式将病"压制"——仿佛让我们看到西方以"战争"解决问题和冲突的社会"治疗"习惯。另外,西药大多是化学制品——以"科学"和"人工"发明的药品,就像外力强烈撞击身体,可治疗却没有补给。简单地说,西药治病却不养生。中医药不同,首先,身体有病有恙被认为与自然"脉象"不平实,"气势"不畅通,"节律"不合拍,一句话,"道理"不对。因此,中医诊断主要的方法为"望、闻、问、切":望,指观气色;闻,指听声息;问,指询问症状;切,指摸脉象,合称四诊,都围绕着这些关系进行考察。顺带一说,中医的方法很像人类学田野作业中以"参与观察"为基本手段的"质性研究"(即对对象的"质"进行分析和判断,而西医则主要采用"量化"手段)。对中医来说,身体的"病"被看作"亏",因而要"补";"补"的最有效方式就是食补。这种来自自然的"以象取义"特征多少有些类似于人类学家弗雷泽对巫术本质的理解:"象生象"(like produce like)①,却又不尽然。因为中国的饮食养生治疗讲究将人的生命关系与自然物种、形态、节律等各种关系连为一体,将身体的各种变化植入其中。身体有什么问题,就与自然现象相对照;身体缺乏什么,就在食物中"补"什么。所以,膳食也就显得重要。简单地说,中医药既可治病又可养身。

以人的生理和病理原则观照,《本草纲目》也是传统中医对人体认识的集大成。人之所以会生病,是由于身体中的某些机能出现了问题,就中国传统的认识论而言,是人的身体与自然的通汇发生了阻碍,或身体的某些部分出现了障碍和亏损,所以,中医讲究脉络的通畅和对亏损的补助、补充和补偿。这一切都必然包含着养身的原则。中医的身体理论"养"高于"治"。这也符合中国对自然讲究"保育",追求生态平衡、祥和。安德森曾经这样评价:"李时珍极大地推进了草本植物学与营养学的发展;主要由于他的功绩,中国直到1900年仍在这些领域居于领先地位。"②《本草纲目》广泛涉及医学、药物学、生物学、矿物学、化学、环境与生物、遗传与变异等诸多科学领域。是中国留给人类的历史瑰宝。

中国饮食道理与技艺

中国饮食属于"活态"文化遗产,不仅全面表现于现行的联合国教科文组织(UNESCO)《保护非物质文化遗产公约》所实行的分类(即各种实践、表演、表现形式、知识体系和技能及其有关的工具、实物、工艺品和文化场所)之中,而且具有"固性"的传承品质(保持中国传统饮食的特色)和"活性"(接纳不同的、新的外来要素)的合成能力。世界著名饮食人类学家华琛(Watson)在对香港的饮食文化"盆菜"进行调研后认为,之所以它能够成为香港的"非物质文化遗产",是因为香港的历史传统,尤其是殖民地的历史传统的作用。香港汇集了不同的饮食传统,作为一种宴饮形式,"盆菜"是一种最得民众喜爱,非政治的、地方性的、殖民地的传统交

---

① J. G. Frazer,*The Golden Bough*:*A Study in Magic and Religion*. New York:The Macmillan Company. 1947. pp. 11—20.

② [美]尤金·N. 安德森:《中国食物》附篇一,马孆等译,江苏人民出版社,2003年,第104页。

流方式①。"盆菜"的例子告诉人们，饮食文化既有继承，又有"合成"。事实上，当代许多国家的饮食烹饪都包含了大量不同饮食遗产的全新"合成"技艺，属于食物品种②。

人们习惯将饮食烹饪视为一门艺术。按照西方的艺术分类，有供人欣赏的创作（艺术）——"美的艺术"和供人实用的方式（工艺）——"有用的艺术"两类③。这种划分很生硬，对于我国多数活态文化遗产技艺都不适用，因为二者很难泾渭分明。我国的烹饪素有"有肴皆艺，无馔不工"之说，比如道教的"道"与服食的"技"构成了完整的整体。《道德经》中老子强调"摄生"；《南华真经》中庄子则将"道"与"技"直接联系起来，提出"道进乎技"的命题。即使是饮食技艺，也有知识要素和技能两个方面要素；服食技术知识要素是道教教徒经过长期的服食实践总结出来的养生技术原理，服食技术是道教养生者在养生知识指导下利用服食器具在经验基础上反复实践和操作而获得的实际能力和技艺④。有学者对道家的服食技术做了五个方面的总结：道教的服药技术、道教的服气技术、道教的辟谷技术⑤、道教的饮食技术和道教的服符技术⑥。

我国迄今为止所获得的34项（截至2011年）世界非物质文化遗产代表名录中并没有专门的饮食类，多数都属于艺术类别。这一方面说明艺术在非物质遗产分类中的重要性，另一方面说明现行的世界遗产分类仍以西方艺术为原型。既是工艺，就要强调其与不同文化传统的结合。我们所说的"文化多样性"也包括了"工艺"的多样性。中国文化的传统讲究"实用"，"数术之学"原本发达，其中主要以医学和养生术为主。医术中包括的内容极为广泛，饮食烹饪的工艺技术亦在其中。《说文·工部》："工，巧饰也，像人有规矩也。""艺"（藝）为会意字，《说文》无此字。《集韵·祭韵》："执种也，或作艺"，本义为种植。这与中国发达悠久的农业文明有关。逻辑性的，中

---

① J. I. Watson "Community Banqueting Rituals and the Politics of Heritage in Hong Kong" In Liu Tik－sang（ed.）Intangible Cultural Heritage and Local Community in East Asia. Hong Kong: South China Research Center, The Hong Kong University of Science and Technology; Hong Kong Heritage Museum. 2011. pp. 46－52.

② E. Cohen Cultural Fusion. *In Values and Heritage Conservation: Research Report*. The Getty Conservation Istitute. Los Angeles. The J. Paul Getty Trust. 2000. p. 47.

③ R. Williams, *Key Words*. New York: Oxford University Press, 1976. pp. 41－42.

④ 参见黄永锋《道教服食技术研究》，东方出版社，2008年，第28页。

⑤ "辟谷"，古称行导引之术，不食五谷，可以长生。为道家方士附会神仙入道之术。

⑥ 黄永锋《道教服食技术研究》，东方出版社，2008年，第27页。

国的烹饪艺术与农业文明紧密相连。从这个意义上说，中国的烹饪技艺发达的大致原因有三：（1）建立在发达的农业文明之上；（2）建立在多民族和族群的文化多样性之上；（3）建立在区域差异的基础之上。鉴此，中国的烹饪艺术需要进行专门的研究，不可完全以西方的概念和分类为圭臬，比如"端午节"若没有"吃粽子"就去除了这一节日的根本；而"针灸"从中医体系中分离入选"世遗"多少有"被阉割"之感。

东方的工艺系统与西方的完全不同，尽管在概念上东方的国家大都借用来自西方的概念系统和分类框架，但现实上的情形却自有特色，自成逻辑。日本学者柳宗悦考察英文 Art（艺术）的语词谱系，Art 在词源上与 Skill（技巧）有关，有"技"、"巧"之意。Art（艺术）与 Arm（手）的语源同出一处，其意思与 Crafts（工艺）的本义最为接近[1]。有意思的是：

汉字结构中也有吸引人的性质。"手"作为重要的偏旁在辞书中显著地占了好几页，"扌"部基本上网罗了用手来进行的动作：打、抑、抛、抉、把、折、披、拂、技、押、持、拾、指、捕、挟、振、挽、推、捺、挂、扫、扬、提、搔、摘、抚、拔、择、抠、擦、掷、摄、搅等，粗略地算一下已超过400字。这些文字，显示了手的多种作用。意味深长的是，"才"字偏旁也被收在手部中，"才"意味着"效力"、"功能"，可组合成才技、才艺、才能等许多词语。有"手"的词语也很多，如手笛、手织、手艺、手工、手泽、手段、手腕等，还可以列出骑手、国手、双手、名手等许多词语[2]。

这证明，工艺起源于人的日常行为和生活实用的制作。"手工技艺"原本只是为自己制作器物。而这一切都是从"手"开始的。人类祖先的原始生活最为基本的活动是采取各种方式解决温饱，而吃首当其冲；采集和狩猎都以"手"为本，在此基础上，发明了各种各样的手工具，为的都是能吃饱肚子。我们或许没有注意到，采集与狩猎其实是获取两种最基本的食物分类原型：素食与荤食。所以素食、荤食和素荤混食迄今仍然是人类饮食最基本的分类。《墨子·辞过》中有："古之民未之为饮食，时素食分处。"真正饮食体系中的素食和荤食何时分野已很难说清，有学者认为到了阶级分化以后才

---

[1] [日]柳宗悦《工艺文化》，徐艺乙译，广西师范大学出版社，2006年，第20页。
[2] 同上，第101页。

出现，其根据是在《诗经·伐檀》中有这样的句子："彼君子兮，不素餐兮！彼君子兮，不素食兮，彼君子兮，不素飧兮！"① 这不足训。就人类文明史看，采集、狩猎本身何不是一种"食"（素/荤）之分呢？结论很清楚，人类的手工技艺最早来自于解决果腹问题，久而久之，才延伸出各种各样的手工技艺。

值得一说的是，在多数人的眼里，工艺属于技术系统，刻板僵化。其实，技术系统并不那么简单，以烹饪技术和工艺而论，它是以具体的人、人群、地缘群、信仰群对食物的身体感受和经验认知为依据，逐渐形成了一套"量化＋质性"的技术体系，甚至成为当代餐饮和食品市场的价格依据。这一切又与人的品尝经验和身体感受，甚至与饮食时尚结合在一起。比如人类习惯接受熟食（熟食还有"熟"的程度，如生、半熟、熟、烂等），所以有了烹调技艺和烹饪方式。烹调技艺便是根据人对熟"度"和食"美"的接受习惯而创造出来的技艺、技术，包括现代各类的烹煮机器；而横亘于食物和技艺之间的是人类身体对食物的经验感受、认知，即身体实践。

所以在中国饮食体系中，"煮"是一个需要认真讨论的话题。安德森对此有这样的评述："食物通常要煮、蒸或者炒。煮是极为重要的。其重要性不仅因为煮饭是一种普遍而日常的方法，还因为汤（从淡而无味的清汤到稀薄的羹）也太普遍了，它实际上是每一顿膳食甚至小吃的重要部分。汤面是全中国最流行的小吃，但绝不是唯一的汤类小吃……煮饭为主食，而先炒后煮的饭则难得一见。"② 我们当然不会以一个外国人对中国食物的观察和感觉为依据，事实上，中国不少先炒后煮的例子，比如云南昆明抚仙湖周边的铜锅米饭就是先炒后煮。这只是笔者信手的一个例子。不过，安德森提示我们，中国饮食体系中的"煮"是一个值得重视的技艺。其实，在世界上的许多国家、地区和民族，"煮"也是普遍使用的一种烹饪方法，但中国的"煮"除了指具体的烹饪方法以外，还包括了中国烹饪技艺的整体指称。如果我们要用一个字来形容中国的烹饪技艺，它是什么？是炒？是蒸？还是煮？"你煮饭没有？"这是一个问句，却表明了中国式的烹饪。"煮"还与口味有关，什么样的煮法，就会有什么样的饭菜，也泛指中国饮食体系的多样性。

要而言之，中国的饮食是思维－物理－技艺相辅相成的体系。作为一种

---

① 郭伯面等著《华夏风物探源》，上海三联书店，1992年，第224页。
② ［美］尤金·N. 安德森《中国食物》附篇一，马嬿等译，江苏人民出版社，2003年，第108—109页。

特殊的文明和特色的文化表达，中国饮食可以理解为中国式"饮食思维"的生成和生产，具有独特的知识生成和生产谱系。《本草纲目》不啻为中国物理学的一个典范。同时，中国饮食形成了自成一体的技艺体系，是对生命理解、身体践行的"天人合一"，也是非物质文化遗产"中国制造"的诠释根据。

谈"工"说"艺":关于刺绣工艺的几个问题[①]

南京大学 徐艺乙[②]

摘 要:在中国,刺绣工艺有着悠久的历史。近代以来,刺绣工艺因其地方风格特征而被分为若干流派,各个流派的刺绣在题材、内容、工艺和技术上亦有着较大的差异。近几十年来,随着社会的发展,人们的生活方式发生了巨大的变化。时下,刺绣工艺的发展虽然呈现出多元化的趋向,但也遇到了许多问题,如:刺绣工艺技术的传统究竟是什么?刺绣工艺的历史价值究竟是什么?刺绣工艺技术究竟应该如何创新?等等。这些问题既是刺绣工艺的问题,也是大部分的传统工艺在新时期所遇到的普遍问题,需要认真思考与讨论。

关键词:刺绣 历史 工艺技术 传统 创新

过去的手艺人是靠自己精良的手工技艺来换取生活资料,靠作品来体现自己的人生价值的。而购买作品的收藏者或爱好者辛辛苦苦地赚钱,也一定希望买到最好的东西,他们会对工艺美术品品头论足,会与手艺人交换意见。于是,在这样的情况下就出现了另外一种评价体系——口碑。口碑的作用是非常重要的,可以引导舆论和市场,可以决定作品之生死,可以确定手艺人及其作品的历史地位。一般而言,口碑是日积月累的,与手艺人的人品和技艺有关,也与我们曾经说过的"工"和"艺"有关。如果不这样去认识问题,那么就有可能会吃亏,而且还不知道问题出在哪里。

现在有一种不好的风气,就是不在自己的作品上下工夫,而是千方百计

[①] 2009年4月17日上午于苏州工艺美术职业技术学院,与中国工艺美术研究院举办的"中国刺绣艺术高级研修班"学员的谈话。程颖、张西昌记录整理。

[②] 徐艺乙,南京大学历史系教授。长期从事民间物质文化、民俗艺术、工艺美术研究和文化遗产研究。近年来的研究重点为中国民间美术、古代生产工具和生活用品史。代表作有《中国民间美术全集·用品卷》、《中国民间美术全集·工具卷》等。

地去运作媒体、运作领导，以求谋取各种利益。如果在座的各位有"本事"利用这样的手段，临时取得了一些荣誉，什么"大师"、"皇后"等等，在短期内或许是好事，但是时间不会太长，肯定要发生改变，因为历史是公正的。在中国历史上有那么多的人在做刺绣，但是为什么只有几个人能够进入中国的历史？可以把他们的作品找出来看一看。如果有时间的话，大家可以琢磨琢磨，思考一下这个问题。去年，上海博物馆举办了一个顾绣的作品大展，我觉得搞刺绣的人应该多看看这样的展览，看一看，想一想：为什么韩希孟会成为一代刺绣大师？作品会在社会上广为流传？会进入我们的博物馆？会有那么高的历史地位？

我是很真诚地希望我们在座的各位，作品既有很好的"工"，又能有很好的"艺"，能够有好的口碑，被现代的公私收藏家所追捧，让他们拿着钱追着买你的作品，还不太容易买到。要做到这样的程度，的确需要在技艺上下很大的工夫。这也许不如找领导拉关系、找媒体炒作来得方便，但只有这样，荣誉才能够长远。找领导打招呼可能是一种有效的手段，而且在一定范围内很管用，但是我可以很负责任地说，到了专家的层面，基本上是没有用处的，一点用处都没有！假定一个奖项的评审组有7个人，即便是你把其中的一两个人搞定了，这个组其他的人也不会按照你的要求去做，所以不要去下这种工夫。

如果说你的作品达不到很高的水准，却得到了相关的荣誉称号，就是对其他人的不公平，这样的事情我们碰到过很多。所以，我建议大家应该多去考虑什么是工艺？什么是刺绣？刺绣能够做到什么样的程度为好？

刺绣应该有它自己的语言。从工艺的角度来看，刺绣是一种做加法的艺术，是在面料上以不同颜色的丝线通过多种技术方式来表达物象的一种工艺技术。这一过程当中有三个要素要注意：一是"面料"，以丝线为主要材料的绣线与其他材料的绣线。比如在刺绣时，会用到人或者其他动物的毛发，有时为了产生特殊的效果，还有可能采用贵重的金属材料制作的绣线，如金线、银线、锡线等，麻线、毛线或者其他材质的线也都可以用，但是要用天然的材料。在北京的某个美术馆，收藏有一些苏州刺绣的代表性作品，平绣的保存状况还好，因为平绣的面料多是天然材质的丝织物。而一些双面绣就出了问题，底面出现了裂纹。因为双面绣多采用尼龙绡做底面，尼龙绡是用人工合成的化学材料纺成的纱线织成的，纱线老化后就会折断，以目前的保护技术是没有办法修复的。所以，刺绣的第一步选择面料至关重要。

我们现在主张选择天然材质的丝织物做面料，在市场上我们也会看到有些人选择化学纤维的面料以降低成本，这样的做法是不可取的。因为化学纤维材料的成分是不稳定的，过上四五十年，化纤材料内部的分子肯定会发生变化，而且在几十年中还会不断地释放各种化学物质，这些释放出来的化学物质往往会对其他物质的材料产生影响，这个时候刺绣的品相就会全部改变，面目全非。所以我建议大家使用纯天然的丝质材料，丝、缎、绡、绢、帛都可以，还可以选用全棉的材料。这些纯天然的材料在若干年以后，万一因为某种原因而被损坏的时候，是可以进行修复的。所以，面料的问题很值得重视。苏绣可能对面料的要求细一些，而湘绣则要求粗一些，但都不会影响最终的画面效果。

丝线也是这样的。我不知道你们使用的绣线是自己做的，还是由别人专门制作的。如果是买来的现成绣线，买回来还要再做一些简单的加工。把绣线浸湿一下，再把它拉一拉、滗一滗，就是用两根木棍把绣线束撑拉起来拧一拧，乘绣线还湿润的时候进行，就能够使绣线的蚕丝恢复平滑匀称。一般情况下平滑匀称的要求是很难做到的，很难做到的原因是因为蚕丝的丝光折射不是同一个方向。蚕丝是由丝素、丝胶和少量的脂肪构成的，由于蚕的吐丝过程不是很均匀，在显微镜下观看时就会发现蚕丝是有形状的。为什么现在丝绸产业界推崇雄蚕丝的原料，因为雄蚕吐丝的时候基本上是从头到尾没有间隙的，吐出来的丝在整体上很匀称，这样的丝一般都在12埃以上，比较粗壮，用这种雄蚕丝织成的面料挺括、柔顺、光线折射匀称。过去我们采用的丝也有的是母蚕吐的丝，母蚕要产卵，还有一些其他的生理原因，所以母蚕吐丝的时候不是一口气吐到底的，歇息时吐的丝特别细，再吐的时候就会粗一些，一般吐上大概三五十米蚕儿就需要歇息一下，这三五十米之间的变化或许在面料上可以忽略不计，但用作绣线时就有可能会影响画面的效果，特别是在精微的地方。所以，从事工艺美术创作的人一定要研究材料、研究物理、研究物性，要把材料的特性与作品结合起来，使之达到理想的某种效果，这就要求善用材料。

蚕丝的结构是实心的，中间是丝素，裹在丝素上的是丝胶，最外面是少量的脂肪，这是比较特殊的。其他可以用作绣线的材料，比如人和动物的毛发是圆管状的，棉花纤维是管腔状的，扁扁的，一截一截的。如果不作处理，织成的布是没有办法弄平的，染色时也难以匀称，尽管棉花纤维也是管状，但是纤维上有空腔，浸染时色素就很难渗进去，此处的色泽就要比两边的颜色浅一点。这跟丝线的染色完全是两码事，丝线在染色时要么不吃色，要么吃色很深，关键在于脱脂工艺技术，这个问题如果能够处理好，浸染出的色泽就比较匀称。古人对此是很清楚的，所以最早在丝织物上进行装饰采用的是矿物颜料，再用生漆、树胶或其他的胶状物质进行调和。最初是用画缋工艺，后来才慢慢地跟刺绣工艺结合。为什么会这样？就是因为当时的染色技术、尤其是植物染料的应用技术还不太成熟，而矿物质颜料的色泽则比较稳定，但对加工却有要求。比如石青、石绿，是中国画常用的颜料，其原料就是含有铜元素的矿物，是铜的氧化物。要做成颜料，就要对原矿物料进行精细研磨。可是过去技术和手段有限，生产出来的颜料颗粒一般都比较粗，即便是现在，我们国内生产的颜料——除非是航天航空的专用颜料可以研磨得很细，甚至可以达到纳米级——大部分民用颜料的质地还是比较粗的。我去日本时，很多画家朋友都会要求给他们带日本生产的中国画颜料，因为日本生产的颜料研磨得非常细。过去在染色的时候，如果颜料的颗粒很粗就不能够附着到织物上去，结果染色的效果就不均匀。所以古人就采用刺绣的手段来进行弥补，这也是刺绣工艺发展起来的原因之一。实际上，刺绣工艺也可以把多种不同色彩的材料连接在一起达到某种装饰的效果，这便是另一种工艺技术——缝纫。缝纫是另外意义上的刺绣。

　　再一个就是"工"，是指所掌握的工艺技术，这是非常重要的（当然，所有的工艺环节都很重要）。有人认为刺绣起源于缝纫，把两种不同的材料用线连接到一起的手法就叫缝纫。有时在看缝纫工艺时，会觉得跟刺绣工艺不是一类。的确，现在是两个行当，已经离得很远了，但追溯到最初的时候却是同源的工艺。早期的缝纫工具是骨针，材料是兽皮，只要把两片东西连接起来就行了。后来慢慢才有了是并列的还是斜拼的简单针法，这在出土文物中有很多实物可以作为佐证。如果要说最古老的针法，像现在所看到的锁绣、辫绣、人字绣都是。也有不同的看法，中国人认为是锁绣，而很多洋人则认为是辫绣，理论家认为有三种绣法，实际上都是同一种绣法。从严格意义上来讲，这些都不是刺绣的针法，或者叫刺绣工艺之前的针法比较合适。如果这样的话，在刺绣工艺之前的针法还有好多种，很多缝纫的针法应该是刺绣针法的基础，这种针法最初的时候是把两片不同的材料通过针法连接到一起，后来发现隔三五厘米拉一条线可能强度不够，于是就横过来拉再竖过来拉，针法就有了多种变化。如果这样，刺绣的针法就能找到源头。做什么事情都要追根溯源，就像你们进货找二道贩子一样，他们可以送货上门，但是他要赚送货的钱，假如你直接找到一级代理，或者直接到生产厂家进货，就可以得到最优惠的价格。所以真正的工艺家在做到一定程度时，就要琢磨琢磨，要找到本门工艺最初的原始面目，了解工艺发展的历史，掌握了规律在技术上才能有进步。

理论家的话不要随便去听，特别是在座的各位，在工艺上已经有所造诣，有了一定的成绩。这个时候如果有兴趣、有时间，就应该去找一找刺绣工艺的起源，然后再看刺绣工艺在历史上是怎么发展的，熟悉了之后就会发现问题，有了问题再解决问题，就会有所进步。在研究一些刺绣工艺家的时候，比如沈寿还好，资料相对比较多；而研究韩希孟就比较吃力，因为她逝世已经四五百年了，作品也很难见到。但是不要紧，现在还有很多工艺美术大师健在，像大家所熟悉的顾文霞大师、李娥英大师、牟志红大师等，可以找机会和她们直接交流，向她们请教。一般人在请教的时候，都会指着一些具体作品问她们是怎么绣的，但是这样提问可能收获不会太大。她能够这样处理，但是有些时候她未必会告诉你，因为她已经习以为常了。一般人学习工艺，最关注技术问题，初学刺绣者考虑最多的是哪个部位要用哪种针法处理，所以在作品上往往会有一种生涩感；到了高手阶段时，真正苦恼的是如何在创作时忘掉技术，在作品上仍然会不自觉地留下"做"的痕迹；而到了最高境界的工艺家，在创作的过程中能够忘乎所以，心手合一，随心所欲，创作只是他们习以为常的生活方式之一，他们的作品自然天成，巧夺天工，几乎有成就的工艺家都是这样。不过不要紧，因为工艺是做出来的，所以在听讲的同时，还可以看，还可以悟。

任何一件工艺作品，因为材料的差异性，导致了工艺的差异性，最终导致了作品的差异性（即独特性）。同样，任何一个大师的成功经验，也是在某件作品的差异性和独特性的表现上下工夫，是很具体的。在做一般的刺绣商品时，大家也许会采用流水作业的方式，在工艺制作的环节中有的人绣花草，有的人做松针，有的人绣树干。有的人只会绣鸟的翅膀，别的地方她不会，这也没有办法，这是为了挣钱糊口。但是在做作品的时候绝对不能这样。绣一只鸟就需要考虑：这只鸟是活的，它的身体上的羽毛走向是不一样的，哪些地方是凸出来的，哪些地方是凹进去的，哪些部位的羽毛是经常活动的，哪些部位的羽毛是不大活动的，要能够提出问题进行思考，然后再用你所掌握的刺绣工艺技法，或者说是刺绣工艺的针法进行作业，要考虑好从哪个地方起头，在哪个地方用哪一种针法处理。这个时候，就会很自如地表现出对象物的质感。

最近几年，我看了不少展览，也看了几处刺绣生产基地。很遗憾！包括很多获得了大师称号的、还有在媒体上有很高知名度的人，在创作的时候都没有进行深入的考虑，比如绣出来的鸟就是死的！第一，眼神不生动；第二，一只圆滚滚的鸟，身体却没有做到凸凹有致。要知道，刺绣并不只是用丝线把这一片给填满了，而是要用丝线在画面上把鸟做出立体感。丝线的质感和羽毛的质感是非常相似的，大师的处理手法可能会有多种。但她只是说我这个地方用滚针，我这个地方用套针，我这个地方把丝线劈了开来。媒体最感兴趣的也是在这儿，不得了啊！一根丝线劈成四十八分之一，巧夺天工。但是无论劈出来的丝线多细，也还是丝线，关键是在画面上用在什么地方，用来表现怎样的效果。把丝线劈成四十八分之一，是苏州的顾文霞大师在绣金鱼时用的，用来刺绣双面绣金鱼尾巴到边缘的地方，这样用就能显现出若有若无的效果。如果有机会对着原件仔细观察，就会发现靠近金鱼身体用的那一部分丝线可能是四分之一、八分之一，越到边缘丝线越细，直至若有若无，这就把金鱼尾巴在水中缓慢摆动的样子表现出来了。如果不是用来绣制金鱼尾巴，那丝线劈成四十八分之一还有什么意义？绣水草是用不着的，假如也用这样的方法来绣水草，和金鱼在同一个画面上，在针法上就没有差别。在这里，建议你不妨用几种相近的绿色线拼在一起，这样绣出来的水草颜色会更丰富，还可以再换换颜色拼在一起刺绣。所以在进行创作时，心中要清楚应该怎样去表现，这是一个关键的问题。建议大家在拿到绣稿时不妨多做这样的思考：对于稿子上的物象我要怎样去表现，然后再提出一个个问题。如果总是老套路，就会陷入到"匠"的境地。

为什么说"功夫在画外"，对于搞工艺的人来讲，这是不难理解的。画家需要在绘画之外下工夫，学习历史、文学、哲学等的知识。对于搞工艺的，功夫同样在画外，关键是这样的功夫怎么做？过去的绣娘没有文化，大家不能强求她们，但是在今天，各位都是有文化的人，我建议大家做这样的工夫，不妨叫做"案头功夫"，找一张纸列出若干个问题。搞科学研究的人都知道，对一件事情能够提出问题，这件事情就解决了百分之五十，再提出解决问题的方案，这件事情就解决了百分之八十，还有百分之二十需要通过实践去解决它。拿到绣稿的时候，可以拿出一张纸来列出问题：需要解决的是物象需要怎样的表达手段，把这个问题搞清楚，那么就可以提出第二个问题：面对的这个物象，哪些地方是要下工夫去表现的地方，哪些地方是可以虚化处理的。可能也会有人觉得，这个画面上所有的部位都是重要的，所有东西都要求是大师水平，这是跟媒体说的话，但自己必须心里有数。假如说一件绣品上很多空间都绣满了，乱针绣可以，绒绣也可以是这样的，但是中国传统的平绣绝不是这样的。中国传统的平绣讲究虚实结合，刺绣的虚实，绣上的地方是实，没绣的地方是虚；再一个，重点绣的地方是实，非重点绣的地方是虚。一只小鸟，头是实，脚是实，其他部位的羽毛是虚，虚的东西和实的东西在处理时同样重要，虚实要结合。假如你绣了这一部分，头绣了，脚绣了，其他地方的羽毛没有绣，那这件作品就没有完成，所以说，在处理的方案中分出虚实是为了下一步的工作，是为了进行有效的工艺处理。分清楚了以后，接下来的事情就是将采用怎样的工艺来表现，通过文字一个步骤、一个步骤地走下来，这个可能是笨办法，但是这就是基本功的训练，是为了将来不再使用这样的办法。一个成熟的大师，拿到这个画稿之后，对这些问题就会本能地去反应，曹克家画的猫，在画面上由猫和螳螂组成，猫是第一主题，螳螂是第二主题，猫身上的眼睛是重点，猫的尾巴是翘起来的，这对整个画面起到的作用是决定性的。所以，眼睛和尾巴是实，是重点当中的重点，但是若要变换动态，眼睛圆瞪着，盯住这个螳螂的时候，这样的动态就是全身性的，而猫的毛发则可能是虚的。这样的工艺处理，没有固定的模式，从一开始就要考虑到作品的差异性和独特性。

有人说我的作品绣得像油画一样，有人说我的作品绣得像中国画一样，那不是刺绣工艺所要追求的目标，那样做的结果就失去了刺绣工艺自身。有人说我的作品不是艺术品，但工艺品本来就是艺术品嘛！因为艺术品首先是艺，要通过"术"（手段）才能表现出来。因此，首先要否定和抵制这样的言论：工艺不是艺术。什么是真正的艺术，这样的问题在工艺中已经有了结果：好的工艺就是艺术，这在工艺开始的过程中就已经被决定了。

制作的时候要一步一步地进入，这个要求并不高，大家回去可以试验。按照前面所说的方法，在做一幅刺绣之前先找一张纸，把这幅作品中对象表现的所有问题列出来，什么是重点？什么是次重点？哪里是实？哪里是虚？都要写下来，这就是你这幅刺绣作品所要实现的目标。这张纸要放在你绣房的棚架上，经常看看，直到完成这件作品。有一个基本的顺序是：找问题要从大到小，解决问题则从小到大。大家都知道，工艺的实施是有周期的，是需要时间来支撑的，所以在进行到一定阶段的时候，就需要拿出这张纸来进行对照，看看有没有达到工艺的要求。对某些部位的效果是这样预设的，做完以后的效果有没有达到要求，没有达到要求是什么原因；做得不好的部位，是不是可以拆下来重做，这需要思考，也需要耐心，一件能够传世的作品，一定是经过多次琢磨推敲的。制作的过程是一二三四五，检查的过程要五四三二一，一个问题一个问题地解决，到最后所有的问题就都解决了。针法的问题解决了，虚和实的问题兼顾到了，最后看看对于物象的表现是不是成功，是不是跟最初的设想一致。

做工艺的人一定要有这样的本事，拿着绣稿——比如曹克家的猫——做刺绣时，要在心里能够看到作品最终的效果。所以在平时就要强迫自己去分析，去做案头工作，这是一种基础训练，这样的过程是进行刺绣工艺创作必备的过程。

会做刺绣的人千千万万，但是这些人中间能够成为大师的人微乎其微，凤毛麟角。没有哪个做刺绣的人会说，我不想做大师，嘴上不说心里也会这样去想。但是在成为大师之前没有什么捷径可走，必须经过严酷的训练。当然，训练的方法有科学的和不科学的，有人一出手就能创造它的高峰，即使有些小毛病也是可以解决的。在座的各位在实践经验上已经具备一定造诣，而且在社会上是有一定知名度的人，我觉得从这些基础的训练开始入手，形成习惯之后，在创作的过程中就会有意识地去注意这些问题。

现场互动

▼学员提问：

徐老师您好，我是来自辽宁的。我的问题是：根据考古发现，在距今两千多年以前，很多地方不约而同出现了刺绣，那么刺绣发展到今天——比如以苏绣为例——在今天的发展中让我们感觉到很吃力、很迷茫，刺绣失去了自己本身的个性语言，请问您这一问题该如何解决？

答：

这个问题有点难度。

我不知道你说的"两千年前不约而同出现刺绣"，依据是从哪里来的。当然，我们能够看到的材料很有限，马王堆的汉墓以及湖南、湖北一些汉墓中都有刺绣出土。但如果严格按照刺绣工艺的要求去看，出土的刺绣作品大概只有十来件，其他很多都不是刺绣。我在文物部门工作了十多年，情况很清楚，当一件文物涉及很具体的工艺技术时，文博专家的判定也会很勉强。所以做工艺的人不要盲从，要相信自己的眼睛。我去各个地方的博物馆或考古队的仓库看文物，在介绍工艺时说怎么怎么样，有的是比较准确的，也有一些是不准确的。至于刺绣，好像不是"全国各地不约而同的同时出现"，但是说两千多年前就有刺绣的实物出现，这是可以确定的。至于文献的记载，如果没有实物对应，那么就只能参考。因为中国是一个"诗化"国家，古代的文献记载用语多受到诗性语言的影响，用来表达事物的语言词汇很丰富。有的记载文辞华丽，但是拿到现在来看，往往不知道他说的是哪一种东西。

各个地方的刺绣有没有模式？我觉得没有模式，但可能会有地域的风格。从材料加工到针法的工艺，往往具有较明显的地方特性，还有地方风土人情的差异性，反映到一件件具体的作品上，就形成了作品的整体风貌。

所谓"四大名绣"的称谓是清代末年提出来的。今天在座的也有汴绣的大师。汴绣在宋代时候就已经出现，再往前推还有湖南的湘绣。在马王堆汉墓的刺绣刚一出土的时候，我记得曾经请过苏绣的大师去做过工艺鉴定，他们回来高兴地说：中国刺绣的历史又向前推进了很多年。可是，其中有个人说苏州刺绣的历史也往前推进了一步，这就不对了，苏州刺绣才多长时间？从刺绣各自发展的历史延续轨迹来看，它们之间似乎是没有关系的。蜀绣风行的大致时间是在唐代到宋代之间，在唐代所用的刺绣，一般会认作是蜀绣的风格，有的老外则认为是汴绣，我觉得这都可以，就我们搞工艺的人来看，这个问题没有太多的必要进行争论，原因很简单：因为没有太多的实物来供研究人员进行佐证和辨识。

中国刺绣工艺的发展可以说是从缝纫开始的，就是把两片不同的织物或其他的材料通过穿针引线，把它缝缀在一起。后来也有一种可能是衣服坏了——这种因素很偶然——拿去缝补，手巧的就用缝纫的方法在坏的地方做出一块花纹，慢慢地衍变到现在的所谓十八种针法。所以，可以把唐代以前看做是前刺绣时期。为什么这样说？这里面还有一个重要的问题——工具——针的出现时间，就是大家所使用的这种绣花针。中国人自己造针（钢针）的历史并不算久远，现在能够看到的考古实物是宋代的。在南京博物院有一件宋代观音像的立轴，上面已经采用了打子针法。这种针法和针这种工具有着相当密切的关系，有了针，慢慢才有了现代意义上的针法。

你刚才说，苏绣为什么影响这样大，这个原因是多方面的，苏绣的起源和流传是很清楚的。当然，在中国的大江南北，过去的女孩子都会绣上几针，这对于江南的妇女来讲是一件很平常的事情，沈寿的刺绣手艺就是从小跟她的妈妈学的。在很长的一段历史时间内，中国各地的女孩子研习刺绣是人生必备的基本技能。其实，中国人对于人才的训练有多种方式和途径，现在是通过数学的训练、写文章来训练人的组织能力、逻辑能力和技能，但是，刺绣不也是在训练人这些方面的能力吗？

前年，在这个地方为苏州镇湖刺绣申请原产地商标召开过工作会议，国家质监局来了几位女处长，当时和他们交流的时候曾经开玩笑说，像你们这样的在大城市长大，有着国民教育的学历，又有着体面的工作，在当代是标准的白领，但如果在过去你肯定嫁不出去，因为你不会刺绣嘛！过去判断妇女是否心灵手巧的一个标准，就是会不会刺绣，那个时候的刺绣传承主要是通过向母亲、外婆学习的传承方式进行的。南通沈寿艺术馆的刺绣在去北京展览前请我写一个序，我在其中表达了同样的观点。沈寿在南通办的刺绣传习班有二十几期，她亲自授课的有十四期，但并不能说南通的刺绣就起源于沈寿。沈寿原先在苏州是给绣庄加工绣品的，后来因为慈禧太后过生日，她的先生选了她的《四喜罗汉》作为生日礼物送给慈禧，太后很高兴，就赐福寿二字给他们夫妻二人，接着又聘沈寿为清宫刺绣的总教习。清代末年，张之洞、张謇这批人提出实业救国的理想，随即在当时的社会上兴起了实业救国的风潮。随着清王朝的灭亡，清宫女红传习所也关闭，沈寿就带了一帮人到天津开办刺绣传习机构，后来由张謇邀请才辗转到南通授课带徒，并且以新的方法进行人物刺绣的创作，仿真绣就是这样发展起来的。

苏绣，苏州人把它解释为苏州刺绣，清代的苏州府就设有苏州刺绣局，曾经大量制作镜套、坐垫等物。但是从新中国成立以后的工艺美术目录来看，一直是江苏刺绣的代称，20世纪50年代是这样，20世纪70年代也是这样，所以苏绣的崛起并不是只在苏州这个地方。另一个原因就是明代以后，中央政府对于北京以外地方的控制相对比较薄弱，因为管制力量的薄弱，使得这些地方的资本主义市场化经济得到一定程度的发展。作为商品的苏州刺绣，并不是今天商店和收藏家手里的苏绣，而是大量存在于江南地区的社会生活中的普通物品，可能是衣襟、袖口，也可能是坐垫；可能是扇套，也可能是荷包，这些产自各地的绣品在市场上被总的冠以一个名称——苏绣，所以在上海口岸、宁波口岸、广州口岸出口时统称叫"苏绣"。同样，南通绣局的一块招牌，正面写的是"通州绣局"，反面是三个名称：苏绣、湘绣和蜀绣，这也说明了在清代绣种之间的交流与绣局之间的交往是很频繁的。这样的案例在历史上有很多，像清代海外非常著名的南京大布，现在南京可能就没有人知道。要是跟南京的地方官员说起南京历史上的织造业，他们可能只知道南京云锦。但是根据现有的材料，在清代以前所谓的南京云锦就没有南京生产的，那时的云锦产地主要是在苏州和常州等地，而"南京云锦"的名称则是到1917年才出现在国民政府农工商部的商品目录中。清代末年大量出口的苏绣也是这样，有许多来自于周边地区。大家若有兴趣不妨找一些这方面的材料看看。

▼学员提问：

徐老师，现在多数绣种基本都是在用绘画作品或照片作为自己的创作原型，一是对绣工个人素质有很高的要求，二是对刺绣本身的语言发展影响很大，三是也带来了市场销售中的侵权问题，请问您对这一问题的看法是怎样的？

答：

你问的三个问题实际上是一个问题，即关于绘画和刺绣的知识产权问题。

知识产权是有法律规定的，但要牵扯到刺绣的画稿，其管辖范围恐怕基本上还在著作权的范围之中。如果说要以美术作品做刺绣的话，那么可以通过著作使用权的转换，以一定的方式取得画稿的使用权，这在国家的法律中都有明确的规定。

历史上什么时候开始出现以绘画作品为底稿的刺绣，现有的资料表明大概上是从宋代开始的，在宋代以前的刺绣基本上都是用作装饰的。宋代的绘画性刺绣多是在闺房范围流传，尺幅不大，是男女之间传情达意的一种形式。明代嘉定（上海）露香园的顾氏刺绣多以绘画为底稿，他们家女子所绣的作品基本上都是顾家所收藏的宋代绘画作品。顾家因为他们的社会地位与政治背景，经常举办一些类似于沙龙的活动。他们觉得自己家眷所绣的作品之精妙，是可以拿出来给大家看看的，也就是一些和顾家身份地位相称的人才能看到。这些作品的艺术成就在这些人的口头得到传播，另外他们也把家中收藏的历代绘画请顾家的女子做成刺绣，还让他们家的女性跟顾家的女子去学习刺绣的技艺。所以，历史上才有了所谓的露香园顾绣。否则又怎么能够被当时的文人记上一笔呢？这在某种意义上是能够说明问题的。

任何事物都有一个历史的脉络，我们在看事物历史的时候要看它的脉络。因为刺绣是平面的艺术，所以就会更多地去考虑一些美术的因素。大家可以看看这幅《猫》，画稿的作者是曹克家，是苏州一个有名的画猫的画家，若是按照严格的美术标准来衡量的话，曹克家可能只是一个三流的画家，但若是按刺绣的画稿要求来论，他就是一流的刺绣画稿设计家。他画的猫有形态，但是没有细节，太多的细节交给谁去完成呢？交给你们，由你们再次创作。作为刺绣画稿的作品——就像这幅《猫》——本身的构图、形态属于美术的范畴，而猫身上的毛发、猫的眼神就属于刺绣者以工艺技术进行再创作的范畴。这幅绣品在针法的走向、线与线的交织、虚与实的关系上，是下过相当工夫的：层次感有了，体积感也有了，仔细看的时候会觉得每一根毛发都很真实。

绘画的表现是有局限的，猫身上的毛发用笔描绘到一定程度就无法表现，但是用刺绣的方式去表现就能够非常精彩。看这只猫的尾巴，就会感觉到猫的尾巴是活的，有毛发依附于骨头上的感觉。我觉得大家应该多看看、多想想，想想我们自己能够做到哪一步？我说的工艺高于艺术，这是其中一个方面的原因；第二方面，荒年饿不死手艺人，手艺人是靠自己的手艺吃饭的，凭什么要去和美术家比较呢？我想不明白。其实，我们不需要和徐悲鸿、齐白石去比，完全没有必要，每个人在社会上都有他自己的位置。每个人都会以自己的作为来推动这个社会、民族和国家的发展。这有可能是很具体的，具体到每个人、每一件作品，比如我们今天看到的这幅《猫》，就可以具体到猫的胡须和毛发。当然，要达到这样的画面效果，作者可能需要去养猫，去观察猫的神态。光看画稿是没有用的，看了以后也还是做不出来。

　　看到了画稿的精妙而做不出来是眼高手低，但会做却不知道原理则叫盲目。不仅是做刺绣的，也包括做紫砂的。很多工艺美术大师经常拿他们的作品给我看，一看问题就来了：他认为好的，我不认为好；我认为是他最好的东西，他却认为很一般。也就是说，他不知道他的作品好在哪里，不好在哪里。同样，在座的各位当有了很高成就的时候，是不是也应该这样去想一想，看一看。因为在中国做刺绣的人有成千上万，光附近的镇湖街道就号称有五万绣娘。假如真的有五万个绣娘，那么今天在座的二十几个人，你们在这五万个人当中能够排名第几？你心里有数吗？如果没有数的话，你不妨去看一看，想一想，别人有什么长处，自己心里要清楚。第一，他有什么长处，我要学习；第二，他的长处我要合理回避。昨天我们就讲过，工艺是有差异性的，每个人个性的差异性、材料的差异性、工艺的差异性，最后的总和就形成了作品的特性。每个人都有他的长处，当你知道了别人的长处、也知道了自己的长处以后，你就会合理避让，这个时候，你的作品和他的作品各有千秋，显示了刺绣作品的多样性风格。

　　再说一次，不要和齐白石比，不要和徐悲鸿比，因为你不是画家，而是工艺美术家，要比的话就要以沈寿为目标，以顾文霞为目标，虽然短期内可能达不到那样的水准，但要有这种想法与信心，一个台阶、一个台阶地走。已经成为大师的，要成为一流大师，没有成为大师的，一定要成为大师。正当的途径，是靠自己的作品，而不是去搞关系。做工艺的人都是独立性很强的人，而这个行当强调的就是"凭本事吃饭，凭作品说话"。

　　今天办的是刺绣班，两年前在这里办过红木家具的高级研修班，同样也是如此。广告做得多的，媒体知名度高的，在行业里不一定有地位。我们这是在行业内，所以就要说内行话。外面的世界很精彩，但是外面的世界和我们没有太多的交集。工艺是独立的门类，大家一定要有这样的自信心。

▼学员提问：

我们常说的一个词就是创新性，这个词会带给我们很多的困扰，也会让我们走入到误区之中，我们现在、尤其是在苏绣中看到，更多的是在模仿别人的东西，刺绣技艺和创意会有冲突。现在还有些人主张把纤维艺术的一些技法与传统的刺绣工艺相结合，您认为这种粗犷的纤维艺术与传统刺绣之间的关系是怎样的？

答：

刺绣就是刺绣，纤维艺术就是纤维艺术。纤维艺术包括的范围很广，你去查一下专业的辞典就知道了，但是刺绣的概念与定义是确定的。

在历史上有着很高地位的刺绣作品，是在面料上精心地绣制出来的，工艺技法非常具体。而纤维艺术则比较笼统，是一个很大的名称，实际上纤维艺术有许多种。刺绣工艺有刺绣的标准，纤维艺术有纤维艺术的评价体系。如果你想做纤维艺术，你就要去适应它的标准；如果你想坚持刺绣的本位，那你就要遵循刺绣的标准。

创新现在已经成为了一个口号。所有的人（主要是官员）都会说：工艺要创新！这是正确的。那你再问他：刺绣工艺应该往哪个方向创新？他基本上百分之一百会答错。这叫什么？这叫说屁话！当然，出于一般的礼节，你不必和他去多说，你可以礼貌地笑笑：明白！但是究竟应该怎样创新，你应该比我更清楚。

按照艺术创作的原理来讲，任何一种创新都不是从天上掉下来的，刺绣工艺的创新必须是在继承传统的基础之上进行，一点一点地往前进步，在座各位哪个人的作品没有创新呀？面对这么多作品你还看不出来水深水浅？能看出！那你还困扰什么？笼统的创新大家都可以提，有过实践经验的人都知道什么是创新，但真正意义上的创新实际上是很困难的。沈寿通过创新创造出仿真绣，其中的外部原因是因为她担任了清宫刺绣的总教习，得到资助到日本考察。那个时候的日本正好是明治维新之后，当时的日本首相提出要脱亚入欧，要把日本纳入欧洲的文化版图。沈寿当时在日本看到了很多西方的古典绘画，其中有相当一部分是古典素描和镂刻版画。另一个原因就是得益于沈寿对于丝线材料的研究，现在不可能像科学家一样去要求她，但是作为工艺技术的研究，沈寿已经很到位了，她能够利用丝线的针法排列把人物面部肌肉走向和细微的表情表现出来，同时又把折射光控制得非常匀称，基本上没有明显的反光，但又有一层若隐若现的微光浮现出来，使人物显得神采奕奕。在座的各位也可以尝试一下，你能够把丝光控制得那么匀称吗？这就是一个很了不起的创新。

所以领导给你提创新的要求，你不必为他的口号所困扰。你该怎么做就怎么做，工艺技术的精湛和作者的经历是有关系的。我觉得刺绣可以有两个标准，一个是行业外的标准，即一般标准；一个是行业内的标准，是内行的高标准。如果你要想成为大师，就要采用业内的高标准，力求精湛地把作品做好。人的年龄有大小，但是作品放在一起的时候，谁好谁坏，有怎样的特点，大家一看就很清楚了。

▼ 学员提问：

现在非常强调传统的意义，作为刺绣行业的从业人员，应该怎样认识与继承传统？

答：

这是一个很重要的问题。中国的文化传统有两个体系，一个是文字记录的体系，一个是非文字记录的体系，两大体系都是中华民族优秀传统文化的重要组成部分，从这个意义上来讲，刺绣同样是中华民族重要的传统文化样式之一，这是不容怀疑的。

如果有人问刺绣是大传统还是小传统的问题，你就不用去理会他。这样的人对于中国文化的了解至少是不够全面的。传统的刺绣一定要把它放在历史文化的背景中去认识，什么意思？就是在研究传统的时候，一定要坚持辩证唯物主义和历史唯物主义的方法。有些满嘴政治术语的人物，恰恰不知道这是马克思主义观察研究事物的基本方法。他们在谈到历史上的刺绣作品时也以现在的标准去判定，去区分精华与糟粕，这个时候就要给他讲什么是历史唯物主义。任何时代的工艺美术品和当时所处的社会经济发展背景以及人的意识都是紧密相连的，历史上的作品无论如何都是客观存在，今天的我们对古人的所作所为是没有办法用今天的准则去要求的。

好的刺绣作品的存世量是很少的，一方面是因为刺绣创作的时间很长，而人的生命是有限的，假定说一个绣娘一年可以做两幅精品，并且一个人做刺绣最好的年龄段也就是二十来年，再加上各个时期的刺绣作品有优秀的，还有不太优秀的，这样一来好的刺绣作品的数量就更少，所以大家很难看到。不过，最近几年有几本书不妨可以看看，如《中国美术全集》的刺绣分卷，以及国内各种大展的图录——像前年上海的《顾绣作品展》和故宫出版的《清宫刺绣藏品》图录等。如果各位在展览会上能够看出历史作品的长处、并且也能找出他的短处时,至少说明你的观察力有了很大的进步。要是你在找出作品的不足的同时,还能够设想自己如果再做同样题材的作品时,会做怎样的改进,这就是一大进步。如果能够把你的设想实现,就是实实在在的创新作品。这与某些官员嘴里的创新有着本质上的不同。

最近中央提出要以科学发展观统领一切事业,这与之前的三个代表思想是一脉相承的。这也是理论上的创新,是为了保证当今社会健康地向前发展。对于搞工艺的人来讲,不管采用什么样的方式,一定要深入了解自己的传统,既能看懂古代的作品,还能创作出新的作品。这也是对中华民族伟大复兴事业的贡献。

▼学员提问:

我是苏州工艺美术职业技术学院桃花坞木刻年画研究所的,请问对于传统我们应该怎样去看待和发展?

答:

可以说,现在很多搞艺术的人都被社会给宠坏了。

历史上的吴门画派对于桃花坞年画,包括对苏州的刺绣工艺都是有贡献的。这些画家很早就进入了市场,但吴门画派的画家们在他们自身艺术的发展中,从桃花坞年画、苏州刺绣、苏州砖雕乃至很多的工艺美术品类中汲取了营养。这样的营养似乎是形式化的,但是无论如何都没有与苏州地区风土人情的社会背景相脱离。从这个意义上来讲,艺术家也好,人民群众也好,都可以从所处的环境和传统当中得到自己需要的营养。

在文化遗产的保护进程中,昆曲的问题,桃花坞年画的问题,都会在某种程度上与国家的政策联系在一起。媒体经常提到的:抢救为主、保护第一、合理利用、传承发展,这是国家对于非物质文化遗产保护的总方针,也适用于桃花坞年画的保护和研究。同时,我建议你在搞非物质文化遗产保护的同时,也要做一些现实的考虑。我在杭州的一个会议上说,作为政府管理层面所要保护的民间美术在某种意义上并不完全是民间美术,同样,应该怎样看待作为非物质文化遗产的刺绣和不作为非物质文化遗产的刺绣,这里面会牵扯到很多理论问题,在这里我们不作展开。现在讨论的是如何从自身出发来做好刺绣工艺的保护与发展的问题,如何让传统的工艺技术服务于当代社会。

将来的路应该怎么走?对这个问题行业外是给不出答案的,要回答这个问题只有靠我们自己。桃花坞年画将来究竟会走怎样的路,应该由你们自己来决定,而不是由所谓的艺术家来指导。同样,将来的刺绣工艺应该怎么发展？在座的各位最有发言权，而且，如何去探索也只有通过自己的实践来检验，依靠外人是没有用的。

苗族刺绣纹样与楚帛画的对比研究

上海博物院　范明三[①]

摘　要：《楚人物御夔龙舟帛画》的布局、造型意匠实际源自远古苗蛮族图腾崇拜观念影响。虽然有学者提出"楚苗同源"说，但楚苗是不能等同的。如果说楚文化中包含复杂的苗蛮族和羌夷族文化因子则是事实，但是楚、苗、汉的造型有一最关键的差别，即对龙、凤、虎、神人的褒贬态度大相径庭。本文提出后世广泛流行的"龙凤呈祥"观念实际是远古苗蛮族、东夷族、羌戎族等族群争夺中原逐渐转化，最终融合成"华夏民族"的象征。

关键词：苗族刺绣　楚帛画　图腾崇拜　华夏民族

1972年5月湖南长沙子弹库一号墓出土一幅楚帛画，被定名为《楚人物御夔龙舟帛画》（图1），出土时平放在椁盖板与外棺中间的隔板上，画面朝上，画中主人公为系高冠之男子，下裳展开而不露足，衣带飘举、侧身直立，驾驭一巨龙，龙尾立一鸟，画左下角与龙平行绘有一条鲤鱼。人、龙、鱼皆朝左，而鸟则朝右，引吭作鸣状。此墓三十年代曾被盗掘，出土有著名的"楚帛书"。对帛画内容解释意见很多，如刘信芳认为墓主是溺水而死的巫师，所以此画为招魂而设[②]。肖兵曾撰文《引魂之舟——楚帛画新解》详考之，指出画上有华盖，或以为"象征天"，下有游鱼，或以为"借代地"，"实是以神仙鱼为导游，夔龙为舟，神鸟呵护"[③]。画中的鸟，学者多指为鹤，因今日民间葬仪多称"驾鹤西返"，但那是道家观念影响结果。刘信芳认为是鸾，因为他论断墓主是溺水而死，故用鸾鸟迎宓妃的典故对比，并用"鸾旗"为证明其"水车"的推论。但是死者既是男性就不可与宓妃相比，

[①]　范明三，上海博物院研究员，少数民族工艺馆负责人，出版著作有《中国的自然崇拜》（香港，中华书局，1994年）、《中国历代民间美术精品100类赏析》等。
[②]　《关于子弹库楚帛画的几个问题》载《楚文化论集》，第114—122页。
[③]　《楚文艺论集》，湖北美术出版社，1991年，第34页。

"水车"在画中并无表现,纯属猜测,不足为据。

我认为帛画所绘是鹭,由鸟的脑后一束飘逸垂毛可证。古人葬仪服缞,原以白麻布佩于胸前,后用白麻布裹头打结而垂长带于背,形似鹭,故有称"鹭缞"者。白鹭生态奇异,常延颈远望,有高深莫测之态。宋无《上冯集贤诗》:"玉笋晓班聊鹭序,紫檀春殿对龙头"就以鹭鸟与龙对举,颇具古意。鹭鸟送葬是古代习俗,取名"鹭"就因为此鸟是古人有"引魂鸟"观念所致。鹭羽又称"鹭翮",是古代丧葬舞蹈所持道具,见《诗经·陈风·宛丘》。但肖兵解为"以鱼代地,神鸟呵护"似是望图生义,并无足据?问题是:此帛画龙下鲤鱼、龙尾立鹭的意匠(Motive)究竟从何而来?

图1 楚人物御夔龙舟帛画

贵州台江施洞区苗族以善作具象绣纹著称,此地苗族绣衣保存了大量自古传承的动物和人物,形象古奥神秘,并有复杂的观念内涵,可与苗族古老神话传说相比照,实际是充满着图腾与祖灵崇拜的苗族

图2 贵州省台江县施洞苗族绣围腰

远古文化遗存。如《列祖列宗图》、《婺冒秀显神图》、《端午赛龙舟图》等,每个姑娘所绣纹样虽具个性变化,却有共同的规则依据,尤其在围腰前所绣多是一种程式化的布局与造型(图2),上层为成对的"槃瓠"(长毛五彩龙狗),旁有鹘鵗(神禽),中央则是鱼龙衍化或人祖(儿童形)与图腾相嬉图(图3)。不少"嬉龙图"把人祖表现成背插小旗的戏剧化形象,跟传承的傩戏造型相通。个别鹘鵗鸟已化成人头鸟身展翅飞翔形象。但是苗绣的龙子相戏、鱼龙衍化与龙旁鹘鵗布局则跟楚帛画意匠一脉相通,细审两者的布局造型都是出自同样源流。图2这幅苗绣围腰内容可跟楚帛画对比,甚至苗绣的配色也有浓重的楚漆器古风特色。仔细比照两者可悟出:楚帛画意匠是袭自苗蛮族远古图腾孕生人祖的传统,而把"嬉子"改变成亡灵乘龙舟返归祖籍之意。在古人祭仪中,原本祀祖与祈子是二者合一的,所以至今苗族习俗在

老人丧葬仪式结束后往往接着就是青年男女恋爱狂欢。

楚文化来源至今未弄清楚。肖兵认为"说起楚人的图腾，真是复杂透顶，极难确定。楚人是以长江中游江汉平原洞庭湖周边的土著为基干，融合四方迁来的游动集团的血液而形成的，古属南方苗人集团……还很难说什么是楚人的图腾（Totem）。"肖兵曾敏锐地提到楚文化中的"羌族因子"，惜未深论。俞伟超曾提出"楚苗同源"①，但楚苗其实绝不能等同，苗蛮族源自黄淮平原逐步

图3　嬉龙图

南迁，楚民族则多数源自陕鄂山区，只是楚民族到湘鄂平原发展时遇到了早已迁此并由此西迁的苗蛮族，如果说楚文化中包含复杂的苗蛮族与羌夷族文化因子，则是事实，我认为肖兵的见解比较公允。

秭归夔峡是今日土家族旧居之地，土家族乃古羌支系"廪君蛮"后裔。此地正是楚文化代表屈原故里，研究楚文化不能忽略跟古羌、巴蜀的关系。古羌文化有一特征，即认为亡灵必须乘"灵魂之舟"西返昆仑故里。从川西北沿长江而下直到福建都发现了船棺葬与悬棺葬遗物，说明古羌文化曾影响整个长江流域；羌彝巫师（呗麿，或译毕摩）至今以替亡灵"指阴路"为最大法术，即指引亡灵顺着民族迁徙的原路返归故乡。而船棺葬与悬棺葬就是让亡灵乘"灵魂之舟"返乡的观念遗物。楚帛画之龙造型与今日彝族巫术之龙造型一脉相承②。可知楚帛画、苗绣、彝族经籍祖图之间意匠（Motive）相通。不过，苗绣出自原始图腾与祖灵的族源观念，楚帛画则加以新解，即掺入羌彝的"亡灵西返"观念。这种超度亡灵西返故籍的观念较早的记载见于屈原《天问》和《山海经》所记关于鲧死之后"阻穷西征，岩何越焉？化为黄熊，巫何活焉？"意谓鲧治洪水不成，被杀殉后其灵魂飞越巫山返归汶岷故籍，经巫术禳祭而获永生。鲧是古羌祖神之一，这种亡灵复归、禳祭成神的巫术至今仍延续在羌彝巫师之中。前提则是经由巫师"指阴路"回归故籍，在现实的葬仪就表现为悬棺或船棺葬。《荆州府志》："（峡江支流）西瀼溪两岸，壁立千寻，有敝艇在石罅间，去水约半里许，望之舷艄皆可辨。

---

① 参阅《先楚与三苗文化的考古学推测》，载《文物》1980年第10期。
② 参见《黔西北彝族美术》，贵州人民出版社，1993年，第107、124页。

昔人于江上斗龙船（舟），忽飞起置今处，名龙船河云。"① 由此条可证划龙船之风俗原本跟悬棺葬是出于同一观念，即招祭、引导灵魂、祈祷祖灵等，都源自远古图腾祭。可知楚人以龙船竞渡祭奠屈原不仅袭自固有习俗，并且已视屈原为神灵！屈原曾写有《招魂》诗，都是楚人承袭巴峡以西古羌观念的影响。所以《离骚》才有神游昆仑、欲入天门的企愿。近年因三峡水库的建设，深埋地下的大量巴人墓葬已陆续出土②荆楚巴蜀文化的历史姻缘应能得到新的物证吧。

《柳毅传书》神话故事似乎值得重新审视，这流传千年而脍炙人口的悲喜剧实际涵蕴着古时秦楚荆越的民族文化交涉折影。但这一神话故事在《唐人小说》已非原型。《太平御览》卷八○三引《梁四公记》略云：震泽中东海龙王之女替龙王掌管珠藏，梁武帝以烧燕献龙女，龙女食之大喜，报赠以大珠三、小珠七、杂珠一万。这《梁四公记》或说唐代梁载言撰，然则至少唐前已有此类传闻。"龙嗜烧燕"实际是西部崇奉龙图腾的部族与崇奉玄鸟图腾的东夷族斗争的历史折影。唐朝岑参《龙女祠》诗云："龙女何处来？来时乘风雨……蜀人竞祈恩，捧酒仍击鼓。"可知龙女应是古蜀治水神话中演化出的民间奉祀神祇，随巴蜀文化的东传而播及洞庭江浙。龙女以洞庭龙王之女远嫁陕西泾川龙子而遭难，这"泾川龙王"在《西游记》中就是惹是生非的角色，应是唐时民间普遍的观念。那柳毅实在也不是文弱书生，《述异记》卷上："洞庭神君相传为柳毅。其神立像，赤面獠牙朱发，狞如夜叉，以一手遮额覆日而视，一手指湖旁，从神亦然。（乘）舟往来者必临祭，舟中之人不敢一字妄语，尤不可以手指物及遮额，不意犯之，则有风涛之险。"竟然是面貌狰狞而性情忌刻的凶神，跟民间理想的才子佳人反差太甚！于是，《聊斋志异》企图调和一下："相传唐柳毅遇龙女，洞庭君以为婿，后逊位于毅，又以毅貌文，不能慑服水怪，付以鬼面，昼戴夜除，久之，渐习忘除，遂与面合而为一。毅揽镜自惭。故行人泛湖，或以手指物，则疑为指己也，风波辄起，舟多覆。"居然成了压抑狂的心理变态！其实，柳毅原是洞庭地区水鬼神祇，上引材料倒是解释傩面具的绝佳证物，至今湖南土家族傩戏面具中尚可见龙王形象，跟荆楚赛龙舟风俗原本相通。江苏苏州太湖内有洞庭西山，有著名的"林屋古洞"古迹，洞在太湖水平线下，洞中怪石列布，回旋曲折，深不可测，至今无人能穷其尽头，相传此洞有地穴通湖南洞

---

① 参见陈丽琼《长江三峡悬棺葬调查记》，载《民族论丛》1981年第1辑，第128页。
② 参阅1997年4月15日《文汇报》"千古巴人之谜可望揭开"。

庭湖,故名洞庭山。苏州东山镇上更有柳毅井古迹,而阳澄湖畔则有巴城、湘城古镇,都是巴蜀荆楚文化东传的遗迹。

苗族又有"祖灵栖息在龙洞木鼓中"的传统观念,在贵州台江的苗绣中常见祖庙和鲤鱼、祖庙和龙的形象,鱼化龙是基本母题。更有许多龙孕鱼和龙生人子的形象,小儿形象即由图腾生育的苗族祖灵。苗族还相信人祖殁后化龙以庇佑本族人。由于苗族信仰牛龙,所以也有长着牛角的祖灵像,苗族称之为"央公央婆"。这类祖灵崇拜跟古代楚人及古代羌人皆有观念相通之处。以马王堆为代表的汉代出土物中也常见龙凤与神人图像,不少造型特点也跟楚苗文化有承继关系。但是楚、苗、汉的造型有一最关键的差别,即对龙、凤、虎、神人的贬褒态度大相径庭。

苗族纹绣长期保存原始时代的质朴观念,只有图腾观、祖灵观和大量自然神灵崇拜。在苗族的造型艺术中充满对自然万物的惊奇与神秘感,天真烂漫,生气蓬勃,万物竞荣,并无贬褒。但是楚文物上则有明显的扬凤抑龙观念,老虎的处境更不妙。张正明对此首先揭示,他在《楚文化史》中指出:"凤是楚人先民的图腾……他们把一切美好的特性和特征都赋予凤了。在刺绣纹样中,凤是无可争议的主角。……龙的原形,一为蛇,二为鳄,都不招楚人爱。楚人以为蛇是邪恶的,鳄是凶恶的。吴越曾是楚的劲敌,偏偏都以龙为图腾,这就使楚人对龙更添了几分恶感。可是,华夏却对龙有好感。先前正在华夏化的楚人,从华夏的物质文明中接受了作为纹饰的龙,从华夏的精神文明中接受了作为神物的龙。后来越灭吴,楚灭越,及至战国中期,吴越故地已成为楚的郡县,龙对楚人已失去了威慑的作用。恰当其时,龙巡行天地、管领江河的灵性却在楚人的意识中生了根。于是,楚人对龙就又爱又恨了……现在人们都说龙虎斗,其实,在先秦的艺术作品中,龙虎从来就没有斗过。在楚人的艺术作品中,凤龙斗却是屡见不鲜的题材。虎在楚人心目中的地位比龙更低,以致我们可以说,楚人是尊凤贬龙贱虎的。生息在楚国西南的巴人以虎为图腾,与楚人时而交恶、时而交好,由此加重了楚人贱虎的心理。在文学作品中,说到虎,楚人只有坏话,没有好话。在艺术作品中,楚人虽给虎以一席之地,但总是让他们受压挨打。受压的虎见于木雕,挨打的虎见于刺绣。"张正明以学者的敏锐和对楚文化的深入研究,观察到要害现象,并从部族斗争的历史加以解释,但这些解释似乎尚未能揭露深层的社会历史本相。我认为,这正是中国古史的关键之一:

后世广泛流行的被民间喻为婚嫁象征的"龙凤呈祥"纯属讹误,试想那婉娈温雅的新娘(凤)嫁给狰狞可怖的莽汉(龙)岂非"林黛玉嫁焦大"式的悲剧？何况凤本是雄禽，它本有佳偶，否则何来"凤求凰"！如果强配"龙凤"不但绝不"呈祥"，且有"异类、同性恋"之嫌！事实是：中国远古有苗蛮、东夷、羌戎、北狄四大部族集群。经历数千年争夺中原的部族斗争，同属羌戎的炎黄化仇为友，合力打败苗蛮，再跟东夷由斗争到相融，最终融合成华夏主体民族，这数千年惨烈的历史把"分则两败、合则共荣"的教训深刻烙印在中华民族观念中，并升华成了"龙凤呈祥"形象，原本跟婚嫁之义毫不相干。历史的真相是，原就没有"龙凤呈祥"，只有"龙凤斗争"！

东夷崇拜日中玄鸟的图腾观后来逐步发展成凤崇拜观念，这种"日鸟崇拜"观念影响了中国东部大半地区，并与环太平洋各族的日中神鸟崇拜有广泛的文化姻缘关系。从西部黄土高原发展起来的羌戎则以龙蛇图腾为特征，并随部族东迁而播向全国。东夷与羌戎的斗争十分久远，在半坡型彩绘的陶瓶上就有"鸡啄蜈蚣"

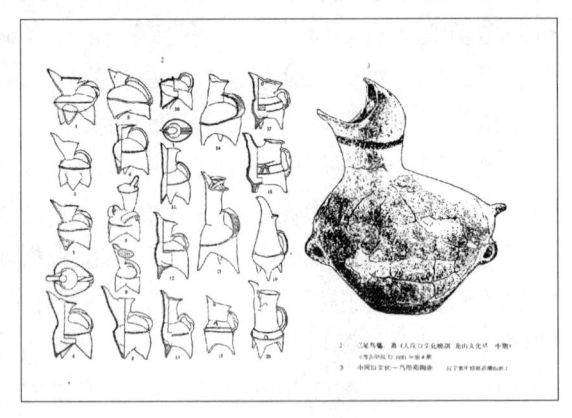

图4　鬲与日鸟形象

式龙凤斗争形象。但是在部族斗争之前，应当还存在过更古老的自然图腾化育繁衍观念。龙山文化的代表器物鬲和后来的爵、斝原本都是东夷"日出三足鸟"拟形，并从此发展出"鸮鸮尊"之类殷商礼器典型（图4）；夏商民族的礼器鼎则是从古羌龙图腾的原型"三足熊"的拟形发展而来①。那昂首哆口的造型意匠本是夏周图腾"三足蟾"遗意。古老的部族间"龙凤斗争"观念常影响到古典器型的设计，多数东夷、商、楚器物是扬凤抑龙，而多数夏、周、汉器物则是扬龙抑凤。例如1923年河南新郑出土一对"莲鹤方壶"，通体由龙纹装饰，而顶盖上则立一振翅高亢之鹤，同时出土的扁圆铜壶装饰手法与之相同。细看那立鹤风格跟壶身显然不同，学者早已指出立鹤应是后来添加上去的。为何要添此鹤？显然是寓有镇魇之意。青铜重器通常都是宗庙祭仪专用礼器，灭国则迁鼎，受封赏者亦以鼎爵作为身份的象征。

---

① 详参《中国的自然崇拜》，香港中华书局1993年版。

从器型到装饰的设计绝无随意增减的可能，否则就是僭越大罪。此"莲鹤方壶"很可能是战争掳获敌方重器，胜利者加铸立鹤不仅显示自身荣耀，更为镇魇败者的鬼灵。我们常可从装饰的内涵揆知古时的史实。

中国的龙凤观念曾经历漫长的历史变化。原居黄淮平原的苗蛮部族自有凤鸟崇拜的变型——鹘鵕，按苗族传说，始祖神蝴蝶妈妈（妹榜妹留）与水泡恋爱而生下十二个蛋，请鹘鵕代孵了三年，孵出雷、龙、虎、狗、牛……各种动物，最后一个蛋孵出了人祖，所以苗族崇拜蝴蝶和鹘鵕。在苗绣中最常见的就是蝴蝶和鹘鵕（造型常在鸡和凤之间），这类流传数千年的神话内涵丰富，既是苗蛮族自然崇拜、图腾崇拜和祖灵崇拜的集萃，也是苗蛮族与东夷族文化交融史实的折影。其图腾崇拜跟祖灵崇拜是统一的。

后来苗蛮部族又有槃瓠崇拜，那是转入父系社会以后的信仰，仍保留着神狗图腾崇拜的影响。从《后汉书·南蛮西南夷列传》著录的槃瓠神话到今日苗瑶畲等族传说仍无大变，基本情节是：人王高辛氏后宫有老妇患耳疾，挑出蚕形金虫，养在盘中，并盖以葫芦瓢。不久，金虫化为五彩长毛的龙狗，故取名"槃瓠"。西戎入侵，高辛王出榜招

图5　贵阳黔灵山石钟乳槃瓠

募退敌之人："能得敌首者封万户侯、赏金千镒，并嫁以王女。"槃瓠遂衔敌首诣阙下。高辛王无奈而嫁以公主。槃瓠负往深山石硐，三年后生下六男六女，因自相婚配而传为武陵蛮。"喜五色之衣，制成皆有尾形。"至今苗族仍习惯按服式分为青苗、红苗、白苗、黑苗、大花苗、小花苗六个支系，即"六男六女互配传代"的观念遗存。直至今日，桂、赣、湘、黔、川皆有盘古庙，湖南大庸武陵山及贵阳黔灵山至今仍存槃瓠石室（黔灵山的钟乳石洞中仍有天然槃瓠，但已改称"麒麟洞"了）（图5）。

苗蛮族创造的槃瓠形象影响深远。其实那"盘上覆葫芦瓢"、"金虫化狗"的意匠正是苗蛮族最早的"天地覆盖而人祖化生其中"的宇宙观与化生观念，至今被苗、瑶、畲等族群众深信不疑的人、虫、狗可互变的化生观正是原始思维的可贵遗存标本。这种思维在汉代随着西南夷的开发，而传向中原，促成"盘古开天辟地"等观念的确立，跟古羌族伏羲女娲神话融合而成中国古史中民族观念的骨架。直到明清时代西洋科学观念传来之际，中国人

对生物繁衍仍持有"胎生、卵生、湿生、化生"四类观念!

汉代许慎《说文解字》已有"龙"①字,释为"五彩长毛之狗"(狑、厐),正是西南民族文化传入的结果。今日苗绣有大量槃瓠造型,正是这种"虎狗生育人祖"观念影响了汉族创造出"麒麟送子"信仰。关于麒麟的来历,素以博闻著称的孔夫子也说不清了,孔子只知麒麟是吉祥的仁兽,甚至把自己的命运跟麒麟相系,但他始终没能弄清究竟。我认为,最早的麒麟正是被炎黄合力驱出中原的苗蛮族图腾遗形。在河南濮阳出土的"西水坡M45墓龙虎蚌塑"(图6)虽然一直被指认为是"最早的龙虎斗"或"中华第一龙",其实仔细审视那"虎",可见其粗壮的尾并非虎尾。古人造型的写实能力虽差,其主要特征从不率意改变。此"虎"额上长有一角似乎未被学者重视,实际上这正是"麒麟仁兽肉角"的最初形象!这座濮阳古墓的贝塑肯定不是后人观念中的"龙虎斗",而很可能就是苗蛮族被最终挤出中原时战败的部族首领墓葬!尸骸脚下有一个三角形贝塑,用两根胫骨组成"介"字形。我认为是燕的拟形,即玄鸟或鹘鸰之形!

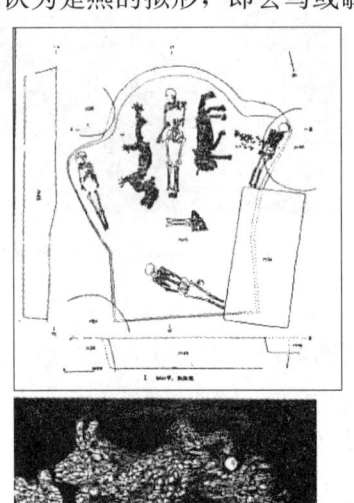

图6 西水坡 M45 墓龙虎蚌塑

同理,著名的楚墓漆奁上所绘"天象图"(图7)也被一致定为"青龙

---

① 今日简化字"龙"为一撇,龙字则为三撇,不能混同,自古川黔群众称胖为"龙",意思不同于龙!

白虎"以证明"四象观"早在楚时已定型。但细审那"虎"形如狗，脑后明确画有一弯角。我认为这也不该是虎，而应该是麒麟原初之象。即苗蛮族槃瓠影响的楚人神兽形象。只不过，汉族后来的麒麟虽从苗蛮族槃瓠袭取而来，却跟古羌的原始虎崇拜乃至汉代西域传来的狮子形象有难以扯清的关系。总之，麒麟造型应是广泛吸取多民族传承观念而发挥变化的结果。

楚文化的扬凤抑龙意匠是独特民族心理的折射，楚汉相争是漫长部族斗争的重大历史段落，"楚虽三户，亡秦必楚"反映了民族世仇难以调和，所以楚文物有很多跟汉文物观念相抵牾的表现。如江陵望山一号墓出土木雕屏上即雕有典型的凤啄食

图7　楚墓漆習"天象图"

蛇（龙）的群象，在江陵马山一号楚墓出土大量丝绸纹样中，则更是以表现凤战胜龙蛇作为主题。

楚文化涵蕴的多民族文化因子促成了造型意匠的复杂化。例如对虎就持矛盾的态度。湖北江陵出土许多"虎座凤架鼓"，意气飞扬的凤镇立在仰首距伏的虎背上，双凤冠后悬系着鼓。江陵雨台山166号墓则出土一件"虎座立凤"，被镇立的虎形如家猫。这些当然都是对虎的贬视态度。但楚成王时令尹斗谷于菟的故事却很特别，他出生后被抛弃荒野，有母虎喂乳，其父惊异而收回养育。据说楚人谓乳为谷，谓虎曰於菟，因而取名"斗谷於菟"。这是典型的"弃子英雄"型观念，说明楚人也曾有崇虎的心理。或许，这是受到西北巴人影响的结果？在法国的池努奇博

图8　法国池努奇博物馆馆藏"饕餮食人卣"

物馆藏有一只著名的"虎食人铜卣"（图8），传为湖南安化出土，原名"饕餮食人卣"，因定名者引《吕氏春秋》："周鼎著饕餮，有首无身，食人未咽，害及其身，以言更报也"而获此名也。后因此卣具有全身并形体似虎而改名。但"食人"观念衍袭未改。细察此卣造型，并非"嘴中叼一人像，作恐惧状，"而是有人子恋母之状，人足踏在兽足上，人臂主动抱倚着兽臂，转脸侧视，神态安然。同类的造型有"饕餮食人纹"，

人形缩身、抱手、蜷足，表情亦安详自然，实际应是母兽衔子的写照。另有著名玉器"镂雕神鸟形玉器"，以前解释为"鸷鸟抟颛民"以为凶残之象。我认为这类"虎食人"、"鹰攫人"造型真义原本都是图腾护佑人祖之象。那"虎食人卣"如果真是安化出土，洞庭湖迤西正是楚人疆域，古时也可能有巴人栖息，此地域曾出土有著名錞于，也是崇虎的明证。那錞于的造型又跟西南少数民族习见的铜鼓意匠相通。在贵州黔东南苗族间视铜鼓为祖灵栖息之所，祭祖必敲铜鼓。但有一种红铜铸鼓则被视为具有特殊镇魇功能的"虎鼓"，平时绝不敢妄敲，因为苗族认为"虎鼓"击响不仅会惊醒沉睡的祖灵，且会引致老虎出山逞凶。而湘西的土家族对白虎怀有敬畏的矛盾心理，既崇虎为图腾，又有"射白虎以辟邪"的习俗，都是耐人寻味的。至于那只"虎卣"从底面所示"鱼化龙"纹样启示该器只是祈子礼器，人与虎应是作交合姿态？这件"虎食人卣"实际应是从原始的图腾与祖灵交合繁育部族观念衍化而来。就跟今日苗绣中习见的"人骑槃瓠"、"人子嬉龙"等形象出于同类意匠，都是祈求图腾和祖灵护佑族人之义。

以马王堆汉墓漆绘为代表的主题思想则相反，是扬龙抑凤的。在漆棺上的云端绘有一套"连环画"（图9）：凤正悠然自得地吞吐宝珠自娱，龙却在旁窥视并偷袭，施放冷箭，一旦得逞，就凶残地对凤侮弄凌辱，直至役使得凤毙命，还要拖尸炫耀，然后奏乐欢舞取得的胜利。如果联系墓主軑侯的封疆大臣身份考虑，这种棺绘内容显然表现的是汉族对楚湘异族血淋淋的镇压统治观念！而这类龙凤斗争意匠的造型在商周青铜器和以后的工艺造型中更是屡见不鲜。

图9 "龙偷袭凤"图

中国古史充满着严酷的部族斗争，最初是原住黄淮平原的苗蛮族跟来自西北的炎黄部族斗争，当炎黄化仇为友合力把苗蛮族挤出中原后，就开始了西羌族源的夏周跟东夷族源的殷商之争。商取代夏、周征服商。春秋战国复杂纷乱中可理出党同伐异的不少史实，然后是更为严酷的北方游牧民族跟中原农耕民族的长期斗争，这种斗争实际延续到1911年辛亥革命后才真正结束。中国的历史性民族矛盾是在中国共产党领导下才获得彻底解决的。到今天中国才有了真正的"龙凤呈祥"！

生者与死者的节日：喀什维吾尔古尔邦节节日仪式描述[①]

喀什师范学院　姑丽娜尔·吾甫力[②]

摘　要：古尔邦节是伊斯兰教重大节日之一，喀什维吾尔族古尔邦节历史悠久、内容丰富、程式完整，可以作为中国信仰伊斯兰教民族古尔邦节的个案加以研究。本文从古尔邦节在喀什维吾尔族节日体系中的地位、古尔邦节节日仪式、喀什古尔邦节的神圣空间、世俗空间以及喀什古尔邦节的功能等几个方面描述喀什维吾尔族古尔邦节的过程，具有较强的资料价值意义。

关键词：古尔邦节　喀什　维吾尔族　节日仪式

新疆是中国穆斯林聚居的地区之一，在漫长的历史发展过程中，信仰伊斯兰教民族的传统节日古尔邦节，在维吾尔族中逐渐形成鲜明的民族化和地方化特点。古城喀什不仅是新疆伊斯兰教传播的第一站，也是古丝绸之路上连接中国传统文化与东西方文化的枢纽。喀什是目前新疆维吾尔族穆斯林聚居人数最多、保存民族传统文化最生动丰富的地区，是新疆最早的一座国家级历史文化名城。喀什的古尔邦节历史悠久、内容丰富、节日程式完整，具有代表性。可以作为中国穆斯林古尔邦节的个案加以研究。

一、古尔邦节在维吾尔族节日体系中的地位

古尔邦节在阿拉伯语中称作 Id al－Qurban（尔德·古尔邦），"尔德"为阿拉伯语的汉语音译，有"节日"之意，"古尔邦"含有牺牲、献身之意，

[①] 该论文为中央民族大学"985"工程项目《中国少数民族重大民俗节日调查研究》成果之一。以2006年12月31日喀什的古尔邦节节日仪式为主。

[②] 姑丽娜尔·吾甫力，女，维吾尔族，喀什师范学院教授，研究方向：比较文学与世界文学、维吾尔文学与中外文学关系。

合称即"宰牲节"或"献牲节"。节日的时间为伊斯兰教历12月10日,即朝觐期的最后一天。它与开斋节、圣纪合称伊斯兰教三大节日。在我国,古尔邦节还被译作"库尔班节"。

维吾尔族对节日的称谓和理解来自于该民族的历史文化积淀。维吾尔族的节日体系有两部分:一部分是传统文化积淀下的民俗节日,另一部分是伊斯兰文化传统背景下的宗教节日。

维吾尔族将传统的民俗节日称为"Bayram"(维吾尔语,可翻译为汉语的"民俗节日"),或称为游戏(Oyun),如诺茹孜节、白雪节、青苗节等;而与伊斯兰教有关的节日则被称为"Eyiit"(阿拉伯语,节日之意)。在当代维吾尔族的文化生活中,节日在维吾尔语里用一个合成词Eyiit-Bayram来表示,翻译成汉语就是"宗教节日－民俗节日"。在民众生活中,这两者融合在一起,成为民族文化传统的重要组成部分。

诺茹孜节等民俗节日是维吾尔族接受伊斯兰教之前就已形成的民间传统节日,表达了维吾尔族发展进程中的集体记忆,更多地保存了维吾尔先民的生活方式和娱乐活动方式,具有明显的地域性特点。

肉孜节(即开斋节)是信教民众封斋30天后,为庆祝30天自我约束的考验圆满完成,教民对自我和他人的肯定和鼓励,因此该节日保留有较多的神圣性和严肃性,并没有太多的欢乐和喜庆的成分。在关于古尔邦节和开斋节的民间知识传承中,两者的确有明显的不同。开斋节是伊斯兰教关于人的自我约束和知足的叙事,而古尔邦节则是伊斯兰教关于"奉献"的叙事。古尔邦节从产生至各种仪式,都贯穿着一个共同的主题,即牺牲、奉献、捐助。在维吾尔族民间生活中,体现为善与爱的精神,追忆死者、捐助老弱病残、将宰牲的牛羊分给邻里和贫穷者等等一系列行为,都是关于奉献的内容。因此,古尔邦节在维吾尔族民间逐渐世俗化,成为人们共同遵守的礼仪规范、衡量一个人人品的重要标准,是该民族精神文化生活的重要载体。

使古尔邦节在维吾尔族节日体系中占据重要地位的又一原因是:古尔邦节的节日仪式集维吾尔族神圣礼仪和世俗礼仪于一体。没有哪一个节日能像古尔邦节这样囊括了维吾尔族精神文化与民间艺术的全部精华。在古尔邦节期间,维吾尔族要进行各种民间体育及娱乐活动、广场狂欢活动,其开放性、公共性和不确定性是维吾尔族其他节日包括开斋节所不能比的。

二、喀什古尔邦节节日仪式描述

（一）亡灵的节日——拜墓仪式

在喀什，古尔邦节的开始首先是以祭拜亡灵为标志的。

1. 墓地（tuprakbeixi）与喀什噶尔维吾尔族民众平时的拜墓情况

在喀什维吾尔语方言中，坟墓被称为 tuprakbeixi，该词为一复合名词，由表示"土壤、土地"的名词"tuprak"和表示"头部、顶部或源头"之意的名词"bax"的词格变化后的"beixi"组成，类似于汉语的"坟头"。据喀什维吾尔民众解释，人来自于黄土，最后也要归于黄土，人们来到埋葬亡人的土地前，面对他的头部所在的方向敬拜。后来与伊斯兰教传入后的内容相结合，也被解释为朝着麦加的神圣方向跪拜，现在的 tuprakbeixi 的含义便由此而来。

对墓地、坟墓还有诸如"麻扎"（maza）、"开比来"（kebre）等称谓，均为阿拉伯语，是伊斯兰教传入维吾尔族后常使用的词。但在喀什民间大多更多地使用传统的直观形象说法，即 tuprakbeixi（坟头）。

按照伊斯兰教风俗，每周四是祭拜亡灵的日子。据民间传说，周四是亡灵休息日，亡灵在这一天要返回葬墓内，接受人们的祈祷。在这一天亡人的灵魂非常盼望亲人探望，如果亲人不去探望，他们会很难过，古尔邦节时更是如此。有亲人去世的家庭，除了在每周四一大早要去坟地祭拜外，还要制作油炸食品。制作油炸食品目的是让油烟味能被亲人的亡灵嗅到，或做亡人爱吃的饭菜等食物，因为亡人的灵魂会想念自己家里的饭菜味，想念自己喜欢的食物。

2. 阿帕克和卓麻扎

"麻扎"本意为"圣灵之地"或"圣人之墓"，现在也泛指坟墓。阿帕克和卓麻扎①在喀什维吾尔族古尔邦节中具有特殊意义。

阿帕克和卓麻扎坐落在喀什市东北约 5 公里的乃则尔巴格乡浩罕村，占地面积约 30 亩。麻扎内有经学院、果园、清真寺、饮水池、墓地、院落等一系列配套设施，构成一个独立的社区。该陵墓的形成，是从安葬 17 世纪

---

① 阿帕克和卓麻扎即香妃墓，在汉语文献中使用"香妃墓"较多，喀什维吾尔族民众大多沿用传统的阿帕克和卓麻扎来指称此地。

形成的喀什噶尔伊斯兰教"白山派"首领阿帕克和卓的父亲阿吉穆罕默德·玉素甫霍加开始的。此后，5代72人先后被安葬于此，形成这一墓葬群。在很多年前，不仅有探望亡人者，甚至还有一些不能生育或遭遇厄运的妇女到这里祈子、哭诉，体弱多病者到这里祈祷，希求得到精神治疗和心灵慰藉。由此，阿帕霍加墓便与喀什维吾尔族民众的日常生活具有千丝万缕的联系，也成为喀什古尔邦节重要的文化空间。

3. 古尔邦节的拜墓——亡灵的节日

根据喀什噶尔维吾尔族老人的说法①，古尔邦节是从拜墓开始的。古尔邦节的拜墓仪式一般在古尔邦节节日第一天的一大早（北京时间6点，新疆时间4点，凌晨第一次礼拜bomdat）开始进行，这也意味着古尔邦节的真正开始。拜墓活动主要在阿帕和卓麻扎后的公共墓地及喀什其他墓地进行。

拜墓仪式是以家庭为单位进行，有的是全家几代人一起来拜，也有单独来这里拜墓的。其中，新近过世的亡人家人较多较齐，而过世十几年或几十年的家庭，可能人来的较少。有些人，因为过世的亲人较多，他们一大早从家里出来后，会走到所有坟头，看望所有亲人，用去一上午的时间。

拜墓仪式的程序为：（1）人们来到亲友的墓前，清扫坟墓及周围。（2）在地上铺上"佳那玛孜"（jenamaz，即拜毡），拜墓者跪坐在上面，自己或请专职人员诵读《古兰经》相关内容。诵读完毕，在场的人一起"接都阿"②。（3）拜墓者在亲友坟头上抛撒麦粒或米粒，以示对已故亲友的缅怀，并希望鸟儿吃了这些麦粒后，能带走亡灵的部分罪过。（4）几乎所有拜墓者都要给遇到的乞丐进行施舍，每得到一次施舍后，乞丐就立即为施舍者"接都阿"，以示感激，并为施舍者祈祷和祝福："愿真主保佑您在两世获得幸福，保佑您和您的家人平安，愿您亲人的灵魂欢欣……"在阿帕克和卓麻扎有这样一些专门的男女乞丐，他们只在这里行乞，可以说是墓地的职业乞丐，因为他们与一般的乞丐不同，他们会念诵经文，在节假日或每周四为拜墓者举行仪式，如果受到委托就经常为亡灵祈祷，帮助打扫坟头。另外，在阿帕克和卓麻扎还有一些职业的诵经师，他们专门在节日和每周四为祭拜者举行仪式。

---

① 资料来自喀什市的阿希姆买买提老人（80余岁），在访谈后不久，听说老人过世，聊以此文告慰这位目不识丁却怀有丰富民间知识的老人——笔者。

② 都阿：阿拉伯文Du'a的音译，意为"祈祷"。穆斯林在集体礼拜或祈祷后，由阿訇或领头祈祷者带领举双手向真主祈祷，然后把手往脸上放一下。

生者与死者的节日：喀什维吾尔古尔邦节节日仪式描述

由于阿帕克和卓麻扎的特殊意义，大多数人更愿意将墓地选在这里，因此阿帕克和卓麻扎现在已到了墓满为患的地步，墓与墓之间的距离很近，空间狭小。虽然每到古尔邦节，阿帕和卓墓地就变成人的海洋，但拜墓活动却依然有序而肃穆神秘。在古尔邦节当天一般家庭成员都去拜墓，而在平日里则主要是家庭中的女性成员结伴前来。那些围着白头巾，穿着黑色长袍①、哭诉得最厉害的是新近去世的亡人亲属，他们会哭诉亡人的善行，哭诉自己对死去亲人的思念。我们在墓地时遇见前来拜墓的一家人，去世的是他们家年轻的女性。死者的姐姐为她唱出的一段挽歌不仅凄切且很动听：

我的妹妹你走了吗？
你挺直的鼻梁要被黄土消蚀了吗？
你像月亮一样的脸庞要枯萎了吗？
这样的痛苦我怎么忍受？②

在古尔邦节和平时的周四，这样的挽歌是阿帕克和卓麻扎的主调。

另一个墓地的拜墓场面，与上述情况稍有不同，拜墓者是一位中年母亲和两个女儿（从她们的哭诉判断），母亲穿着黑长袍、头扎白头巾，泪如泉涌。两个女儿也扎着白头巾，穿着素色的衣服，她们默默地扫着坟墓四周。接下来洒水、撒大米（或麦子）。从哭诉的内容看，亡人是家里的男性，他英年早逝，是整个家族的支撑者。妻子这样唱道：

哎呀我的夫君③，伊玛穆阿洪，
你就这样抛下我们走了吗？
我们像山一样的靠山倒了吗？
我们从此像麦草一样枯黄了吗？

哎呀我的孩子们，被父亲抛下的小羊羔，

---

① 这是维吾尔族的一个服饰禁忌，丧葬时女性有规定的服饰，是喀什的几乎每位维吾尔族女性必备的服饰。
② 笔者根据哭诉整理的这段挽歌虽为即兴口头之作，但富有诗意且保留了维吾尔族古老的挽歌传统。
③ 夫君：这是一个称谓禁忌，是维吾尔族妇女对亡夫的专称，在其他场合或丈夫在世是不能使用的——笔者。

你们就要成孤儿了吗?
像爱护眼珠一样疼爱你们的父亲去了哪里?
我该怎么办,我的孩子们?①

维吾尔族挽歌起源很早,在漠北草原时代的碑铭文学中就有唱挽歌的记载。这一风俗在喀什地区保存较好。每逢家有丧葬,各具特色的挽歌便即兴唱出。挽歌主要是对亡人美好品德的赞美、对失去他的痛苦哭诉,内容抒情而感人。

(二) 清真寺内的神圣空间——会礼仪式

会礼是古尔邦节中最重要的仪式活动,地点是在喀什噶尔地艾提尕尔清真寺,时间是伊斯兰教历每年的 12 月 10 日。按照《古兰经》的规定,年满 12 岁的男子都必须到清真寺做礼拜。同时,在喀什维吾尔族女性是不能到清真寺参加礼拜的。因此清真寺内的仪式主要是男性的仪式,这也决定了古尔邦节的一些重要仪式是以男性为主的。会礼仪式是古尔邦节重要的仪式群的总称,其中又包括多个仪式,按照时间顺序划分为:

1. 净礼

净礼为阿拉伯语 Tahara 的意译(维吾尔语为 Teret,音译"塔哈勒"),是穆斯林礼拜前旨在使自己洁净的宗教仪式,一般指净身。用水洗身体的一部分或全部,进行每个固定动作时默念一定内容的祷词或赞词。净身分为两种:(1)大净,参加聚礼、会礼、祈祷之前或在有大秽(如房事、遗精、月经、产后血净后等)时履行,自上而下冲洗全身(包括漱口和洗鼻孔),称"浴";(2)小净,参加一般礼拜前或有小秽(如流血、呕吐等)时履行,依次洗手、漱口和洗鼻孔、洗脸、洗前臂至肘、用湿手掌抹头并用拇指和食指抹耳、冲洗双足,称"沐"。

在喀什的清真寺里一般都有专门的净身室,里面有水壶或水龙头、下水池,大清真寺的净身室还另有厕所,附近还有浴室。净身可以在家或清真寺进行,小净可以在室内或室外进行。平时礼拜前经常可以看到一些人在室外进行小净的情景。因为开斋节和古尔邦节的会礼前,按规定要进行大净,所以,参加会礼的人都要在起床后,在家里进行大净。然后带上"佳那玛孜"

---

① 这段挽歌根据拜墓者的即兴哭唱记录整理——笔者。

去清真寺。

2. 诵读"太百尔"

"太百尔"是阿拉伯语 Tekbir 的音译,指赞颂真主伟大的专门用语:"Allahu Akbar!"("真主伟大!")。按照伊斯兰教的传统,穆斯林不仅在宣礼①、礼拜及祈祷时要诵读"太百尔",而且在集体参加节日会礼的途中也要诵读"太百尔"。

在喀什市,按照传统或教规,教民要在自己所属清真寺的"伊玛目"②的带领下,去艾提尕尔清真寺或其他较大的清真寺参加会礼。在去清真寺的途中,队伍中的所有人要诵读七次"太百尔",每次诵读时,队伍中的所有人都要停下来齐声诵读,诵读完毕后,继续行进,到会礼地后,第七次诵读"太百尔",然后选好地方,在地上铺上"佳那玛孜",并坐下来等待会礼的开始。

现在许多平时不去清真寺做礼拜的人,往往独自或结伴直接去清真寺参加会礼。另外,来自喀什市周围县乡的人及其他外地人也是直接去艾提尕尔清真寺或其他较大的清真寺参加会礼。喀什市及其属下的 4 个乡约有 815 个清真寺,市区内约有 10 个清真寺举行节日会礼。

3. 会礼(节日礼拜)

2006 年古尔邦节前后,喀什市的气温大约在 3 度零下 11 度。一些人为了能在温暖的正殿里参加会礼,清真寺大门还未打开,便等在大门口了。早晨 5:00(新疆时间,即北京时间 7:00)起,人们开始陆续进入正殿,不久,大约可以容纳 400 人的正殿就坐满了。此后,来得人越来越多,到大约 7:30 左右太阳升起时,整个清真寺内已座无虚席。

从大约 7:30 分起,艾提尕尔清真寺的"哈提卜"③ 居玛大毛拉④开始念"呼图白"。安装在清真寺内外的高音喇叭足以使全体参加会礼的人听到

---

① 阿拉伯文 Adhan 或 Azan 的意译。清真寺宣礼员(穆安津)在宣礼楼召唤信徒前来举行集体礼拜,故称。

② 伊玛目:阿拉伯语 Imamd 的音译,意为"站在前列的人",伊斯兰教用语。指穆斯林集体礼拜时,站在前面主持礼拜者,也可指清真寺的教长。

③ 哈提夫:阿拉伯文 Khatib 的音译,伊斯兰教的教职。主麻日(每周五中午的集体礼拜)或节日会礼于清真寺内站在讲坛上手持木杖主持念"呼图白"(阿拉伯文 Khutbah 的音译,原意为"演讲"。教长或阿訇在主麻日或节日礼拜时,对教徒讲道的讲词。主要内容是念诵有关经文)的人。

④ 居玛大毛拉:中国伊斯兰教协会委员、新疆伊斯兰教协会理事、喀什市政协副主席、喀什市伊斯兰教协会副会长。

他的演讲。他念诵了有关经文,赞颂了安拉,宣讲了先知的行为,告诫大家要积德行善、遵从教规,最后,按照惯例,讲解了接下来要进行的会礼的每一个程序及要领。

主持宣布马上就要进行礼拜后,人们有序地一排排地站好,并将各自的"佳那玛孜"(jeynamaz)铺在地上,然后,脱掉鞋子,站在上面,虔诚地静静地等候礼拜的开始。在这寒冷的早晨,站在地上的近万人鸦雀无声。

在人们的期待中,高音喇叭里传出了洪亮的指令:"Sepras"①,礼拜开始了。随着一声声高声诵读的"太百尔"——Allahu Akbar!("真主伟大!"),人们非常认真地、整齐划一地按照教规依次完成七项不同的动作:(1)张开两手至于耳旁,两大拇指分别抵在两耳根,口诵"太百尔";(2)端立,置双手于肚脐部位,右手掌放在左手背上,口诵《古兰经》;(3)鞠躬,以手捉膝,行鞠躬礼;(4)直立并抬起双手,口诵"赞颂主者,主必闻之";(5)跪下,两手掌附地,叩首至鼻尖触地;(6)跪坐;(7)第二次叩首。第一拜结束后,紧接着做第二拜,即再重复第一拜的动作和内容。礼拜最后以祷告结束。

礼拜结束,广场开始沸腾了,人们相互握手庆贺节日,一边谈笑,一边有序地离开清真寺和广场回家。散场持续了约半个小时。

4. 施舍

"施舍"一词,是阿拉伯语 Sadaka 的意译,指穆斯林将自己财物的一部分自愿捐助贫穷和有需要的穆斯林。尤其在节日礼拜结束后及扫墓后要施舍钱物给遇到的乞丐或需要捐助的穷人。《古兰经》和伊斯兰教法中有多处明确指出 Sadaka(施舍)的规定,凡穆斯林必须施舍其财物的四十分之一给贫困者和老幼孤寡。施舍不限于古尔邦节,是随时随地且以不张扬为最高境界。特别是在每周四,会有人将家里做好的食物送到艾提尕尔广场前,食物主要有油饼或抓饭。施舍油饼是起源于维吾尔民间关于亡灵的习俗,这在维吾尔语中专称 yahgburutux(汉语直译为"使传出油香味")。在这里需要补充的是,为了亡灵而制作的食品一般都要施舍给穷人才更有意义。因此有丧葬的家庭一般都这样做。即使没有丧葬,有时家里有人生病,为期盼病人早日康复、消灾解难;甚至有人在大病治愈后为了表达自己对真主的感激和亲戚邻里的谢意也要作抓饭或杀羊炖肉,一部分招待亲戚邻里,另一部分则送

---

① Sepras:阿拉伯语,音译"撒普拉斯",意为"礼拜",表示礼拜开始。此指令发出后,信众自动排列整齐,停止喧哗,开始礼拜。

到艾提尕尔施舍穷人。当然，在现代生活中，这些施舍行为逐渐成为传统风俗和关爱老弱贫穷的美德在民间广为流传，并被固定成为民间自我约束和自我调节的机制。

古尔邦节的会礼结束时，清真寺门前及广场上，乞丐数量比平时多。乞丐中以老人、妇女、儿童及残疾人居多。人们纷纷施舍钱给他们。施舍的钱数量不等，每个人根据自己的经济情况而定，这在《古兰经》中也是有明确规定的，关键在于心中有爱。《古兰经》中没有规定古尔邦节的施舍与平日的区别，但普通民众却认为："在古尔邦节这样伟大的日子里（Wulugh kun），进行施舍具有更大的善意。"因此，在维吾尔民众心目中，这一天还是施舍行善的日子。

另外，在喀什的维吾尔民间有一个约定俗成，每周五的聚礼也是一个神圣的日子，行善也最能达到近主的目的，周五就成了施舍钱的日子①。这一宗教习俗逐渐被各阶层人们所接受，无论大人小孩，在这一天都要进行施舍。因为这个原因，在喀什的大街小巷，尤其在现在的繁华商业区，在周五行乞者数量骤增。

（三）喀什古尔邦节的狂欢——撒玛舞

会礼结束，人们带着感激和爱涌向大门，涌向广场。所有的男性，无论是否相识都会向自己周围的人问好，互道"Essalam"祝平安。一些长年在异地他乡奔波的游子也因为古尔邦节赶回家团聚，很久未见的亲人和老友此时也会亲切拥抱。艾提尕尔清真寺上的纳格拉鼓和唢呐齐鸣，欢快的节日乐曲在整个艾提尕尔广场回响。民间的节日喜庆活动拉开序幕。因此，纳格拉鼓声和唢呐声是广场狂欢开始的标志，也是古尔邦节由神圣空间转入世俗空间的标志。

1. 撒玛舞——喀什噶尔独有的民间广场文化

根据有关文献资料记载及喀什的民俗学家穆罕默德·吾斯曼阿吉②等老人介绍，过去古尔邦节期间在喀什举行的游艺活动主要有跳"撒玛舞"、摔

---

① 资料源于喀什老城区妇女乌尔妮莎汗的讲述。
② 民俗学家穆罕默德·吾斯曼阿吉先生已出版的著作有《维吾尔传统道德教育》、《探索的汗水》等。

跤、斗鸡、斗羊、达瓦姿①等。但是在此次的调查中，我们仅见到了跳撒玛舞和斗鸡这两种传统的游戏。

喀什维吾尔人的节日活动最有特色的娱乐活动，是在开斋节和古尔邦节期间在艾提尕尔广场跳撒玛舞。撒玛舞，在维吾尔语中为"sama"，跳撒玛舞被称为"sama salmak"。

维吾尔族著名舞蹈家、新疆歌舞团国家一级编导库热西·热杰甫介绍，萨玛舞是维吾尔族十大舞蹈种类之一，分为 qong sama usuli（大萨玛舞）、bayram sama usuli（节日萨玛舞）、mukam mexrep sama usuli（木卡姆麦西莱甫萨玛舞）和 xoh sama usuli（活泼萨玛舞）。喀什艾提尕尔广场的撒玛舞和上述种类的撒玛舞的最大区别是其集体性、开放性和不确定性。在这个活动中，没有舞台和观众，每个人都是舞蹈者，参与者没有身份的区别。因人们的生活时常在变化，每年的广场撒玛舞活动的参加者也会随时变动，所以每次的舞蹈表演方式各有不同，人们对广场撒玛舞的期待是常新的。因此，艾提尕尔广场的撒玛舞作为维吾尔族民间最重要的广场狂欢活动，表达了维吾尔民众对平等、自由、和谐的理想生活状态的追求。

2. 撒玛舞舞蹈过程描述

2006年12月31日，是古尔邦节的第一天。在会礼结束后不久，大约在9：30（新疆时间），艾提尕尔清真寺大门顶部平台上的一名唢呐手和两名"纳格拉"（鼓）②手开始奏起了欢快的维吾尔乐曲。

当鼓乐声在下午1：00再次在艾提尕尔广场响起时，聚集在艾提尕尔广场的男士们开始跳起了撒玛舞。开始时有数十人，一小时后达到了数百人，主要是年轻人。成百上千的围观者围成了一个巨大的圆形露天舞场，围观者多数是年轻女性。在舞场里的人们，踩着节奏感极强的二拍子"纳格拉"的

---

① "达瓦姿"为维吾尔语"dawaz"的音译，意思是"高空走绳"。"达瓦姿"表演一般是在空旷的场地中心竖一根20米左右的长竿，四周用绳索牵制，使之保持直立状态。将一根粗大的长绳从杆子的顶端斜拉到地面，使之与地面形成45度的夹角。表演者手持起平衡作用的长竿，从地面走向高空，并在绳索上进行惊险动作的表演。现在的专业表演，多将粗钢丝的两端固定在同等高度的两个建筑物或山丘上进行更加惊险的表演。

② "纳格拉"，汉语称铁鼓。据喀什民俗学者穆罕默德·吾斯曼阿吉说，早在一千年前的喀喇汗王朝时期就已经有"纳格拉"了。"纳格拉"形似花盆，鼓面蒙骆驼皮或牛皮，六个"纳格尔"为一套，每套分大中小三组，每组两个，一奏高音，一奏低音，相差4—5度，用木棒敲击。艾提尕尔清真寺管委会主任阿不都拉·麦合素木介绍说，艾提尕尔清真寺有自己的"纳格尔"，他保管的一个"纳格尔"有300多年的历史。开斋节和古尔邦节期间进行演奏的唢呐手和两名纳格拉鼓手是由艾提尕尔清真寺管委会专门邀请的。他们在艾提尕尔清真寺从事此工作十余年。

鼓点，伴着美妙的唢呐乐声，全体舞者按逆时针方向，边舞边行。他们先是左右胳膊平行朝左、朝右，然后双手举起，紧接着朝左、右下方，双脚跳起，身体旋转180度，舞者神情专注、步调一致，不停地重复着整套粗犷、奔放的舞蹈动作，人流一起一伏，好似起伏的波涛，滚滚向前。

3. 其他节日游艺活动

维吾尔族娱乐活动的仪式特征在于其不确定性。不论参加人数还是娱乐内容都是待定的，没有预先设定，完全取决于节日当天民众的兴趣和条件。因此，除了撒玛舞外还有一些民众自发组织的娱乐活动如斗鸡、斗羊、摔跤等，这些也是不确定的。

（四）购羊祭献

羊在古尔邦节的体系中，是一个不可或缺的角色，古尔邦节的来历与羊密切相关。关于节日购羊献祭风俗，主要来源于《古兰经》。按伊斯兰教习俗，在古尔邦节宰牲，是为了祭献真主，因此，不允许宰不满两岁（也有不满六个月的说法）的羊羔和不满三岁的小牛犊和骆驼。不宰杀眼瞎、腿瘸、割耳、小尾的牲畜。而且规定在节日头三天献祭的羊才有效，过了三天再宰杀羊没有任何意义。

另外，在民间还有一些关于羊的故事。根据喀什维吾尔族老人的讲述[1]，末日审判时，人们在有生之时选择的献祭羊要背着他们过末日审判桥。因此，他们能否安全走过这座审判桥完全取决于这只羊是否健壮和勇敢。这个传说后来成为节日习俗的一部分而显得十分重要，选购羊也就有了其严格的禁忌和要求。购羊者首先要虔诚（因为这事关他们选择献祭的羊是否被接受、自己的心意是否被接受，在来世这只羊能否载着他们度过审判桥）。在农村，有经济能力的家庭一定早就在家里精心饲养要宰杀的羊。而在城市，由于现代城市生活的限制，许多人需要在过节的前一两天到巴扎上的羊市去购羊。

在这里有必要作些说明的是喀什的巴扎不是现代意义上被翻译成汉语的"集市"或"农贸市场"。巴扎[2]是喀什文化特征本身，是民间市井生活的路标，喀什维吾尔民众的生活是围绕着巴扎而组织起来的。早年，喀什的教育场所乃至清真寺也是以巴扎为中心来命名，如"衣服巴扎"、"玉米巴扎"最

---

[1] 讲述资料来源于对玉素甫·凯克努斯、阿不都热依木·肉孜的访谈整理写成。
[2] 巴扎：原为波斯语，指"家门外的地方"、"许多人聚集的地方"。

初是指一群从事专门职业的人的聚合,沿用至今。类似的还有坎土曼巴扎、土布巴扎、食用油巴扎等等,所以学校的名称和清真寺的名称也就非常有那个时代的特征,分别叫玉米巴扎经文学校、坎土曼巴扎经文学校、油巴扎清真寺等等。

在喀什的巴扎中,最能体现喀什的巴扎文化特征、整合了所有巴扎的内容、成为喀什文化集中地的是喀什东门大巴扎,在喀什市民的方言中更多的是沿袭很久的"星期天巴扎"(yekxem bazar)或"农民巴扎"(dihan bazar)。

由于羊在古尔邦节中的特殊地位和作用,买羊成为一种专门的学问和本事,并有专门的羊市。在喀什市,最主要的羊市是喀什维吾尔民众惯称的"星期天巴扎"。大巴扎羊市位置经常变化,一般羊市每年都在移动。但近几年几乎都在吐曼河边和东大桥(维吾尔语称为吐曼桥)之间。2006 年的古尔邦节羊市从吐曼桥沿吐曼河延伸,节日前后这里成了羊与人的海洋,为喀什的古尔邦节增添了更多的节日气息。

在羊市交易中,还有一些非常活跃的中介人。他们在买卖者之间积极撮合,成交后,他们可以获得"喝茶钱"(酬金)。这些人也渐渐变成了一些专门职业者,他们有自己的行规、行话和职业操守。

(五) 群体的认同——拜节 (petelex)

拜节,在维吾尔语里称为"派特来西"(petelex),在很多关于维吾尔族古尔邦节的资料中都译为汉语的"拜年",古尔邦节的"派特来西"的意义不同于拜年,因此笔者用了拜节以示区别。

拜节是古尔邦节的重要内容之一,也有其具体的仪式行为。拜节的对象有长辈、亲戚、朋友、邻居、同学、同事等,尤其是他们当中在近期有丧事的人家、重病人及贫困户等。过节的前三天,主要是男性(主要指每家的男主人)拜节,而女性(主要指每家的女主人)留在家里招待客人。拜节首先到长辈的、家有丧事的人家,然后再到其他人家拜节。女性一般在节日的后期出门。

在文献记载中[①],拜节首先被表述为"pete okux",在这里,pete 为一段经文(patighe),okux 是动词,有"读、念、念诵"等意,这两个词合起

[①] 《新疆艺术》(维吾尔文)中,一篇题为《维吾尔族的古尔邦节》的文章中,有较为全面的阐述。

来表示"完整地念一段名为 patighe 的经文"。可见古尔邦节拜节最初的起源是众人聚在一起高声念诵一段完整的经文。至今在一些信教民众心理中，节日期间不仅要吃喝娱乐，而且要不断赞念真主的名字，念诵经文。

拜节分为"加马艾提"（Jama'et）①，"派特来西"和亲朋好友之间的拜节。"加马艾提"的拜节（即派特来西）在民众中很受重视，也有严格的程式。会礼结束后，在伊玛目的率领下"加马艾提"的集体拜节活动。他们首先去新近有亡人的家庭、重病者及孤寡老人家问候，之后逐个到每一个家庭。他们在各家待的时间不长，互致问候，嘘寒问暖。亲朋好友之间的拜节主要是相互祝贺、拜望，看望孤寡和重病人及其他娱乐活动等。

不论是宗教集体的"派特来西"还是世俗的民众的拜节都具有这样的作用：（1）增进相互间的交往，尤其是那些近期有丧事的人家、重病人及贫困户可以得到众人的关爱；（2）化解矛盾，按照伊斯兰教及维吾尔族的节日礼节，主人要热情接待每一位来拜访的客人，即便是仇人也要如此；同样，主动去给自己的仇人拜节，更是积德的好途径；（3）传承节日文化，培养后代乐善好施、知足感恩的品德。

三、结　论

古尔邦节是信仰伊斯兰教民族的宗教节日，随着历史的发展，这一节日与不同民族传统文化相结合，时至今日成为各民族的重要民俗节日。古尔邦节这一介于神圣与世俗之间的特点，使该节日承载着各信仰伊斯兰教民族非物质遗产的丰富内容，是我国信仰伊斯兰教的维吾尔族、回族、哈萨克族、柯尔克孜族、乌孜别克族、塔塔尔族、塔吉克族、保安族、东乡族和撒拉族等民族的重要文化活动内容，既有诸多共性又有鲜明的民族性和地域性差异，是各民族传统文化的浓缩体现。

古尔邦节在信仰伊斯兰教各民族的精神文化中占有重要的地位，起着十分重要的作用。概括来说突出表现为如下几点：

1. 追求和谐社会理想

伊斯兰教（Islam）是主张和平和安宁的宗教，伊斯兰教徒穆斯林则是表示顺从。古尔邦节会礼结束后，清真寺内的穆斯林不论是否相识都要握手

---

① 加马艾提"（Jama'et）：指一个社区以清真寺的"依玛目"为首的宗教集体。

问好，互道"祝贺您的节日"！以前曾有宿怨的在此时要相互和好，邻里有矛盾的在此时要化解，夫妻离异后要和好的也选择在此时，而青年男女更将这时作为婚礼的最佳时间。

2. 保护和传承文化传统，特别是口头文化传统

每一年的古尔邦节，也是老人向孩子们讲述有关古尔邦节传统的各种民俗知识的重要时期。在古尔邦节到来之前，老人们开始向孩子们讲述关于古尔邦节的故事，在宰牲时讲述羊的故事和"末日审判桥"的故事。随着时间的推移，这些故事在当代已成为口头民俗流传。

3. 教育功能

古尔邦节的教育功能体现在强调施善、宽容、仁爱、真诚等。如关于施善，《古兰经》将那些同自己有亲属、邻里关系的人和孤苦无依的人，列为施恩的对象，并作为穆斯林的一种义务加以强调，这使人们形成了对自己行为的自觉约束。

4. 保持艺术传统功能和娱乐功能

随着时代的发展，古尔邦节承载着更多民俗功能和娱乐功能，在娱乐之中，传统的民间艺术活动和体育活动得以保存。如喀什的古尔邦节，在其民俗节日的部分，由于该节日的不确定性和开放性特征，各种艺术活动和形式都得以保存。维吾尔十二木卡姆、传统达瓦孜表演、斗鸡、斗羊、广场撒玛舞、传统说书艺术等都会在古尔邦节中表演。

5. 经济功能

虽然伊斯兰教的古尔邦节在产生时是一个纪念性的神圣行为，强调施舍和行善，尤其强调依自己的经济能力自觉自愿。但是随着时间的推移，特别是随着社会经济的发展，时至今日，全球化也对这一古老的民俗传统带来了巨大挑战，穆斯林民众的传统观念发生了较大变化，古尔邦节不仅成为商家和个体商贩的经济来源，同时也成为决定经济起伏的杠杆。

古尔邦节作为维吾尔族文化的重要内容，在漫长的历史发展进程中，已经成为中华民族文化遗产的组成部分，节日所体现的团结、互助、和睦和乐观向上的价值观，对社会的和谐发挥了重要作用。

参考文献

阿不都热西提·阿吉，王时样主编《喀什市志》，新疆人民出版社，2002年。

阿布都克里木·热合曼等著《维吾尔族习俗》（维吾尔文），新疆青少年出版社，2008年。

阿布都热依木·艾比布拉：《维吾尔族风俗志》（维吾尔文），新疆人民出版社，1993年。

阿地力·穆罕默德：《喀什文物古迹》（维吾尔文版），新疆人民出版社，2001年。

储安平、浦熙修：《新疆新观察》，新疆人民出版社，2010年。

楼望皓：《新疆民俗》，新疆人民出版社，1989年。

马赫穆德·喀什噶里：《突厥词大词典》（全三卷，维吾尔文），新疆人民出版社，1983年。

魏良弢：《喀喇汗王朝史稿》，新疆人民出版社，1986年。

伊斯梅尔·马金鹏译注《古兰经》（中文版），宁夏人民出版社，2004年。

依明江：《在喀什度过的40年》（维吾尔文），新疆人民出版社，2011年。

中国伊斯兰百科全书编委会：《中国伊斯兰百科全书》，四川辞书出版社，2007年。

文化遗产研究

吕洞宾形迹考

四川省文史研究馆　冯广宏[①]

摘　要：吕洞宾是历史上实有的人物，《宋史》及许多北宋文献资料均述及其人。据近年发现的墓志资料，推测其生年在唐元和年间（约819年），曾与李后主、陈抟、丁谓、张洎、王安石等交往，至北宋中期仍有形迹，年寿甚长。其学术功绩，在于系统建立内丹养生学说，成为道教南北二宗的共祖。

关键词：神仙文化　内丹学说　道教宗派　长寿人物

一、史迹证真

吕洞宾是世人最熟悉的"八仙"之一，他的仙迹记载，车载斗量。正因为众说纷纭，难免真伪莫辨，有些考据家或定其为子虚乌有的神话人物[②]。

不过，正史中有其姓名。《宋史·隐逸·陈抟传》记陈抟在武当山、华山居留，服气辟谷，精通睡功。他所交往的异人中，有"关西逸人吕洞宾，有剑术，百余岁而童颜，步履轻疾，顷刻数百里，世以为神仙。皆数来抟斋中，人咸异之。"这段材料依据北宋末江少虞《皇宋事实类苑》卷四十一："关中吕洞宾者，有剑术，年百余岁，貌如婴儿，行步轻疾；皆尝至抟斋中。"北宋张方平《乐全集·华山重修云台观记》亦云："关中逸人吕洞宾，有剑术，虽数百里，顷刻辄至"；并谓"此皆旧史之文也"。南宋初年吴曾《能改斋漫录》卷十八《神仙鬼怪》也指出，当时《国史》上已有此记。那么，北宋初年有吕洞宾其人，就不是虚构的了。

[①] 冯广宏，四川省文史研究馆研究员，曾任四川省水利研究所教授级高级工程师，主编《四川水利》期刊。

[②] 浦江清《八仙考》（《清华学报》1936年第11卷第1期）谓："据我看见的材料，洞宾传说起于庆历，而发源地在岳州，后来传布开来。""至于有没有这样一个人，很难说。"

《全唐诗》收有吕洞宾诗四卷，中有《赠陈处士》七律："金榜因何无姓字，玉都必是有仙名"；"深谢宋朝明圣主，解书丹诏诏先生"；这显然是赠陈抟的作品。又有《哭陈先生》七律，当是公元989年陈抟去世时所作："天网恢恢万象疏，一身亲到华山区"；"自从遗却先生后，南北东西少丈夫"。据此可证实吕、陈交往的可靠性。

北宋杨亿《杨文公谈薮》[①] 载有吕洞宾访问过的人："吕洞宾者，多游人间，颇有见之者。丁谓通判饶州日，洞宾往见之。""张洎家居，忽外有一隐士通谒，乃洞宾名姓，洎倒屣见之。洞宾自言吕渭之后。渭四子：温、恭、俭、让；让终海州刺史，洞宾系出海州房。让所任官，《唐书》不载。"杨亿（974—1020）曾参修《太宗实录》、《册府元龟》，是严肃的史家。所记的丁谓（966—1037），淳化三年（992）通判饶州；大中祥符五年至九年（1012—1016）参知政事；张洎（933—997）太平兴国四年（979）出知相、贝两州，淳化年间参知政事，与寇准同列。这些人都是一品大员，不可能胡编瞎说。

新、旧《唐书》中皆有《吕渭传》。史称吕渭（734—800）"河中人"；"贞元（785—805）中，累迁礼部侍郎。""四子：温、恭、俭、让。"《旧唐书》说"恭、俭皆至侍御史；让至太子右庶子；皆有美才。自后（李）吉甫再入中书，长庆以后李德裕党盛，吕氏诸子无至达官者。"吕让即吕洞宾之父，"牛李党争"在810—850年，吕家卷入政治漩涡，功名方面受挫。据近年发现的《吕让墓志》[②] 知，吕让（792—855）为吕渭58岁所生，墓志云"七岁失怙恃"，与吕渭卒年相合；吕让元和十年（815）中进士，时23岁；若推测吕让27岁时生季子洞宾，则比较合理，故洞宾约生于元和十四年（819），世传"贞元十四年（798）"，恐有笔误。

《能改斋漫录》卷十八载岳州民间石刻有洞宾自述材料，时在北宋中期："吾乃京兆人。唐末累举进士不第，因游华山，遇钟离传授金丹大药之方。""尝游两浙、汴京、谯郡。尝着白襕角带，左眼下有一痣，如人间使者箸头大。世言吾卖墨；飞剑取人头；吾闻哂之。实有三剑：一断烦恼，二断贪

---

① 《皇宋事实类苑》卷四十三《吕先生》引。
② 向达《鳌屋大秦寺略记》（《燕京学报》专号之二，1933年10月）："余等于五月一日返抵洛阳，在某氏处得见新出土吕洞宾之父《吕让墓志》。让凡兄弟四人，以温恭俭让排行，让其季也。让有五子，一早殇，行三者名煜。据新安《吕氏家乘》，则洞宾行三，原名煜，后改名岩，纯阳、洞宾又其后改之名。其父名让，所志官阶履历，与新出土墓志正合。"又郁贤皓《唐刺史考全编·海州》引用拓本《吕让墓志》等证知，吕让于大和四至八年（830—834）任海州刺史。

嗔，三断色欲，是吾之剑也。"

禅宗文献《五灯会元》卷二十二记洞宾与诲机超慧禅师有所交往，乾宁二年（895），禅师首创鄂州黄龙寺。这一资料引自北宋《景德传灯录》："吕岩真人，字洞宾，京川人也。唐末，三举不第。偶于长安酒肆遇钟离权，授以延命术，自尔人莫之究。"由此可见，吕洞宾一生经历唐末、五代直至北宋，因修习道家丹道而得高寿，是个真实的历史人物。

元赵道一《历世真仙体道通鉴》卷四十五载："先生吕嵒，字洞宾，号纯阳子，世传以为东平人，一云西京河南府蒲坂县永乐镇人，即今河东河中府也。"《唐书》吕渭籍贯"河中"，即今山西永济西蒲州镇，是为祖籍；宋朝《国史》所称"关中"，凡函谷关以西皆可称；亦即《宋史》所谓"关西"。"东平"地在山东，为吕氏郡望；吕温《裴氏海昏集序》、《陈先生墓表》等均自题"东平吕某述"可证。碑记所称"京兆"、"京川"，乃泛指长安一带之地；《吕让墓志》言葬洛阳邙山清风原大茔；故京兆应为其寄籍。

二、仙迹证趣

从唐末到北宋，社会上出现了不少吕洞宾传说，有可靠记载者有如下几条：

北宋初陶谷（903—970）《清异录》卷下《含春王》载："唐末，冯翊城外酒家门额书云：'飞空却回顾，谢此含春王。'于'王'字末大书'酒也'。字体散逸，非世俗书，人谓是吕洞宾题。"此事应在907年以前。

北宋末邵博《邵氏闻见后录》卷二十九载："唐吕仙人故家岳阳，今其地名仙人村，吕姓尚多。艺祖初受禅，仙人自后苑中出，留语良久，解赭袍衣之，忽不见。今岳阳仙人像，羽服下着赭袍云。"艺祖即赵匡胤（927—976），在960年黄袍加身，建立宋朝。

北宋陈师道（1053—1101）《后山集》卷二十《谈丛》载有两段信息："世传吕先生像，张目奋须、捉腕而市墨者，乃庸人也。南唐后主使工访别本而图之，久而不得。他日，有人过之，自言得吕翁真本，约工图其像而后授之。""道者吕翁如金陵，过王荆公，而公知之，伏拜请道。翁曰：'子障重，不可。'公又勤请。曰：'我能去障，则为子去之矣。'竟去。"南唐后主李煜（937—978）为吕洞宾画像，应在965年前后。王荆公就是王安石（1021—1086），居金陵时是在1076年。跨度竟有百年之久。

吕洞宾写了许多好诗，10世纪末社会上流传的吕诗已有100多首，脍炙人口的是岳阳楼所题七绝，《全唐诗》录为："朝游北越暮苍梧，袖里青蛇胆气粗。三入岳阳人不识，朗吟飞过洞庭湖。"

当时许多笔记都有此记载，首句往往小异，如《杨文公谈薮》："洞宾诗什，人间多传写，有自咏云：朝辞百越暮三吴，袖有青蛇胆气粗。"南宋叶梦得（1077－1148）《岩下放言》："世传神仙吕洞宾，名嵓，洞宾其字也；唐吕渭之后。五代从钟离权得道。""自宋以来，与权更出没人间；权不甚多，而洞宾踪迹数见，好道者每以为口实。余记童子时，见大父魏公，自湖外罢官，还道岳州。客有言洞宾事者：近岁尝过城南一居寺，题诗二首壁间而去。"其中之一是"朝游岳鄂暮苍梧，袖有青蛇但气粗"；另一首则是咏老树精。

北宋元符年间（1098－1100）进士范致明《岳阳风土记》："岳阳楼上有吕先生留题"；"今不见当时墨迹，但有刻石耳。""李观守贺州，有道人陈某，自云一百三十六岁，因言及吕洞宾曰：'近在南岳见之'。吕云：'过岳阳日，憩城南古松阴。有人自杪而下来'。""吕因与丹一粒，赠之以诗。吕举以示陈，陈记其末云：'惟有城南老树精，分明知道神仙过。'"李观（1023－1095）字梦符，为北宋州官。此外，治平二年（1065）进士张舜民《画墁集·郴行录》亦记："辛卯，登岳阳楼。楼有牌极大，乃前知州事李观所记吕洞宾事迹。"

北宋陆元光撰有《回仙录》，因为"吕"字是两口组合，"回"字也是，人多以为是吕洞宾的化名："吴兴之东林，沈东老善酿八仙白酒。一日，有客自号回道人，长揖于门曰：'知公白酒新熟，远来相访，愿求一醉。'"这时是熙宁元年（1068）八月十九日。东老见其气度非凡，知为异人，拿出酒器十多件来招待。"回公自日中至暮，已饮数斗，了无醉色。"后来回公取席上石榴皮画字，题于庵壁，其色微黄，而渐加黑："西邻已富忧不足，东老虽贫乐有余，白酒酿来缘好客，黄金散尽为收书。"

此诗两联对仗，深有意境，在北宋文化界引为雅谈，苏轼、陈师道等均有和诗。《东坡全集》卷六载有三首，前有小序："回先生过湖州东林沈氏，饮醉，以石榴皮书其家东老庵之壁……西蜀和仲闻而次其韵三首。东老，沈氏之老自谓也，湖人因以名之。其子偕，作诗有可观者。"苏轼的和诗是：

世俗何知贫是病，神仙可学道之余。
但知白酒留佳客，不问黄公觅素书。
符离道士晨兴际，华岳先生尸解余。

忽见黄庭丹篆句，犹传青纸小朱书。
凄凉雨露三年后，仿佛尘埃数字余。
至用榴皮缘底事，中书君岂不中书？

陈师道《后山集》卷八也有《次韵回山人赠沈东老》二首：

一杯领意不须沽，六字持身已有余。
痴子未知天上乐，先生今解世间书。
随世功名非所望，称家丰俭不求余。
青衫出指论奇字，白发挑灯写细书。

  近代湖州《东林镇志》有清代吴玉树《宝前两溪志略》，谈到发现诗碑拓本："吕仙榴皮真迹与苏长公手书和章三首，勒石藏观内，元季为兵火所毁。代远世更，拓本流落人间，世罕见之。"乾隆五十七年（1792）吴氏登上道观中文帝阁，"见有败篚皆贮破帖，启之，得宋拓淳化帖七页，又得硬黄线双钩榴皮诗十八字；次日复细理阅，又得九字，并得蠹余不全者三字。归而集之，竟成完璧，喜不自胜。"诗的字迹为篆体，署名"回山人"，并非吕洞宾，但南宋人都视吕与"回仙"为一人。
  南宋洪迈（1123—1202）《夷坚丁志》卷十八《张珍奴》记吴兴官妓张珍奴，虽流落风尘，而性颇淡素。后来遇见一个客人，劝她修道。张珍奴便"更衣炷香，拜之为师。既去，数日不至。"她就写了一首词："逢师许多时，不说些儿个。安得仍前相对坐？懊恨韶光空自过，及至如今，闷损我！"刚写完，那客人却来了，大约一个月后，客人告辞，留下一封函件，里面有一首《步蟾宫》的词，末句是"待他问汝甚人传？但说道先生姓吕。"才知道那客人原来是吕洞宾。
  南宋白玉蟾《海琼白真人语录》卷三《平江鹤会升堂·结座》，有其1221年吕仙诞日所作的古风，以总结形式叙述当时世传吕洞宾仙迹，基本上网罗无遗：

我闻唐代吕纯阳，师是钟离字云房。亲传金液还丹诀，得道之时游荆襄。世人还识纯阳否？鹤颈龟腮身弊垢。或时磨镜市中行，或时卖墨街头走。
或称姓田或姓回，江口京口归去来。曾担两瓮过庐阜。复吹双笛行天台。青帽红袍长滥饮，袖有青蛇威凛凛。洪都度得西山施，书川度得东林沈。

朝游百粤暮三吴，形神聚散俄有无。茶中传授郭上灶，酒里点化何仙姑。或衣白襕或纸袄，一剑横空几番倒。大笑归从投子山，片言勘破黄龙老。

太平寺里旧题诗，三入岳阳知不知？黄昏武夷拂衣去，午夜君山玩月归。醉倒狂歌歌则舞，一局募钱几今古？清风明月黄鹤楼，白苹红蓼溢江浦。

当年饮罢一刀圭，谁信无中养就儿？空存毕法十八诀，未肯轻轻说与伊。旧曾三举嗟不第，自言父是吕谏议。囊中瑞约无药银，天外徜徉乘剑气。

先生剑法无人传，千变万化常忽然。天将间生生灵异，四月纯阳卦属乾。取将坎画归离腹，化作纯乾阳气足。故能御气化飞龙，所至度人留异躅。

三、丹道证玄

吕洞宾在道教文化方面的大贡献，是根据钟离师传而弘扬内丹丹道，传授了很多弟子，从而开创道教南宗、北宗。钟吕丹道文献纪录，现存于北宋施肩吾所编《钟吕传道集》中。这部书以钟离权与吕洞宾师徒问答的形式表述，内容分为18篇，完整反映了钟吕内丹学说，对后世影响甚大。

按，唐代也有一个施肩吾（780－861），字希圣，号东斋，道号栖真子，是元和十五年（820）进士，长庆年间（821－824）隐居洪州西山学仙。《全唐文》收有他的《养生辨疑诀》，《全唐诗》也有其诗作；但他不可能编辑《钟吕传道集》。

北宋施肩吾亦字希圣，自号华阳子，是吕洞宾弟子。他少年时博学经史，颇工词章，后转而学道，隐居西山，时代约在北宋初中期。南宋白玉蟾跋《施华阳文集》云："李真多以太乙刀圭火符之诀传之钟离权；钟离权传之吕洞宾；吕即施之师也。施有上足李文英。昔施君授李一十六字，世罕知者：'一灵妙有，法界圆通，离种种边，允执厥中。'予偶得之。"这个施肩吾编辑《钟吕传道集》，主客观条件皆具。在道教史研究中，唐宋两施经常有所混淆，但古人则比较清楚。北宋末年曾慥所编《道枢》中，凡引唐施肩吾处则称"栖真子"，引北宋施肩吾处则称"华阳子"或华阳真人，泾渭分明。

现存《钟吕传道集》题名为"正阳真人钟离权云房述,纯阳真人吕岩洞宾集,华阳真人施肩吾希圣传。"内容主要是钟离权讲述,沿用了汉代《参同契》带来的外丹术语,如水、火、铅、汞、龙虎之类;而在言及治病药物时,则明显区别内丹和外丹:"所治之药而有二等:一曰内丹,次曰外丹。""内丹之药材出于心肾,是人皆有也;外丹之药材本在天地,天地常日得见也。"在提到具体修习方法时,又明确指出:"肾气投心气,气极生液。液中有正阳之气,配合真一之水,名曰'龙虎交媾'。每日得之黍米之大,名曰'金丹大药',保送黄庭之中。且黄庭者,脾胃之下,膀胱之上,心之北而肾之南,肝之西而肺之东。""丹,乃丹田也。丹田有三:上田神会、中田气府、下田精区。精中生气,气在中丹;气中生神,神在上丹;真水真气合而成精,精在下丹。奉道之士莫不有三丹。然而气主于肾,未朝于中元;神藏于心,未超于上元。所谓精华,不能返合,虽三丹终成无用。"已正式提出精、气、神三品上药。钟离又说"炼形而后炼气,炼气而后炼神,炼神合道,方曰道成。"吕洞宾则总结为:"炼形成气,炼气成神,炼神合道。"并非后世所谓"炼精化气,炼气化神,炼神还虚"。

《西山群仙会真记》是又一部钟吕丹道的重要著述,题为"清虚洞天华阳真人施肩吾希圣撰,仙门弟子天下都闲客李竦全美编。"分为五卷,每卷五篇,"发明钟吕太上至言"。卷一篇目有识道、识法、识人、识时、识物;卷二有养生、养形、养气、养心、养寿;卷三有补内、补气、补精、补益、补损;卷四有真水火、真龙虎、真丹药、真铅汞、真阴阳;卷五有炼法入道、炼形化气、炼气成神、炼神合道、炼道入圣。此书今存于正统《道藏》洞真部方法类。

这部《会真记》实际上是李竦所作。研究者根据书中不避"玄"字(宋圣祖赵玄朗)之讳,认为当编于大中祥符六年(1013)以前。李竦《指玄图序》说"仆游江南,于南京应天府遇华阳施真人肩吾希圣者",大概这时得到了施氏的底本,书中所引《西山记》,应是施肩吾的原著。如卷一《道识》中,引《西山记》:"吕先生言:幼习儒业,长好性宗。修天爵而弃人爵,鄙顽空而悟真空;天爵止于人事,真空不离因缘。"卷四《真龙虎》也引有吕洞宾诗:"吕公曰:因看崔公入药境,令人心地转分明。"卷五各篇标题"炼形化气"、"炼气成神"、"炼神合道"、"炼道入圣",都是《钟吕传道集》中所论。

洞宾所传内丹丹道,10世纪后半期以来,有许多重要传人。北宋秦观

(1049—1100)《淮海集》卷二十五《魏景传》言魏景"遇华山元翁，从授炼丹铸剑长生之术。元翁名碧天，其师曰刘海蟾；海蟾之师曰吕洞宾；洞宾之师曰钟离权。自权至景，凡五世矣"。"苏门四学士"之一的秦少游之友魏景，不会记错师门传承系统，可见刘海蟾应是洞宾弟子。南宋李石《续博物志》卷二说：海蟾子姓刘名昭远，华山陈抟留他在道院，并与种放往来。

南宋李简易《玉溪子丹经指要》卷首有《混元仙派图》，详细列出钟吕的传承世系，这一材料虽不可尽信，却不失为最早、最系统的内丹传承史料。按此图所列，第一代为钟离权；第二代为钟离权所传弟子，有吕洞宾、王老真人、陈朴、王定国、王思和（丹元子）、淮南叟、成都真人、王老志、尔朱洞、王鼎、金可记等人。第三代为吕洞宾所传弟子，人数最多，计有刘海蟾、曹国舅、陈七子、景知常、姚道真、赵仙姑、麻衣道者、郭上灶、何昌一、老木仙翁、李铁拐、施肩吾、张侍郎、徐神翁、刘高上、朗然子、沈东老、张和尚、王喆、浴室和尚、李简易、张珍奴、胡用琮、张迪功等。第四代为刘海蟾所传弟子，门下有张伯端、马自然、李练、张仲范、蓝元道（养素先生）、董凝阳、张继先、晁迥、甄栖真、王庭扬、刘列、陈仲虚、小郑真人等。

《历世真仙体道通鉴》卷四十九《张用成》说张伯端"游蜀，遂遇刘海蟾，授金液还丹火候之诀，乃改名用成，字平叔，号紫阳。修炼功成，作《悟真篇》行于世"，这表明开创南宗的张伯端（984—1082）为刘海蟾弟子。后人尊"张伯端、石泰、薛道光、陈楠、白玉蟾"为道教"南宗五祖"。

全真道创始人王嚞（王喆，1112—1170），号重阳子，人称王重阳。他在北方传教过程中吸纳了许多弟子，其中以马钰（丹阳子）、丘处机（长春子）、谭处端（长真子）、王处一（玉阳子）、郝大通（太古子）、刘处玄（长生子）和马钰之妻孙不二（清静散人）7人为翘楚，人称"北七真"或"全真七子"。全真道所奉五位祖师"王玄甫、钟离权、吕洞宾、刘海蟾、王重阳"，世称"北宗五祖"，与南宗的"钟离权、吕洞宾、刘海蟾、张伯端"的传承系统基本一致，于是维护了南北道教的统一性和完整性，而吕洞宾则为南北共同的祖师。

关于吕洞宾生活时代跨越唐末、五代直至北宋，年寿在200岁以上，是否可信的问题，须留待生命科学家进行研究。现将四川开县长寿老人李青云的材料作为实际例证，附录于后，老人在1933年去世，即享寿200岁左右，可见如此长寿的现象是一种客观存在。

附录　寿者李青云

在上两个世纪，四川开县出了一位长寿老人李青云。据开县修志时收集的材料，民国十六年（1927），当时军阀杨森曾经邀请李青云前往万县，讲授养生之道。杨森对他敬若上宾，给他特制新衣，还请照相馆为他摄影，而且放大陈设在橱窗里，标明"开县二百五十岁白叟李青云肖相，十六年春三月摄于万州"。那么，他就应该生于1677年了。可是民国二十年（1931）《万州日报》九月十五日报道："开县二百七十三岁白叟李青云，又于前晚由陈家场到万县，住李家花圃。白叟系应王师长之邀到万县的；在万县期间，白叟谈了长生之道，只一静字。"按照这个说法，他就该生于1658年了。在这一次前往万县返家，两年后（1933）李青云即病逝，葬于开县长沙镇义学村李家湾。

按传说材料，李青云原名陈近昌，籍贯不详，一说是上海人，一说是云南人。约在嘉庆二十五年（1820）前只身来到开县陈家场。他身形魁伟，秃顶无发，皮肤滑腻，肌肉健壮，自称八十多岁，以卖草药为生，先借住在陈家乡石龙村（今龙凤村），娶妻向氏。他平时不喝酒，不吃茶，不抽烟，吃饭按时定量，不进荤腥；闲时闭目养神，两手放在膝上，几个小时不动。他左手留着长指甲，经常用小竹管套在指甲上，长到六寸左右，就剪下来放在一个木匣子里，去世时指甲装满了一匣。日常寡言少语，从不谈及无关的话。

李青云照片（胡英华所藏）

别人问他高寿，只答两百多岁。他虽娶妻，但总是分居，仅仅帮他洗衣、烧饭而已。他比较擅长眼科和骨伤科。嘉庆二十五年（1820）时，他雇用14岁的少年向此阳挑药担，常年赶场为人治病，对于富裕人家，收取高额药费，来养家糊口。他对人厚道，邻居多愿意与之相处；闲时常到高桥附近的穿心店约人打牌，每次都输一百二十文左右，让牌友赢够当天的饭食钱。

向此阳生于1806年，是开县长沙镇李家湾人黎广松的外公，他曾经说过，在给李青云挑药担时，看上去老人只比他大40岁的样子。向此阳1899年去世时，享寿93岁，那时李青云还健在。高县庆符镇人80岁的胡英华，1986年拿出他所保留的李青云照片，讲年轻时听说过李青云入山采药、持刀拒虎的往事，有一回李青云还挖到一个形似人头的灵芝草。李青云在开县生活了大约110多年，有人说，他曾自称生于乾隆元年（1736），名为李庆远，也不知确否。1933年李青云去世后，杨森曾专门派人调查了他的真实年龄和背景，并出版过一份报告。有些四川老人说，在他们还是小孩子的时候，就已经见到过李青云，而他们衰老时，李青云却好像并没有变老。

相传他的长寿秘诀有三条：一是长期素食，二是清静乐观，三是常年煮枸杞水当茶饮。强调善养生者必以"慈、俭、和、静"四字为根本。俭于饮食则养脾胃；俭于嗜欲则聚精神；俭于言语则省是非；俭于交游则可寡过；俭于酒色则得清心；俭于思虑则免烦恼。凡事省得一分，则受一分之益。

文化遗产研究　文化遗产研究　文化遗产研究

个案专题：易经遗产

- 栏目导言：易经遗产与民族互动
- 特克斯考古记
- 易学对新疆特克斯八卦城选址规划的影响
- 彝文献记载的先天八卦文化体系及其社会实用性概论

易经遗产与民族互动

  2012年9月21日至25日，由中国非物质文化遗产推广中心、北京大学文化资源研究中心和特克斯县政府等机构发起组织的"特克斯世界周易高端论坛"在新疆伊犁的特克斯举行。

  特克斯城位于新疆维吾尔自治区西北部、天山北麓的特昭盆地，居住有哈、汉、维、回、柯、蒙、锡等22个民族。该城依山傍水，在20世纪30年代被建造者依八卦"乾、兑、坤、离、巽、震、艮、坎"建造而成，整个城市的布局呈放射型，环环相扣，景象奇特，被誉为"八卦城"，并于2001年9月被上海大世界吉尼斯总部命名为"世界上最大规模的八卦城"；2007年5月更被国务院列为"国家历史文化名城"。

  2012年8月的论坛邀请到来自世界各地的数十位专家学者出席。大家围绕"易经遗产"在不同时空中的传播和影响发表了各自的论述。承蒙论坛主办者龚鹏程先生的允诺和支持，本刊特辟专栏，选登其中部分高论，以期引起读者对这一特别现象的关注，亦即像《周易》这样的华夏经典如何以文化遗产的方式在古往今来及多民族文化谱系中的传承与互渗。

特克斯考古记

北京大学　龚鹏程[①]

摘　要：新疆伊犁特克斯县，乃乌孙故地，现属哈萨克自治州。然该地于1936年，竟由伊犁屯垦使邱宗浚建起了一座八卦城。国内其实有许多八卦村、八卦田、八卦州，而该县是目前世上最完整且规模最大的。但是，为何在这少数民族地区、距中原汉文化辽远之处，竟会依《周易》八卦后天图的方位来设计建城，而又能获得该地诸民族之认同呢？透过调查，笔者由当地民众手中发现了一些抄本、刻本、石印本，显示了当地深厚的汉文化渊源。可以观察到江南道教雷法传入该地的踪迹；印证丘处机西游故事和道教在西域蒙古族群传播的历史；湘军西征带来的八卦行军思想；堪舆数术对当地人的影响；道教医学在当地的作用等课题。

关键字：新疆　特克斯　周易　八卦　道教

一、特克斯

特克斯县，属新疆伊犁哈萨克自治州，在伊犁河谷的东南端。总面积8352平方公里，下辖六乡两镇，总人口16.8万人，含哈、汉、回、维、蒙等33个民族。县城根据《周易》八卦"后天图"方位设计建成，路路相通，街街相连，有着迷宫般的街道布局，是现今世界上唯一一座保存良好、卦爻完整、规模最大的八卦城，2001年荣膺世界吉尼斯之最，2007年又被国务院命名为国家历史文化名城。

特克斯所在地，乃是细君、解忧公主远嫁乌孙生活的地方。有世界十大

[①] 龚鹏程：台湾师范大学国文研究所博士毕业，历任淡江大学文学院院长和台湾南华大学、佛光大学创校校长等职。曾获台湾中山文艺奖、中兴文艺奖、杰出研究奖等。现为北京大学中文系教授。代表作品《文化符号学》、《中国文学史（上、下）》、《文学批评的视野》、《向古人借智慧》等。

高原草甸大草原：喀拉峻及草原石人、乌孙古墓、远古壁画等遗迹。

以上这些介绍，大体依据该县《县志》。该《县志》同时也记载了：特克斯独具特色的八卦城，建起于伊犁屯垦使邱宗浚(1936)，完成于班吉春县长（1939）。

二、乌孙地

特克斯虽在晚近才建制，但特昭盆地及伊犁地区的历史文化却十分悠久，是东、西历史文化荟萃之地。其历史文化，在西域这个大范围中，有中亚（包括欧洲）、北亚的族群与文化在此发展，也有汉文化的浸润。但以时间来看，非汉族文化所据有的时期较长，也是当地的主流。

据文献与考古发掘（尤其是墓葬）：伊犁地区（往西延伸至伊塞克湖、塔拉斯河，往北至巴尔克什湖）早期居民为塞种（斯基泰）、大月氏、乌孙，中期有突厥、契丹、蒙古，晚期以哈萨克为主。

早期的几个族群，广义而言都与塞种相关，乃是印欧语系的东伊朗语族群。

较长期住在伊犁地区的乌孙人，属于中亚两河类型与古欧洲人类型，但有些不同程度的蒙古人种特征。换言之，即以欧洲人种为基础的塞种人与乌孙人在体质人类学上是相近、甚至是一致的。乌孙人居于伊犁地区约有七八百年之久，是当地的主干族群。《旧唐书》、《通典》说乌孙故地在天山东部的庭州（吉木萨尔地），当有所据。

稍早于乌孙人到伊犁地区的是塞种的伊塞顿人。故塞种族群至少在公元前7世纪到公元5世纪（约1200年）生聚于伊犁地区。

其后伊犁地区族群更加复杂，相互通婚及政权更迭，约到15世纪时有哈萨克族的形成，其在人种分类上属南西伯利亚人种，即欧洲与蒙古大人种混血而成。

换言之，整个新疆就是一个东西民族与文化交会之地，位于天山北麓伊犁河上流特克斯河流域，特（克斯）昭（苏）盆地东端的特克斯，族群文化的背景不异于新疆全境各地。而它本身，无论从塞种、乌孙、哈萨克任何角度看，其非汉文化之角色与内涵，恐怕也十分强烈。可是这样一个边区小城，在20世纪初，却以八卦城闻名全国。以汉文化甚至道教文化打造出来的新城市，要以八卦作为自己的文化身份，这，在非汉文化为主体的地区，如何可能呢？

无怪乎王明荪教授要感叹：此举"在新疆的环境而言是难能可贵，以全国甚至全世界来看，也属独有的特色。若非造城者独有的情思与创意，要在新疆找到如此完整的汉文化建构恐怕不太可能"。

三、八卦城

但建城者固然可以有他个人独特的情思与创意，这个独特性为何竟可以获得当地人的广泛认同呢？

前文已说过：起建于伊犁屯垦使邱宗浚，完成于班吉春县长。班吉春显然就不是汉人。城建好以后，历经近现代新疆翻来覆去的政治与民族风波，这个城不仅没有被推倒，还越来越受重视。当地人热心地去申请成为"世界吉尼斯之最"及"国家历史文化名城"，或许我们可以认为他们当有发展经济的动机；然而，几十年生活中，把这个城保护了下来，却也是个事实。

我见过"文化大革命"时期特克斯的老照片。这座八卦城的中心位置，有一个方塔。当时这个塔上贴满了头像及标语，故被称为语录塔。塔的四周，挥舞着激情的拳头。可见当年此地狂潮席卷之烈，不逊于内地，甚且过之。

而八卦、道教，在那个年代，不都是封建迷信之象征，该要打倒扫除了的吗？然而该城居民并没有。所以至今八卦城的格局与建筑，基本仍维持着建城时的情况。仅此，即可见八卦文化，甚或道教，在当地并无异文化认同问题。

我在当地作田野调查时的具体感觉也是如此。

对于八卦城的来历，许多人不说邱宗浚，而说是当年丘处机路过此地去雪山见成吉思汗时点的穴。不同民族人士，对《易经》、八卦、风水、道教，虽感兴趣之程度不同，但基本不排斥，某些还格外热衷。尤其有趣者，是刚刚说过的那个中心塔。

这个塔，在"文革"以后，改革开放期间，改成了电视塔；后来又在上头加上了个球，变成了观光塔，以便游人俯瞰八卦城。前几年，觉其已不合时宜，拆了改建成一座江南飞檐式的宝塔，高数十米。但才建了几层，当地人即议论纷纷，说地方不宁，书记年仅四十多岁便猝死了，这个塔必是风水有问题。一时群情汹汹，只好停工。后来围绕竟要拆要建，争议万端，举棋不定，迫使县长书记群聚北京，广询住建部及各方专家意见。

这个事例，某些人闻之，当笑其荒唐。但此地风水思想之深入人心，却不难概见。

四、古文献

我就是因该县在北京病急乱投医时找到咨询的专家之一。听闻其事，颇以为异，乃赴该县亲身考察。

2012年7月到了特克斯，对其八卦城虽以为奇，却也以为不过就是民国时期邱宗浚建城时如此建罢了。

后来偶然在其八卦公园看到一张海报张贴，发现该地居然有蒙古文的《易经》，还有一些道教雷法符咒的书，才大感惊异，忙托当地朋友设法把书访来。

访得的书，都在民间老百姓手上，颇费唇舌才让看。看后我才知道此地汉文化乃至道教实在是源远流长。邱宗浚建城，不是如贴狗皮膏药般勉强在这一方哈萨克文化区上建起一座八卦城，而是如树一般，有根有脉的。

举例来说，此地有蒙文《易经》。这一点，虽不必能立刻和当年丘处机西行见成吉思汗的史事连结起来，证明八卦城就是丘处机点址定位的，但至少可以说明八卦文化或道教在当地曾经流通甚至流行过。且可证明《易经》是中华文化之一大源，虽主要由汉民族传承推广其学，可是绝不仅限于汉族。

《易经》在少数民族中流传，南方非常明显，彝族运用《易经》八卦在其思想及社会生活中，即为一例。蒙古的情况也是如此，蒙文《易经》本身就证明了易文化在这儿的本地性；易文化当可视为汉族与其他民族共同拥有的文化资源。

而找到蒙文《易经》，对我的惊异感，又还不如雷法书。这是一般人难以体会的。

因为雷法是道教中的一种法术，起于北宋。原先由宋徽宗提倡，所信赖的是温州人林灵素与江西人王文卿，号神霄派。其理论是通过内在修炼，让人与天地合一。一旦天人合一，人与天通，自然就能呼风唤雨，召唤风雨雷电。此法对封建王朝来说，最大的贡献在于能祈雨，故为帝王与官员所乐于崇奉。对老百姓来说，则在现代火炮炸弹出现以前，雷电霹雳可说就是宇宙间最强大的力量了，雷电劈下，一切妖魅无不灰飞烟灭。所以民间都喜欢神霄雷法道士替他们避邪除妖。

但此派本出于江西（另一支雷法，出于江西龙虎山张天师）。北宋灭亡后，尤其只能流传于江西、福建、浙江，另一部分则在四川，宗师有萨守坚、王善等。可谁能料到这个南方道派居然还传到了这里？我请教过四川社科院的李远国先生，他写过《神霄雷法》，乃雷法专家，他也说从来没听过这儿还有雷法传承。

然而事实上竟是有的，而且我所见至少有四个抄本：《火雷镇雹大法》、《雷门镇厌大法》、《五雷大法镇书》、《先天五雷治病大法》，可见雷法在此并不偶然，是确有传承的。

但是这传承从哪来呢？我也很纳闷，后来由《明史·礼志》及《万历野获编》里看到明初有行雷法的周思得曾随成祖北征，才找到可能的线索。

周氏是钱塘人，据说祈雨禬兵，如响斯应，他随永乐大帝北征，雷法才因而北传。或许即因此一路传到了伊犁特克斯。我听前辈说过有传萨守坚法的，称为西河派（萨真人乃西河人）或天山派，唯其详无考。如今发现的特克斯这批雷法符咒书，恰好就衔接上了这个失落的环节。

而且这些雷法书还有几个特点：一是以治病为主，如《五雷大法镇书》又称保病大法，《先天五雷治病大法》又称上清神霄五雷天医符水大法，重点均在治病。相较于上文所说一般雷法书以祈雨降妖为主者，特色十分鲜明，十分贴近民众生活。《雷门镇厌大法》则是保六畜兴旺的，更贴合此地民众之需。与中原江南所传雷法诸派颇不相同。

其次是这些手抄本并非一般的道书，乃是道教法师临坛施用时的秘本手册。道教方术是实用性很强的实践性知识，一般道书只供讽诵，看破千卷，你也不会应用。只有真正经过师授之后，你才晓得这一步骤下一步骤如何衔接，符咒每一步、一点、一画是什么作用。而道士临坛时，也必有一种自己抄记的手册，上头记录了许多自己看得懂的符号，以免遗忘。

特克斯这些手抄本即属于这一类，大多出自一位道士王若泰的传本，所以抄本封面上多题为"玄门弟子王若泰"及"太和堂"。太和堂既是道馆也是医馆，称它为堂而不称宫或观，一方面是规模恐怕不大，不符称宫称观之规制；一方面也符合雷法道士较偏于不出家之正一派传统。我知道有些人至今仍否认特克斯曾有道教、曾有道院，此类抄本可说有力地反驳了这个误解。

说到治病，我还发现有本可能是清朝陈士铎编著的《石室秘录》，非常有趣。一般医家都宗岐伯黄帝，故医术又称为岐黄之术。但黄帝有书，如《黄帝内经》即是，岐伯之术则无传。这本书却以"岐天师"为主，配上孙思邈真人、张仲景，还有雷公等人彼此相对答，凡论治病之法一二八门。对每一种病，主要由岐天师提出治法，诸真人及雷公或附和或补充或引申或提出不同意见以相发明。

从文体上看，它颇有众声喧哗的小说或虚拟戏剧架势；从内容上看，纯是医理之讨论，而又与所有医书都不同。在道医体系中算得上是极有价值、极具特色的，可称珍本。内容也十分平正，毫无玄虚。例如说人常常见鬼，本来是道士可以大肆发挥其说鬼说神伎俩之处，但此书反而不如此，直言此乃病人精神衰弱之故，应在精神及身体上如何如何调理，所以十分难得。

至于风水堪舆。八卦城既以八卦立名，地方上也颇讲究风水，其风气似乎亦深有渊源。我发现有本《改良入地眼》，是民国元年上海的石印本，有道光中黄中模序，一扫玄虚，具儒家理性态度，在堪舆书中也算是十分平正的。其主张兼用理气和峦头两派，但是先理气后峦头，因此先论六星，再论龙、砂、穴、水。而在龙法、砂法、穴法、水法之外，还论向法，可谓本书一大特色。此外，它还是阳宅阴宅合论的。

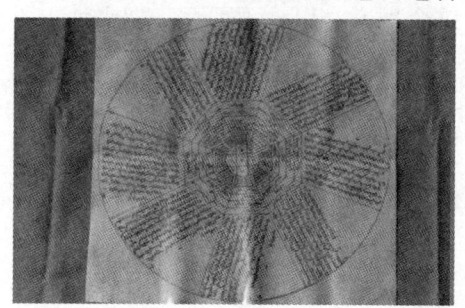 

图为蒙文文献

五、汉文化

由这些古文献看，汉文化在这个地区的历史与传承，恐怕是长期被低估了。环绕着道教、风水、八卦，丘处机的传说，似乎也不能说全属子虚乌有。

乌孙人，若据《汉书》说，他们原在敦煌、祁连的河西地，后来才往西迁。虽然近代学者倾向采取《旧唐书》、《通典》之说，谓乌孙人大多是由天山东部往西迁至伊犁，不可能如《汉书》所言初期生聚地在河西地区。但是，第一，《汉书》之说较早，较接近汉人之认知。其次，乌孙是最早向汉朝求婚的民族，是否由于早期较多来往的经验？他们或是本来居地就与汉人密迩，或是对汉文化不排斥，则是无疑的。

另外，王明荪曾依《元史》及《长春真人西游记》诸书考证：74岁的丘处机自元太祖十六年（1221）二月启程，出长城、万全、张北等，由蒙古达里泊、西北行克鲁伦河、鄂尔浑河、色楞格河等，越杭爱山、乌里雅苏台、科布多等地，过阿尔泰山即到新疆地界，南行经准噶尔沙地到吐鲁番东的回纥城，西行至别失八里（吉木萨尔），沿昌吉西行，经石河子、乌苏，过沙地、天池（赛里木湖），南下到阿力麻里（霍城地），西行渡答剌速没辇（伊犁河），往西经过塔什干，11月18日到撒马尔干驻冬。出发到此历276日，次年三月西行渡阿母河到大雪山行宫（八鲁湾行宫，兴都库什山脉间），面见成吉思汗。前后数次讲道，往返于撒马尔干数次（共停留约8个月）。到太祖十八年（1223）三月东归，回程路径相同。

他来回路途上虽然都经过了距特克斯最近的霍城，但去程未见他有渡伊犁河往南方的特克斯的记录，只知他往西渡河再继续西行。返程也未见他经过特克斯，且当时也还未有"特克斯"这个地方。以地理而言，似乎他也不至于往南到特昭盆地去。唯有到阿力麻里是9月27日，有铺速满（木速蛮，伊斯兰教徒）王、蒙古塔剌忽只（达鲁花赤）领部人来见，宿于城中西果园，又记载供礼秃鹿麻（棉花）、作诗记事等。因"连日所供胜前"，当在城里住过三五日。或许在此期间看过特昭盆地的风水，订出八卦的方位也未可知。

这样的推测，当然只是推测，其实并没有直接的证据。但丘处机在鳖思马大城时，曾见"王官士庶僧道教数百，具威仪远迎。僧皆赭衣，道士衣冠与中国特异。泊于城西蒲萄园之上阁，时回纥王部族劝蒲萄酒，供以异花杂果名香，且列侏儒伎乐，皆中州人。士庶日益敬，侍坐者有僧、道、儒。因问风俗。乃曰：此大唐时北庭端府，景龙二年，杨公何为大都护，有德政，诸夷心服，惠及后人，于今赖之"。

又往西，至邪米思干大城，则知道："方算端氏之未败也，城中常十万余户。国破而来，存者四之一，其中大率多回纥人。田园不能自主，须附汉人及契丹、河西等。其官亦以诸色人为之，汉工匠杂处城中。"

可见当时这条路沿线汉文化、汉人、汉工匠，乃至儒道佛都有。其道士之衣冠诚然与中原不同，其道法毕竟仍是汉地发展来的。他们在丘祖来此之前即已来，晓得成吉思汗优礼道士，当然更会追寻着丘祖的足迹而往。特克斯由丘祖点穴的说法，其真相，不过是说明此地道教渊源有那么久远罢了。当然未必即是丘处机，但大方向是不错的。我们发现的这些古书，便进一步印证了这个传说。

我读到的,还有一册有趣的《取吉便览》,其序说:"取吉便览合宝镜图一书,遵尚久矣。其图简而明,其说约而备,其用赅乎百事,而犹取利于行军。洵选择善本也。自坊本讹舛相沿,而于进退存亡吉凶消长,误人殊非浅鲜。湘乡石泉制军甚惜之,特为重刊,以广嘉惠。"显然是这位湘军将领嘱人编辑刊刻的。

这书,参考了乾隆间的《协记辨方书》等,属于择日之学。其中,《宝镜图》假托诸葛亮所作,体例是"自甲子至癸亥,凡六十日,而日系十二时。每一日主一局,以八卦定方向。以本日九星所值中宫为主,外八星分布八门,门以星定吉凶,日以时分休咎"。每一天利不利于行军、出战、行舟等等,哪个方位利、哪个方位不利、什么时辰利,都有说明。乃是八卦与择日学的配合运用,而专用于行军作战,无怪乎被这位将领看中了。

这样的书,发现于特克斯,当是随着清末湘军而来的,其内容又恰好呼应了八卦城的八卦文化。你说,不是有趣的巧合吗?

文化遗产 研究

易学对新疆特克斯八卦城选址规划的影响
——八卦城"风水"浅析[①]

特克斯县周易研究学会、中国周易协会 杜殿卿[②]

摘 要：古人用人类须臾不可缺少的空气和水质的好坏量度居住环境的好坏，以资趋吉避凶，是一种重视科学的表现，由此建立起来的传统的风水学说肯定有其合理的内核。特克斯县八卦城的选址以相地术原旨来看，所有相地术关于龙脉吉穴的要求，在特克斯县八卦城都一一对应，八卦城占尽天时、地利、人和。八卦城是一部凝固的《易经》、有形的《周易》。八卦城城址选择集中了各种优越条件，有山，有水，土地肥沃，交通便利，位置适中，真可算得上是一块"风水宝地"。

关键词：易学 特克斯 八卦城 选址 影响

中原一些地方有谚云："风水先生指一指，工匠师傅累半死。"这是说营建工程要听从风水先生的安排。所谓"风水"是相地术的一个俗称。按中国古代的传统习俗，大凡兴工动土，都要察看地形环境，看它是否得"风"得"水"，然后择宜土，避凶地。《朱子语录》曰："古今建都之地，莫过于冀，所谓无风以散之，有水以界之也。"清人范宜宾注郭璞《葬书》云："无水则风到而气散，有水则气止而风无，故风水二字为地学之最重，而其中以得水之地为上等，以藏风之地为次等。"《群风札记》云："乘风则行，界水则止，此风水二字所由始也。""风水"之义，由此可知大概。

相地术名称很多，除风水之外，又称相宅、堪舆、地理、青囊术、青乌术等等。"相"的意思是察看、审定。《周礼·地官·大司徒》载："辨十有

[①] 原文发表于《伊犁师范学院学报》2006年第4期。

[②] 杜殿卿，特克斯县周易研究学会会长，中国周易协会理事。研读过《皇极经世书》、《周易浅述》、《周易外传》、《周易古筮考通解》、《康节说易》等四十余部易学著作。编著出版《西域八卦城》、《八卦城轶事》等专著，累计三十余万字。

二土之名物，以相民宅，而知其利害，以阜人民。"是说建筑择地，趋吉避凶，以有利于民众。

正如星占术与天文学有密切关系一样，相地术与地理学的关系也很密切。科学与迷信，就像一对不可分离的孪生兄弟，同时降生于原始社会的母胎中，相互依存地发展过来。为了营建宅邑而勘察地理环境，择适宜之地，本来与神鬼之说无关，风水，究其本质是人类生态环境的表征词。古人用人类须臾不可缺少的空气和水质的好坏量度人类居住环境的好坏，以资趋吉避凶，是一种重视科学的表现，由此建立起来的传统的风水学说肯定有其合理的内核。但是，由于古人认识思维的局限性，认为自然环境关系到鬼神对人类宅居的祸福，相地得宜，则宅邑平安；相地失宜，则衰败萧条，为相地术蒙上了一层迷信的色彩。今天，本着古为今用、推陈出新的原则，应对风水进行一分为二的剖析，弃其糟粕取其精华。

那么，特克斯县八卦城的选址以相地术原旨来看，是否择地得宜呢？是否得"风"得"水"呢？这里笔者作一浅析，以就教于行家。

相地之法，起源于原始村落城邑宅居的营建。《周易》有所谓"伏羲氏之王天下，仰则观象于天，俯则观法于地，观鸟兽之文，与地之宜"说，反映了原始人类对观天相地的重视。根据早期文献关于相地营邑的记载，相地方法反映的是朴素的唯物观，迷信色彩很淡。《商书·盘庚》记有商王盘庚迁都于殷的训话，其中说："天其永我命于兹新邑"，意思是说天帝授命我们在此地建新城，永远昌盛。表面看受命于天，是受神的意志决定，实际上历史学家都认为商王迁都的根本原因是由于战争、气候、水草和其他资源等因素决定的。周代也曾多次迁都和营建新邑，见于史籍的有公刘迁豳、古公迁岐山、成王营洛邑三次。实际上每次迁都营邑，都以勘察地理资源为主，而辅之于占卜。"以土地相宅"乃是商周时代城市建设的必需步骤。所以《史记·周纪》载曰："后稷相地之宜，宜谷者稼穑焉，民皆法则之。"2100年前，古罗马建筑大师维特鲁威曾著有《建筑十书》。提出了"理想城市模式"，"理想城市模式"为放射形圆形城市，与八卦格局极为相似。他在《建筑十书》中提出，城址的选择要有利于避开浓雾、强风和酷热；必须占用高爽地段，远离疫病滋生地；要有丰富的农产资源和良好的水源；要有便捷的道路或河道与外界联系。

首先看特克斯县城应不应该迁址。民国二十年（1931）特克斯设立设治局后，将局治所设在科布（今齐勒乌泽克乡阔布村）。科布当时是特克斯全局（含今昭苏县境）仅有的6个村落之一，时有千余人口，应该说已是"繁华之地"了。将局治所设在特克斯、昭苏（当时昭苏尚未从特克斯析出）居中位置又有交通主道穿过的科布也是情理之中的事。随着人口的不断增加，科布越来越凸现出它的局限。背靠小山，前面紧濒特克斯河，地面狭窄，作为设治局升县后的县城，没有发展的可能。民国二十五年（1936）冬，伊犁屯垦使邱宗浚来特克斯视察时，设治局局长柏林首次提出迁城建议，他的建议得到邱宗浚的首肯。邱宗浚召集当时的各千户长，宗教上层人士阿吉、阿訇和有关官员讨论选址，经过讨论，先后提出三个预选地：（1）阿克奇（今齐勒乌泽克乡阿克奇村，原二公社农业一大队）。阿克奇，哈萨克语意为"白芨芨草"，这里地面开阔，土地肥沃，水资源条件一般，但由于位置闭塞，被否决。（2）托尔特库勒（今齐勒乌泽克乡托尔特库勒村，原二公社农业五大队）。托尔特库勒，哈萨克语，意为"四个盆子"，托尔特库勒坐落在公路旁，交通便利，水资源较好，但由于地面不够开阔，发展前景不理想亦被否决。（3）阿特恰比斯（今乔拉克铁热克乡阿特恰比斯村、原四公社农业二大队）。阿特恰比斯，哈萨克语，意为"赛马场"，这里北依特克斯河，东濒阔克苏河，西面是乔拉克铁热克沟，地面开阔、平坦，但由于水资源缺乏，且有特克斯河横亘其中，交通颇不便也被否决。最后由邱宗浚亲自选定克孜勒库热为新城址。克孜勒库热，哈萨克语，"克孜勒"意为红色，"库热"为寺庙，即红色寺庙。公元18世纪后期，蒙古人曾在这里修建喇嘛寺一处，寺院围墙均用红土粉刷，故名。这里地面开阔，地势北高南低，大体平坦，水源丰富，西北面有三条小河汇来，且有数处长年喷涌的泉水。这里位置居中，土质肥沃，一望无际的芨芨草丛，足有一人多深，牛马走进去，很难找到。

邱宗浚，字陟明，东北人，原籍山东省牟平县。牟平地处山东半岛，隶属烟台。宋代，这里是全真教发祥地，信教者众多，道教在这里影响深远。邱宗浚是民国时期新疆督办盛世才的岳父，原系东北军郭松龄部下的一位团长。1934年秋，被盛世才派任伊犁屯垦使兼警备司令，中将军衔。当时的屯垦使集军、政大权于一身，权力炙手可热。他平生信奉道教，喜爱研读《周易》、《庄子》和老子《道德经》，深谙相地术。新城址选定后，他又决定建一个八卦城，并命屯垦署文职官员李建唐绘制了八卦城图。李建唐是一位饱学之士，当时，被誉为新疆十大博士之一。他也是熟读《易经》之人。图纸绘好后督令特克斯县政府加紧建设。

邱宗浚在伊犁屯垦使任内，主要政治任务是在伊犁实施"改土归流"；废除清代遗留下来的四大营，改土官为流官（改世袭之官为任命之官），实行正规区、县建制。用他的话说,就是将伊犁各民族的支流汇成一条大河。出于促进边陲稳定,维护国家统一的初衷,在西域边陲修建一座反映中华传统文化的八卦城更有着其深远的政治意义。

民国二十七年(1938)冬,县政府组织人力开始为修建公房备料。所谓备料,主要是准备木料。经过一个冬季的拉运,木料备齐。民国二十八年(1939)春夏各类公私用房普遍开始兴建。当时任县长的班吉春聘请一位苏联水利技术员帮助测量和打桩放线。由于没有线绳,班县长令人从商人店铺中购来成捆的布匹,撕成布条,连接成长长的布条绳线,然后用20头牛拉耕犁犁出了八卦城街道雏形。是年秋,县政府、保卫队、诊疗所及三十余家商号铺面次第建成。县政府奉准于同年10月22日(农历己卯年九月初十壬辰日)星期日正式迁入八卦城办公。迁城选址决定是完全正确的。即便当时不提出,以后随着社会经济发展还是会提出的,早日迁址,避免了更大的损失。

再看八卦城选址是否适宜。现在的八卦城占地7平方公里,这里地面开阔、土地肥沃、四通八达,坡度适中,正应了《察形篇》"色泽油油,草木繁茂,流泉甘冽,土腻石润,如此者气正钟聚不止"之说。这里背靠连绵起伏、巍峨峻拔的乌孙山,前濒波浪奔涌、带水环回的特克斯河,"山气刚、川气柔、水脉盛,刚柔相荡而地道立矣"。山势磅礴,水势萦迂,这是大自然的美。八卦城正是选在了龙脉穴场。所谓"相地",就是占择土地之善否。纵观特克斯县全境的山水环境、地理生态、交通位置等诸多因素进行权衡,要在特克斯寻找比这里更适合营建县城的地方可谓难矣。

山垄之势,又名起伏脉。是所谓龙脉"三势"之一,堪舆家谓其势宜起伏多跌顿。徐善继《人子须知·龙法》称:"山垄之势,其龙踊跃奔腾,起伏顿跌,磊落低昂。"读者如有兴趣,请登上城中心八卦广场的观光塔极目眺望一下,环绕八卦城西、北、东三个方向,山势犹如一条伏卧的巨龙环抱着八卦城。龙首在东,似饮似吟,磊落低昂。龙脉山势有"主山"、"宾山"之分,乌孙山为八卦城之主山,亦称"祖龙"、"大干龙"。"大干龙"必以江河夹送方为大吉,乌孙山山南有特克斯河,山北有伊犁河,正应了水护山、臣护君之说。相地术认为:石为龙之骨,土为龙之肉,草为龙之皮,树为龙之毛。乌孙山石、土、草、木俱全,生气勃勃,山势起伏欲动,犹如一条蓄势待飞的巨龙。八卦城东、南、西环周又有八条山脉呈朝拱状态渐向八卦城垂近,形成了"九龙护城"之态势。"宾山"指"案山、朝山"。八卦城前方的阿特恰比斯平台山是八卦城的案山。"案山"别称"近案"、"前案"、"迎砂"、"中阳",指穴场近前的矮山,它有助于蓄聚穴场之气,如贵人据几案处分政令之义。有案山,则穴前收拾固密,无气不融聚之患。"朝山",又名"朝砂"、"外阳",指在前方与龙穴遥相对应的山。远而高者称"朝",为寻龙点穴的佐证。堪舆家谓其秀挺相向,穴气则吉贵。穴贵乎朝山端正,谓之宾主相迎。八卦城正前方为天山之脉,挺拔峻峭正是典型的"朝山"。

理想的龙脉穴场讲究周围大环境,有所谓:左青龙、右白虎、前朱雀、后玄武"四势"之说。八卦城左前方有达根别勒山,东西绵延达百里,不峭不踞,态势柔顺,犹如一条蛰伏的"青龙"。"青龙",是所谓"四势"之一,宜与右侧的"白虎山"对称拱抱,翼护龙脉穴场。左山应恬软宽展而情意婉顺为善。八卦城右前方有阿腾套山,亦长达百里,状如卧虎。"白虎"为"四势"之一,与对面"青龙"共成拱抱之势,使穴场不受外风吹袭。"白虎"势宜驯俯,柔顺无蹲踞之凶。《明堂经》云:"白虎弯弯,光净土山,鲲如卧角,圆如合环,是此则乃得其真。""白虎"有所谓"卧虎为吉、蹲虎为凶"之说。而八卦城的"白虎山"则状如卧虎,虎头、虎身、虎尾,形象逼真。"朱雀"为"四势"之一,指穴场前方的"案山"、"朝山","朱雀"讲究山势宜耸拔端特、活动秀丽,朝揖而有情也。八卦城正前远方为天山主脉哈尔克山,峻峭秀丽,万笏耸拔,如同朱雀翔舞,属上上吉象。"玄武"亦为"四势"之一,指穴场后山。《阳宅十书》中云:"后有丘陵谓之玄武","玄武垂头"乃为吉,所谓"玄武垂头"指穴场后山山势渐向穴场垂近,堪舆家谓其势如授受,是一种吉象。八卦城北面大片丘陵正是渐向穴场(八卦城)垂近。"玄武"为神龟,象征天、地、人合一,现在的托斯坝牧场后面有一圆丘,面积近千亩,圆如巨龟甲壳,且龟头垂缩,又是一上上吉象。

相地术不仅要相山,还要相水。山水为乾坤二大神器,有山之龙,亦有水之龙。只看山,不看水,算不上好的风水师。"水法"乃堪舆家审察水势以确定吉凶的准则。大抵以绕穴归聚、澄清平和为佳。缪希雍《葬经翼·难解二十四篇》:"凡水抱不欲裹,朝不欲冲,横不欲反,远不欲小,近不欲割,大不欲荡,高不欲跌,低不欲扑,众不欲分,对不欲斜,束不欲射,去不欲速,合此者吉。"水法还讲究"水口砂",堪舆家谓其势宜重叠关拦,使气脉内蓄,以利穴山融结吉穴。卜则巍《雪心赋》:"水口之砂最关利害。"水口砂者,谓水流去处两岸之山必欲周密重叠,交节关锁,狭而塞,高而拱,迢递迂回至于数十里者,乃为至美者也。风水先生认为:水主财,门开则财来,户闭则财用不竭。特克斯河水至原喀拉达拉牧场出境处,河道突然狭窄,两岸壁立千仞,"狭而塞,高而拱"正应了风水至美之格。近年又在喀拉达拉修建了水库，库区水域面积达56平方公里。水面澄静，犹如天镜。水色湛蓝，与天同色。特克斯河源自天山最高峰木素尔岭，迢递萦回数百里，至恰布其海水库勒马收缰，使气脉内蓄。将来库区开发旅游，发展养殖，又是特克斯县一大财源。"水主财"，真是天造乎！天意乎！水库出水口处，又是乌孙山龙首之处。犹如巨龙低头浅饮，真是奇妙绝伦。如能将水库命名为"饮龙池"，真是最贴切不过。

特克斯还是多泉之地，全县各类泉水不下万处。风水以泉水为水龙的进出口，水龙运行的路线为泉脉。特克斯可称万泉（谐音：万全）之县。

笔者曾于1993年写过一篇短文，名为《八卦城"风水"乱弹》，刊于《伊犁日报》，后又收入本人编著的《八卦城轶事》一书。当时曾对八卦城的风水作过初步分析。十余年来又逐步深入探究，越来越觉得八卦城的选址实在是高明。所有相地术关于龙脉吉穴的要求，在八卦城都——对应，真是天造神设，妙不可言。正如易学泰斗刘大钧所说："八卦城占尽天时、地利、人和。八卦城是一部凝固《易经》、有形的《周易》。在世界上再找这样一处吉地、吉穴可谓难矣。"八卦城的地理环境如果存在于皇家都城附近，肯定会被帝王选为皇家陵园。八卦城的选址无论从哪方面看，都是无可挑剔的。邱宗浚实可算一位高明的"风水"先生。

相地术在中国源远流长，深入民间。一方面，迷信意味代表了古代地理学发展中的逆流。另一方面，它总结了各种类型的地理地貌形态，对地理学的发展仍有积极意义。同时，由于"风水"的神圣不可侵犯，对保护自然环境、维护生态平衡又有着一定意义，仍值得研究和发掘。即便在今天，人们也不断在讲"地利"、"地缘优势"、"保护生态环境"等。总之，一个宅居、一个村落、一个集镇，尤其一个城市，在其选址上不容人们不得不重视它所处的地理位置、自然环境、生态及交通条件。因为山川形势、水流林木、土地肥瘠关系到一方民众的生存条件。有些山川地理又有其至关重要的战略意义。所以，"风水"之说迷信也罢，唯物也罢，但它不容人们忽视。

八卦城城址选择集中了各种优越条件：有山、有水、土地肥沃、交通便利、位置适中，真可算得上是一块"风水宝地"。

文化遗产 研究

彝文献记载的先天八卦文化体系及其社会实用性概论

贵州省赫章县民族宗教事务局　龙正清[①]

摘　要：中华民族的最早文明是靠易理二元哲学文化开辟出来的，历代易学史家称之为伏羲先天八卦。伏羲先天八卦是彝、汉易理哲学文化的先河，《周易》随着汉文化的发展留存，而《先天易》却逐渐走向消失。本文介绍先天八卦文化体系及社会实用性，认为其世袭流传主要通过婚丧节庆礼仪活动。

关键词：先天八卦　精气　万物　象数　道法纲纪

何谓先天八卦？《易传》说："古者庖牺氏之王天下也，仰则观象于天，俯则观法于地。观鸟兽之文与地之宜，近取诸身，远取诸物，于是始作八卦，以通神明之德，以类万物之情。"这就是所谓的"先天八卦"，庖牺即伏羲，故也称"伏羲八卦"。伏羲八卦是彝、汉易理哲学文化的先河。汉族先民自周文王以先天"洛书"推演出后天八卦是为《周易》，中国易理哲学由此而形成彝、汉两种文字为载体的先、后天八卦文化体系。《周易》随着汉文化的发展盛世已成为"群经之首而享有世界、宇宙代数学科学皇冠上的明珠"，《先天易》却逐渐走向消失。

一、先天八卦体系创制过程

彝文献记载的先天精气易八卦包括自然物质的辩证唯物主义和易象神化唯心主义两大哲学思想体系。所谓的自然物质辩证哲学，就是从精气→影形→阴阳→动变→数变→质变→量变到进化为演进的辩证唯物主义思想体系。

[①] 龙正清：贵州省赫章县民族宗教事务局译审，贵州大学中国文化书院兼职教授。

易理学上称之为"无极生太极,太极生两仪,两仪生四象,四象生八卦,八卦演生万物"。易象神化是古人的文学艺术手法,是唯心主义哲学的根子。彝族先民为了先天易学的最佳传播,即将精气易八卦天文历法体系中的易象星宿拟人为万物之神,于是凡神都有星(仙)神(易象)人(名人)的三个名称,并加上故事情节,使其静态变为动态而栩栩如生。树神崇拜是古人以八卦易象星宿分野和编排人类社会地位及人生价值,以统一民心教化治国的方法,谓之天人感应,即天文、地理和人文社会科学一体化。易象星宿的神化文学故事传说,派生了神创造世界一切的唯心主义学说流派。唯物论和唯心论的根子均出自先天八卦的易理和易象文学艺术。

1. 清浊精气是万物的本源

轻清精气上升为天,重浊精水下降成地。清气变青天,浊气变赤地。太阳为青天之灵,月亮为赤地之魂。天地日月相结合万物才会有生长。

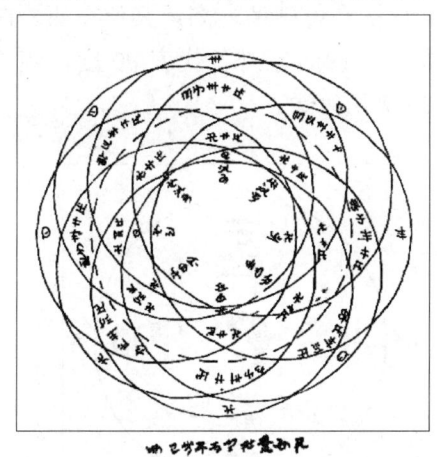
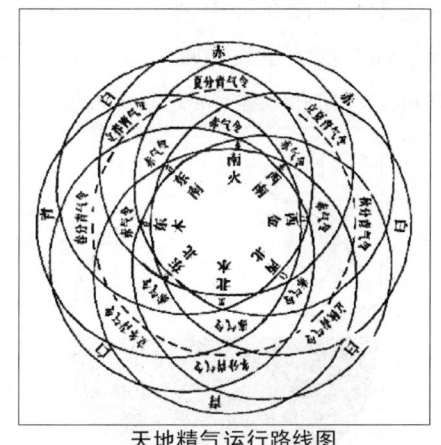
天地精气运行路线图

青气线路有四条,赤气线路有四条,按规线运行,共有九条路线。清气运行赤气相应,赤气运动青气相交。白天气上升,黑夜气下沉,清浊气以之分明。

2. 精气结合运动生阴阳太极

清气升形成青天,浊气降形成赤地。天地圆周拟360度,清浊精气取白昼黑夜为象,白昼为阳太极,黑夜为阴太极。阳运三气成象称乾,阴运三气成形称坤,乾坤象卦定位南北,各占180度。乾坤象卦六爻代表阴阳六气,而每一爻代表60天历度数。"—"为阳爻是日光永恒的象征,"- -"为阴爻是月光有晦明的象征。阳极阴生,阴消阳长,周而复始。

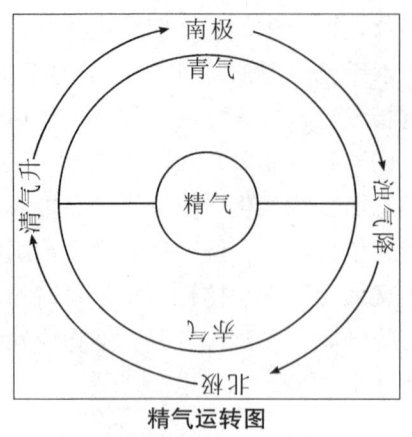
精气运转图

精气太极图

3. 两仪生四象

白昼黑夜分两仪。白昼仪为乾象,黑夜仪为坤象。白昼黑夜的结合以日月为论。乾阳在坤中谓之坎,其位在东,坤阴在乾中谓之离,其位在西。白昼黑夜两仪演生乾南坤北和坎东离西四象卦,四时象卦各代表90度,四象卦符十二爻代表十二月气,而每爻代表30天历度数。

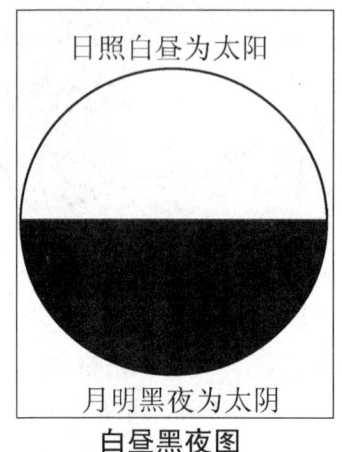
白昼黑夜图

4. 八卦布局

布卦是有规律的,按顺时针方向,乾一气交坤生震卦,位在东北角;乾二气交坤生坎卦,位于正东,乾三气交坤生艮卦,位在东南。坤一气交乾生巽卦,位在西南;坤二气交乾生离卦,位于正西;坤三气交乾生兑卦,位在西北角。乾坤震巽坎离艮兑八卦对应居八个方位,是为四立四分八节时度卦符名称,各代表45度。八卦二十四爻代表二十四节气象,每一爻代表15天历度数。

5. 人文八卦

人文八卦乾父坤母：乾道运生男象卦，乾上气交坤生长男卦，乾中气交坤生中男卦，乾下气交坤生少男卦。坤道运生女象卦，坤上气交乾生长女卦，坤中气交乾生中女卦，坤下气交乾生少女卦。

《易经·话卦传》论述说：先天八卦"乾天也，故称乎父，坤地也，故称乎母；震一索而得男，故谓之长男；巽一索而得女，故谓之长女；坎再索而得男，故谓之中

八卦布局图

男；离再索而得女，故谓之中女；艮三索而得男，故谓之少男，兑三索而得女，故谓之少女"。彝书《突鲁厘咪》说："乾象天为男，坤象地为女，男女相交则有生长。然乾一气交于坤以生长男，命其名鲁（震），坤一气交乾以生长女命其名朵（巽），乾二气交坤以生中男，命其名且（坎），坤二气交乾以生中女，命其名舍（离），乾三气交坤以生少男，命其名亨（艮），坤三气交乾以生少女，命其名哈（兑），八卦即陈列，由此天称父地称母。"彝汉易学对先天易人文八卦生成图的描述相同。

6. 八卦演生二十四象及地理风水文化

将八卦定位为立春、春分、立夏、夏分（至）、立秋、秋分、立冬、冬分（至）之点后，把天干地支配合圆布在四周，即谓之八卦演生二十四节气象，每象代表15天历度数。仪式文学以之神化说："说的二十四象，由八卦作演变。自八卦中的乾父先演变，乾父变成了天马象，其左边变有了丙象，右边变有了丁象。坤母者演成了鼠象，左边变有了壬象，右边变有了癸象。坎次男者演变成了兔象，左边变有了甲象，右边变有了乙象。离次女者演变成了鸡象，左边变有了庚象，右边变有了辛象，震长男者，其左边变有了牛象，其右边变有了虎象。巽长女者，左边变有了羊象，右边变有了猴象。艮少男者，左边变有了龙象，右边变有了蛇象。兑少女者，左边变有了狗象，右边变有了猪象。乾坤天地间，太空一派明朗。天干属相有分布。精气盈中央，天干配属相，各自有方位。"

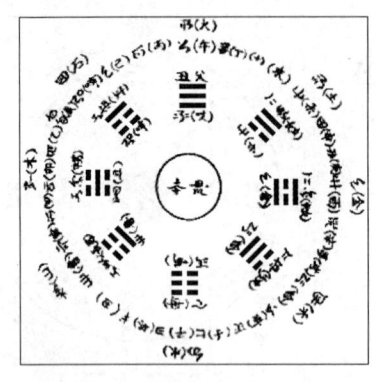 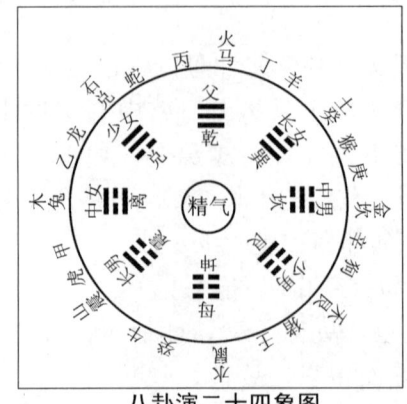

八卦演二十四象图

　　精气阴阳演生太极两仪、四象八卦、十二气二十四节七十二候的周天二十八宿角度规图，以应地理的天南地北，五岳九峰二十四山布局，效用于阴墓庙宇和阳宅宫殿明堂而推断吉凶，风水学谓之罗盘文化。风水罗盘以五行论气，山垭论风，沟壑论水，案砂起伏论发展。左要有青龙君护，右要有白虎臣守，前要有赤龙（朱雀）开屏，后要有玄鸟（太阳鸟，也称金乌）光照，天地人合在中央的墓庙或宅院宫殿设置，即按太极两仪四象八卦星罗九宫盘古人体络书，以论六煞文曲水星、五鬼廉贞火星、祸害禄存土星、左辅木星，右辅金星，生气贪狼木星，天乙巨门土星，延年武曲金星，绝命破军金星方位刑害，即谓明堂制度。《大戴礼·盛德篇》记载："明堂者，古有之也。凡九室，一室而四户八牖。三十六户七十二牖，以茅盖屋，上圆下方。"所谓明堂即天圆地方而盘古人体络书居天地中央的九宫八卦布局。九室即九宫。四户八牖是指四象八卦。三十六户七十二牖说的是三十六天干七十二地煞星的角度数，即天干五行的周天历度数。《周易尚氏学》予以说明"明堂者即九室，二九四、七五三、六一八，即今洛（络）书之横图数。九室即九宫。九宫者即二四为肩，六八为足，左三右七，戴九履一，五居中央"。《明堂大道录》论述说："明堂月令，赤缀户也，白缀牖也，二九四，七五三，六一八。堂高三尺……九室十二堂，室四户，户二牖，堂方百四十四尺，坤之荚也。屋圆径二百十六尺，乾之荚也。太庙明堂三十六丈，通天屋九丈，阴阳九六之变，（天）圆盖方（地）载，六九之道。八闼以象八卦，九室以应九州，十二宫以应十二辰，三十六户七十二牖，以四户八牖乘九室之数也。户皆外设而不闭，示天下不藏也。通天屋八十一尺，黄钟九九之室也；二十八柱列于四方，亦七宿之象也；堂高三尺以应（上中下）三统，四方五色各象其行（五行），外博二十四丈以应节气也。"

先天后地，天南地北，是为天文八卦。先地后天，天北地南，是为地理八卦。地理八卦布局，乾坎艮震四阳卦位居北仪，巽离坤兑四阴卦位居南仪。天干地支配局与二十八宿星圆布四周，谓之为二十四山星象角度图。地理风水罗盘依之制作而实践妙用。长江、红水河、红河、澜沧江四大流域即是先天八卦演地理风水文化的盛行范围。根据彝文献记载，早在公元前45世纪，实索氏族希弭遮即伏羲帝纪时代，就已经开始按五行八卦易象星宿分野，封疆划域，以河为界命氏族部落祭星象名山，建治所造庙宇，教化天地与人和谐共生的地理风水文化，即八卦天文数理哲学文化和地理风水文化与人文社会科学文化的完美结合，迄今六千五百余年。

7. 天地象数五生十成河图布局

基数一三五七九以白圆点为象称天数，偶数二四六八十以黑圆点为象称地数。天地数按太极八卦方位进行布局。一在北，二在南，三在东，四在西，五在中央，六在北，七在南，八在东，九在西，十与五相应在中央。以五行分布，一、六属水，二、七属火，三、八属木，四、九属金，五与十属土。历数的运算从一而始于北方壬癸水。天干地支配合是日程名称，六十花甲子为一轮，六十轮甲子数3600年圆满即称洪水潮天，淹没了世界。五生十成布局图因此而称"河图"。河图即基数一至九而反本归一的十进制示意图。

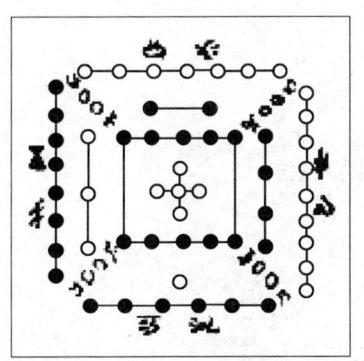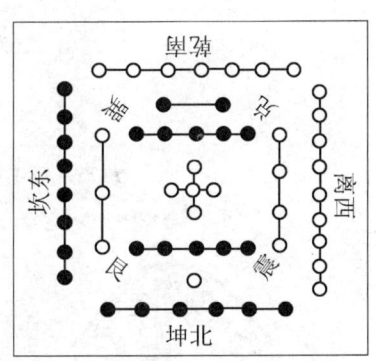

天地象数五生十成（河图）布局图

乾南坤北，坎东离西，震居西北，巽居东南，艮居东北，兑居西南；"天一地六属水，地二天七属火，天三地八属木，地四天九属金，天五地十属土，各自主一象。这五生十成，是天地术数之象，五十五数中，乾阳数二十五，是苍天之象数，坤阴数三十，是黑夜之象数。五行水位气运终，终而象数变，江河流不尽，总是后浪推前浪，术数演算也无终止"。

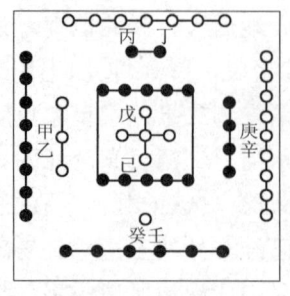
天干配五生十成图

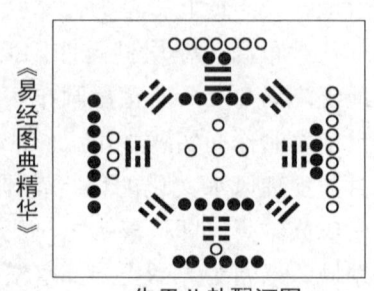
先天八卦配河图

8. 盘古人体术数络书布局

把天地象数按太极八卦方位布列成人体骨络形象，即谓盘古人体术数络书布局。天九置于头是乾宫之象数，天一置于尾是坤宫之象数，天三置于左是坎宫之象数，天七置于右是离宫之象数，天五置于中宫是太极五方象数。地二置于西南角是兑宫象数，地四置于东南角是巽宫之象数，地六置西北角是震宫之象数，地八置东北角是艮宫之象数。盘古人体术数络书按太极八卦方位布列，故也称九宫八卦图。

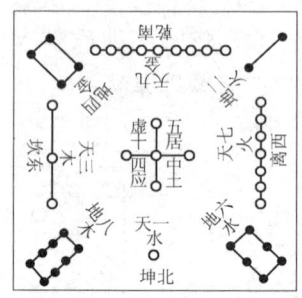
盘古人体术数（络书）布局图

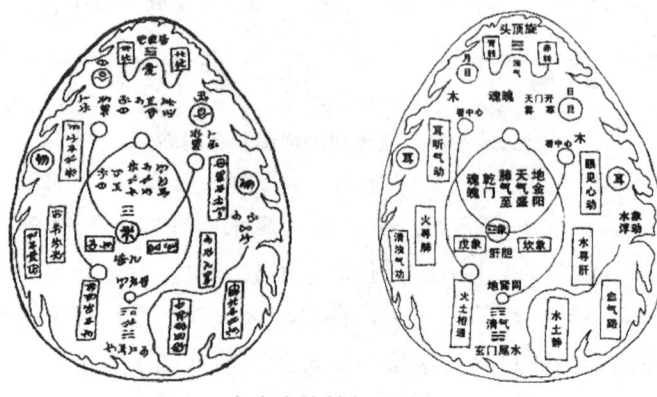
盘古人体精气通脉图

彝文献记载的先天八卦文化体系及其社会实用性概论

　　天地合一盘古人文道法纲纪图是以天地的五行与人的心肝脾肺肾配合而布局，于是以人文主宰天地。心属南方丙丁火，蛇马羊属相配合也属火；肝属东方甲乙木，虎兔龙属相配合也属木；脾属中央戊己土，四季月属相牛羊龙狗配合兼属土；肺属西方庚辛金，猴鸡狗属相配合也属金；肾属北方壬癸水，猪鼠牛属相配合也属水。如此配当天地人的五脏和天干属相与五行的属性，即谓之天时地利加人和，是为人统天地的人文文化道法纲纪格局。

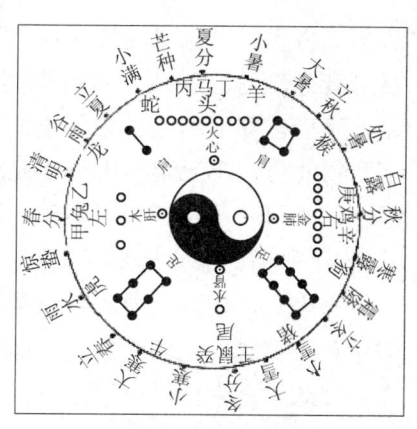

天地合一盘古人络图

古人以之艺术神话："盘古人的五脏就是天下的五行岳山，石是它的牙，土是它的肉，草木是它的毛，风是他的气，流水是它的血，雨是它的泪，雷是它的怒，晴是它的喜，阴是它的哀。"盘古人以太极而称天父地母，天父叫弭古鲁，地母叫弭阿哪，天九地一，左三右七，二四为肩，六八为足，五居中央的黑白阴阳圆点布局是它的骨络形象，彝语称偶撮蒙野数，汉语称"洛书"。盘古人的格局俱有天地人三才的运局而谓之世纪元年——笃热，每笃热（世纪）120 年，三世纪 360 年是为一元而有六气。每气为六十甲子年数。

9. 天地五行与人体五脏

　　天图应于地理，天干属相和五行八卦配合布成盘图，甲乙与虎兔龙属木居东主春时令 90 天，丙丁与蛇马羊属火居南主夏时令 90 天，庚辛与猴鸡狗属金居西主秋时令 90 天，壬癸与猪鼠牛属水居北主冬时令 90 天，戊己属土居中央主四季月的活动时令数，即从春夏秋冬的季月中减出前后 9 天作为活动时令数属于戊己土，因此龙狗牛羊兼属中央戊己土，也就是说每时节的 90 天当中丑未辰戌四个季月的前后 9 天是活动时令数，4 个

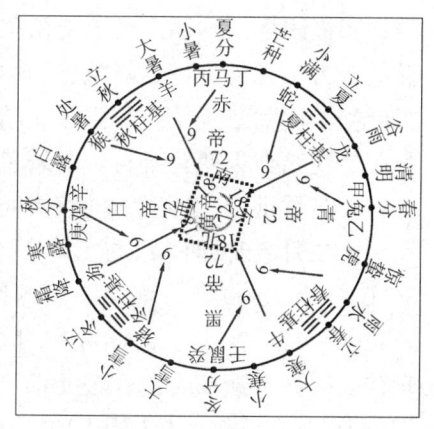

节令图

18 天就是 72 天，是属戊己土的占有数，这样一来，四方加中央的金木水火土五行各占 72 天，是为全年共有 72 个火候气象的计算方法，每五日为一个

火候。古人以之艺术而神话："洪水朝天淹没了世界，只剩下兄妹二人，听从观音老母的旨意，到西山头滚下磨盘，两块磨盘自然合拢，示意兄妹成亲。事后，养下的五子相分土地，大哥得东方，二哥得南方，三哥得西方，四哥得北方，小兄弟得中央。兄弟五人又来分四季，大哥得春季，二哥得夏季，三哥得秋季，四哥得冬季，小兄弟没分得四季，就由每个哥哥分给他十八天。"所谓的磨盘即指天地圆局图，兄妹成亲是指八卦的配合，五子即指金木水火土，相分土地和时令是指五行的方位和气象火候的计算法则，图中只示意出震巽艮兑四个卦符，而四卦的位置是在立春、立夏、立秋、立冬之点，因此，艺术神话中就把它们拟化为四棵撑天柱的础石。

10. 十二月信息象卦历

图说：十二月信息卦历，即根据阳极而阴生规律进行布卦。乾阳六气象爻从子往左向午逐月递升。乾阳一气爻与坤阴五爻结合为子月卦符，名沽色尼。乾阳二气爻与坤阴四爻结合为丑月卦符，名呢色厄。乾阳三气爻与坤阴三爻结合为寅月卦符，名笃塔直。乾阳四象爻与坤阴二爻结合为卯月卦符，名布色哪。乾阳五气爻与坤阴一爻结合为辰月卦符，名呢吐吉。乾阳六气鼎盛而无坤阴爻结合的巳月卦符，名吐采佐。

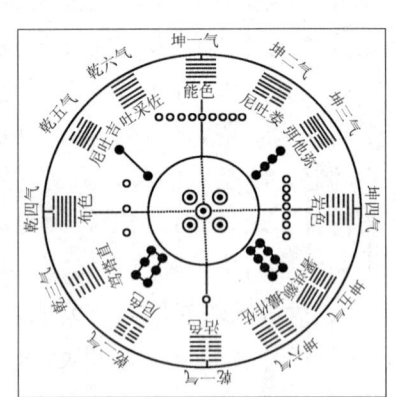

重迭象卦太阴纪元历十月岁图

阳极阴生。坤阴六气象爻从午往右向子逐月递增。坤阴一气爻与乾阳五爻结合为午月卦符，名能色能。坤阴二气爻与乾阳四爻结合为未月卦符，名呢吐娄。坤阴三气爻与乾阳三爻结合为申月卦符，名弭他弥。坤阴四气爻与乾阳二爻结合为酉月卦符，名岩色吐。坤阴五气爻与乾阳一气爻结合为戌月卦符，名署洪额。坤阴六气盛极而无乾阳气爻结合的亥月卦符，名撮作佐。

十二月象卦即闰月与大小月份制的运率示意图。每象卦的代表数为 $3600 \times 3 = 10800$ 年，而每一爻的代表数是1800年。十二月卦72候爻即 $72 \times 1800 = 129600$ 年。终始在亥月，以亥月为岁首，历代历法史家称之为颛顼建亥历。考颛顼帝纪在公元前2637—2518年。建亥历的启用时间甲戌年即公元前2627年。颛顼历即汉太初历的前身。《史记》记载："于地中转浑天，改颛顼历作太初历。"即西汉太初元年颁行通用的汉历。

十二月信息象卦示意图，是以八卦重叠而按子午卯酉为天局，丑未辰戌为地局，寅申巳亥为人局定四向卦星位，一阴一阳作排列。所谓第一门，讲的子门，卦名叫沽色尼天君，第二门即午门，卦名叫能色能地王，第三门是卯门，卦名叫布色教化师，第四门是酉门，卦名叫岩色史师，第五门是丑门，卦名叫尼色岩二神，第六门在未，卦名叫尼吐娄二仙，第七门在辰，卦名叫尼吐吉，第八门在戌，卦名叫暑宏额，第九门在寅，卦名叫笃塔直，第十门在申，卦名叫弭他弥，第十一门在巳，卦名叫吐采佐，第十二门在亥，卦名叫撮作佐。卦值名称译写在示意图中。《象集备要通书》则按顺时针方向序列而统称《十二月信息卦》："正月建寅，泰卦，自立春正月气。二月建卯，大壮卦，自惊蛰二月气。三月建辰，夬卦，自清明三月气，四月建巳，乾卦，自立夏四月气，五月建午，姤卦，自芒种五月气，六月建未，遯卦，自小暑六月气，七月建申，否卦，自立秋七月气，八月建酉，观卦，自白露八月气，九月建戌，剥卦，自寒露九月气，十月建亥，坤卦，自立冬十月气，十一月建子，复卦，自大雪十一月气，十二月建丑，临卦，自小寒十二月气。"年周历度为天，月份运率为地，天地间的天九地一，左三右七，二、四为肩，六、八为足，五居中央之人体术数即谓之盘古人氏。信息卦值中的每爻代表一气 1800 年，六气卦符即代表 10800 年是为月亮信息卦的月会运数，12 月月会共运 129600 年。然天的运数开于戊戌年，地的运率辟于己亥月，坤阴运年时代的颛顼建亥历，以十月初一为年节由此而产生。古人以之而艺术神话："开天辟地。盘古氏生其中，天为 360 度，129600 星斗，盘古也就有 360 骨节，129600 毫毛和孔窍。日长盘古也长，天长极高，地长极大，盘古人也长得极高大了。"《三五历纪》记之为："天地混沌如鸡子，盘古生其中，万八千（实数10800）岁，天地开辟，阳清为天，阴浊为地，盘古在其中，一日九变，神于天，圣于地，天日长一丈，地日厚一丈，盘古日长一丈，如此万八千岁，天极高，地极深，盘古极长，后乃有三皇。"

11. 八卦二十四象定日月出没方位

地气上升天气下降运生禄，人生也要靠日月阴阳才有孕生。乾象还没有产生之前，太阳已有了，坤象还没有出现，月亮已经有了，它们的形象以象卦为代表。日月阴阳相结合，万物才会有生长。根据自然的生态原理，最先还是日月阴阳生万物。太阳是青色的象征，月亮是赤色的代表。有了青赤的概念，才定就乾坤。乾坤相结合，造就了万事万物，凡会动有生命的，都是日月刚柔结合的结果。青赤气相交，青气通道有四条，赤气线路有四根，中央是精气的生路，共有九条路。自东到西是日月的规线，共有二十四方，一月一周转，一转即一周，一周即月周期（晦明望）。一年十二月，太阳和月亮按六条青赤线运行。

代表青气之精的太阳运动谓之为乾男取月明日计量。代表赤气精的月亮运动谓之为坤女,以晦明象作计量。明晦运率各为十五日。日升月往,轮回无已。

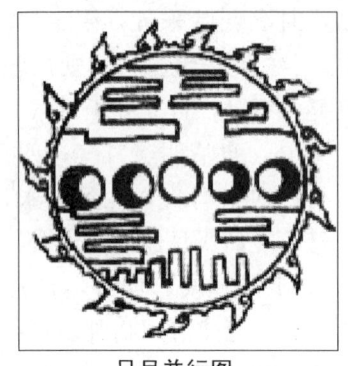
日月并行图

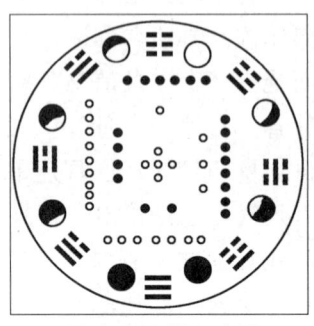
月帝晦明望三魂图

月亮晦明望三魂图

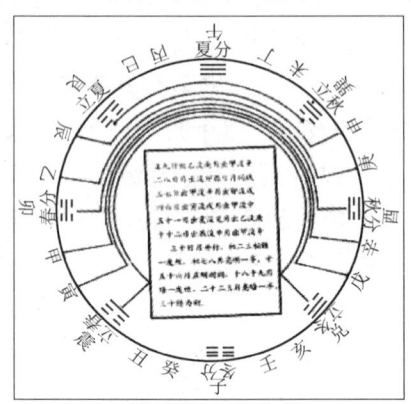
日月出没方位定局

12. 定年界月界

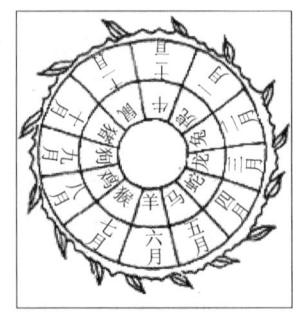
年界月界图

所定年界，圆周天360度，太阳一天行一度，一度即一天，360天是为年界；所定月界，即一年360天是月亮的十二次晦明周期，每周期30天是为月界。太阳的生日是初一，月亮的生日是十六，大年的生日是正月朔日，年月日时的周而复始都在夜半鼠（子）时。年月日时均以十二将（属）相星为记名，周而复始地轮算。

13. 年十二月气象流程角度划段法

生物的生长气象，春长冬枯，这些现象，都是乾坤精气结合的反应。精气的有生是指清气上升和浊气的下降，气退即为藏。气象有流程，一个流程一地令。十一鼠相月，是为乾一气，十二牛相月，是为乾二气。十一十二月，是萌气掌时令。三月龙为主，是为乾五气，四月蛇为主，是为乾六气，此二月长气管时令。五月马为主，是为坤一气，六月羊为主，是为坤二气，此二月沉气主时令。七月猴为主，是为坤三气，八月鸡为主，是为坤四气，此二月收气掌时令。九月狗为主，是为坤五气，十月猪为主，是为坤六气，此二月藏气管时令。月份的主宰，写其象留后世。

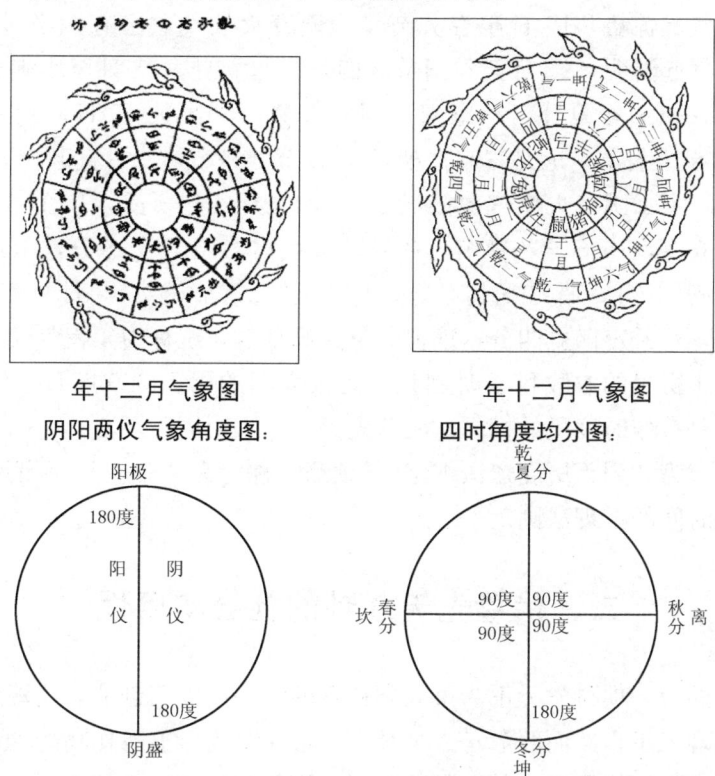

年十二月气象图　　　　　年十二月气象图
阴阳两仪气象角度图：　　四时角度均分图：

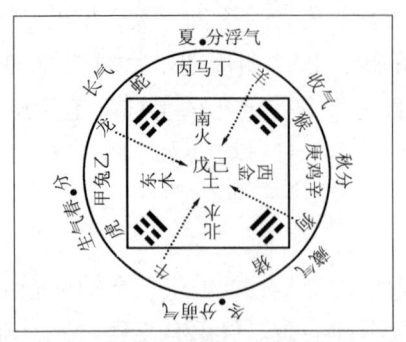 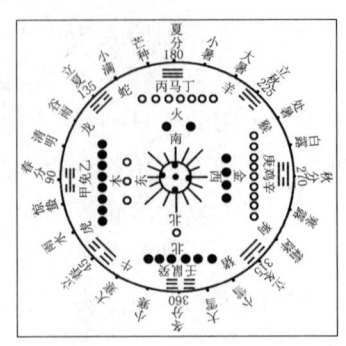

冬萌春生夏长、沉秋收冬藏六气角度图

周天历度图，说的是八卦定四立四分 8 个 45 度的十二气二十四节 72 候时度划分法的规图。圆周天 360 度，太阳一天计一度，运满 360 度谓之一周年。年有十二次月亮的晦明周期，每周期是 30 日，按月亮的晦明周期定立月份，谓之为月气，每气分两节，每节分三个火候，每候为 5 日，年 360 日即有四时八节十二气二十四象七十二火候。正月气起"立春"，15 日至雨水节，二月气起惊蛰，15 日至春分节是为阳春火候气象已有一半运数 45 日了；三月气起清明，15 日至谷雨节，四月气起立夏，15 日至小满节，五月气起芒种，15 日至夏分，示意阳夏火候气象已满半数 45 日；六月气起小署，15 日至大暑节，七月气起立秋，15 日至处暑节，八月气起白露，15 日至秋分节，意示阴秋火候气象已满 45 日；九月气起寒露，15 日至霜降节，十月气起立冬，15 日至小寒节，冬月气起大雪，15 日至冬分，示意阴冬火候气象已满 45 日；腊月气起小寒，15 日至大雪节，又 15 日复于立春日。周而复始。八卦定四立四分，推得气节火候日数，统称为年程气候。古人在长期实践中得出的农牧科学时制化，是按太阳的周天 360 度日数定额计算的，以八卦符作时度段的标志，故名先天八卦太阳周天历法。它的规图叫做弭道局，意为"周天历度道法纲纪"。预测学称之为"命理"。所谓命理，即万物生存时间的推理法则。

二、伏羲先天八卦的社会实用性

世间的每一项科学无不为了人类社会的实用而发明创造，伏羲先天八卦的科学原理来于自然而服务于人类社会。最初是为了五谷作物的种植耕作而观察天地自然始作历法八卦。随着时间的推移和生产技术的发展，伏羲先天八卦的自然社会科学理论逐步形成体系。历代科学家无不以之易哲为准绳，深化科学理论而继续发展。中国最早的天文历法、地理风水、社会历史、建筑工艺、军事兵法、阴阳疗疾、祭祀卜筮、伦理道德、生活起居等诸事的原始科学性,无不启蒙于伏羲先天八卦的天地与人的道法纲纪。质言之,天文星象学验用于人类即产生社会地位及人生价值,历法学使人类的生活起居有了规律性,地理风水文化使天地自然与人类和谐共生,天地人文道法使社会发展进程有了时代学标尺,九宫八卦与时柱文化使建筑造物工艺逐步走向升华,八卦布局的对应结合理论造就了时代英雄的军事兵法,精气的相生相克阴阳疗疾理论奠定了医药学的基础,八卦易象星宿的分野和统属关系及其信息理论启迪了人类的占卜法,人文八卦阴阳结合而衍生万物的理念即产生伦理道德和婚姻制度及社会关系。特别是婚丧节庆和祭祀活动的先天八卦理论教化制度,造就了人类能歌善舞而天下文明。于是《系辞》说:"易有圣人之道四焉。以言者尚其辞,以动者尚其变,以制器者尚其象,以卜筮者善其占。"历代圣人都是以先天易沟通天下人的意志、奠定天下人的基业、判断天下人的疑问而获得举世崇拜。

    中国西南大地是伏羲先天八卦的盛世区域。彝族历史文献是伏羲先天八卦精气易二元哲学文化体系的载体。彝族的婚丧节庆礼仪、建筑造物和服饰,是伏羲先天八卦易象文化的现实体现。于是八卦易数与彝族算术有完美结合,八卦符号与彝族天文历法进制术数有完美结合,八卦星象布局与彝族方国地域及部落氏族的易象神崇拜有完美结合,八卦阴阳五行天干地支与彝族阴阳疗疾和预测学有完美结合,八卦易象星宿与彝族祭祀文化有完美结合,八卦人体(盘古)易象与彝族戏剧歌舞有完美结合,八卦时柱与彝族宅庙建筑有完美结合,八卦数理进制术数与彝族历史世纪元年有完美结合,八卦易理与彝族哲学思想有完美结合,八卦天文星象与彝族社会行政体制有完美结合,八卦运局名称与彝族福禄喜神崇拜有完美结合。另外,八卦在彝族服饰文化上更是得到了直接体现。男子绾发髻是八卦阳爻的象征,盔帽取天象,装饰天色星云,扮成龙虎鹰,雄壮英姿。女子的两条辫子是八卦阴爻的象征,头帕包成月亮形,装饰大地美景和太极旋纹,扮成凤鸟苗条风采。背衫直接采用九宫八卦格局为饰。彝族服饰文化乃是伏羲先天八卦天地人和谐共生的活化石。

三、结　语

    彝族历史文献所记载的先天八卦精气易二元哲学理论文化体系、精气易象的文学艺术神话、西南民族的远古历史和风情习俗传统文化,从汉文献中是无法得到的。为此,彝族历史文献具有较高研究价值。研究它把中华民族文明史推进到公元前48—45世纪,研究它亮出西南民族历史和文化的全部根底,以弥补中国通史在西南版图上的空白。研究它让先天精气易二元哲学解答世间一切神秘的问题。

文 化 遗 产 研 究　　文 化 遗 产 研 究　　文 化 遗 产 研 究

对话与访谈

● "文化表述"：关于表述问题的多学科对话
● 文学、历史与人类学的跨界表述

◆ 文 化 表 述 ◆

关于表述问题的多学科对话

参会专家：（按姓名音序排列）
　　　　　　牟延林（重庆市教委副主任、教授）
　　　　　　彭兆荣（厦门大学教授）
　　　　　　王明珂（中兴大学教授）
　　　　　　徐新建（四川大学教授）
　　　　　　叶舒宪（中国社科院研究员）
　　　　　　赵毅衡（伦敦大学、四川大学教授）
主 持 人：徐新建、叶舒宪
录音整理：雷璐荣（重庆文理学院）

【主持人开场语】

徐新建：

今天的对话主题是"文化表述"，出场学者的背景和身份涉及多个学科，目的在于围绕"表述问题"，也就是近年文学人类学关注的焦点之一，开展多学科对话。第一轮，由各学者自我阐释，每人15分钟，讲观点、提问题都行，讲例子也可以；第二轮，针对第一轮的观点进行交锋，然后再作回应，总结自己的观点。希望今天这个小型的论坛可以有针锋相对的观点。

下面介绍一下几位专家：叶舒宪教授和我在今天是双重身份，既是主持人，也是主讲人。王明珂先生是台湾"中研院"的资深研究员，现在兼任台湾中兴大学人文学院的院长。我们希望今天王教授的进入，可以将"文化表述"的问题向历史学、历史人类学延伸，引出关于表征、修辞以及在中国史、世界史领域的具体关联。赵毅衡是"两栖"学者，他既是伦敦大学的终身教授，也是四川大学的现任博导；既长期在西方学术界的核心地带进行研究和对话，同时又成为国内最前沿的符号学、叙事学团队的核心人物。我们期待赵老师以深厚学术功底的展现和犀利学术观点的表达促进本次对话的提升。彭兆荣教授也是横跨文学跟人类学的一位专家，以前做希腊神话的研究，转到人类学领域把视野扩展到仪式、旅游乃至如今的非物质文化遗产，相信他的发言会对表述问题提出独到的看法。牟延林教授既是学者也是官员，除了作为重庆文理学院"非物质文化遗产"团队的领头人外，还担任着重庆市教委副主任职务。他的发言或许能从管理和实践的角度为文化表述的研讨增添现实色彩。

写文化与表述权

叶舒宪

"文化表述"问题是文学人类学多年来一直探讨的一个问题。2008年在贵阳举行的第四届年会就以此为主题,当时主要考虑的是学理上的对接。那么,文化是怎么得到表述的?比如原住民文化是自己表述的,还是被表述的,这里边有非常多的哲理。这个问题和文学专业的叙事学有关系,跟史学专业的"新史学"中提出的"不在于书写的历史是真是假,而在于谁掌控着书写历史的权力"的观点也有关系。

人类学中的"写文化",这个"文化"的背后有一个权力的问题,谁来表现,谁被表现,"表现"与"被表现"之中,真实的东西往往就没有了。比如谁该去对三星堆的出土文物进行文化表述?三千年前的中原几乎没有大件的黄金器物,因此三星堆出土的用黄金做成的面具和太阳神鸟等,显得格外特异。从人类学中文化传播的意义来解释,中国境内最早的黄金制品来源于四千年前的河西走廊。将成都平原与河西走廊连接起来一想,你会发现,这些贵金属文化要素是受到了外来文化的影响。如苏美尔文明中五千多年前就有大量黄金制品,稍晚则传播到中亚地区。

王明珂先生研究氐羌族,如果说氐羌族群是和中原传统不同的一支族群,那么,它什么时候和中原文化发生交接?在我们这个多元的文化传统中占有什么样的重要的地位?从我们文字的角度来看,"羌"本身是从"羊"的,"羌"在甲骨文中是可以和"姜"字通用的。炎帝姜姓,很可能即氐羌族群。《说文解字》解释"羌"为"西方的牧羊人"(方位告诉你,生态也告诉你——那是游牧的)。而中国美学的最高范畴之一"真善美",三个字里边两个字都是从"羊"的,这应该是牧羊文化对中原农耕文化的一种重大贡献。那么,"善"、"美"这些文字表明,在使用甲骨文的时代,中原文明已经对西方的牧羊文化有所编码。

这些问题,我们如果不用今天民族学的、多元的视角研究,不做田野的工作,那将完全是一团乱麻。所以,"文化表述"一直是我们文学人类学比较关注的问题,现在文学人类学走向新兴学科的建构,就要建立起自己的理论体系,这个理论体系第一要求有学理上的依据,能够有效解释目前的研究对象和理论问题;其次还要有可传播性,出于传播的考虑,我们不希望将中、西方的东西彼此生硬地翻译,而要采用简易的、便于表述和传播(翻译)的方式;其三是我在中国文学人类学研究会第六届年会上提出的"重估大小传统"问题,我们希望用新的理论、概念把我们看到的对象提升到一个过去没有的地位。

那么,什么是大传统?我们认为出现汉字后的传统是"小传统",甲骨文、金文以及后来的这一套叙事。而在这些背后,有很多没有文字记载的传统,比如:崇拜玉的文化,崇拜金属、青铜的文化。这些是通过物的叙事、考古发掘和博物馆展示的材料,才将其文化脉络整理出来。这样的话,我们考察中国文化传统会多一种途径,并且小传统文化编码的内容都是植根于大传统的。那时不会有一个无神论者,所以只要找到神话,就有利于进入大传统的根脉。在这种情况下,只要找到大传统的再现方法,找到进入文字书写以前表述世界的方法,就可以进行新的研究。这个问题在两个月前的会上讨论得非常热烈。

今天的对话有历史学的专家在,我们可以重申一下:大小的划分实际是以文化符号为标准的,有文字全都是新的,没有文字的大传统要上哪去找?比如三星堆,《二十四史》一个字也没有记载,但我们不能否认它的存在,它是非常了不起的一个文明。一个青铜人像两米六高,举世罕见,中原文明也没有。西南青铜器中的铜鼓也是有别于中原文明的,从四川盆地一直到马来半岛,铜鼓的形制大致一样。没有史书告诉你,那是什么族群的什么文化。因为史书是中原人写的,假如你进贡宝物就记录你一笔,你不进贡的话,只会记录一些奇奇怪怪的东西,不会像我们今天用多重的眼光去重构很多史实。所以文化表述的问题、被表述的问题、大传统的问题等都需要去了解。我们重新命名的大传统,是兼顾了口传文化的。先于和外于文字而存在的才是真正的大传统。根据时间长短来看,虽然口传文化是今天从田野采集来的,但它不是今人发明的,它的根是万年以上的。从人类开始说话的那一刻开始就有了口传文化,这肯定先于文字。过去的史学只通过文字记录研究历史,但是很多民族没有文字,那他们有没有历史?他们有怎样的文化?希望学界能通过大传统这样一个研究方式来反思和批判,重建我们的文化。好,我就开这么一个头吧。

非物质文化遗产的表述背后是中国

牟延林

感谢两位主持人刚才的精彩开场。我跟文学不搭边,跟人类学也不搭边,唯一搭边的就是中国身份,所以就从中国角度,结合遗产表述问题说几句吧。

对于当下的文化遗产热,特别是文化热,我认为是中国特有的现象。如果把从建国初期的激情到"文革"和现代化的建设一直串起来看的话,对文化遗产的影响,可以说是从"五四"开始的。"五四"可圈可点,是中国新文化和近代文化以白话文为标志的起点,但是它对我们国家固有文化遗产的摧毁也是不能忽略的。到了"文革"呢,更不用说了。连国外人士都在看,一个古老的中国为什么用这种方式对文化进行颠覆的改造或者颠覆的建设?我想这种改造和颠覆对文化的影响,以及对文化的"负推进",值得理智地来看待。

十七大的六中全会提出中国各大高校功能定位要"3+1",传统的目的是人才培养、科学研究、服务社会,而文化传承是我们高校的第四大功能。这是高校的根基之一,高校的定位功能就是文化传承。但是为什么到现在,文化传承才这么热闹呢?我想到了从2005年开始,国务院和文化部都发了关于文化遗产的文件。这些文件是在中国的文化遗产热得不能再热的时候发的。国务院的文件讲的是加强中国文化根基建设的。文化部的就具体了,是关于国家级非物质文化遗产项目的管理。可见这个由国家导向、学界介入的活动,是对文化运动的新的战略推启。所以我说,它是对"文化大革命"的一种新的批判,对中国未来的文化建设意义重大,尤其是对文化遗产认识的重新开始。

我们现在的文化遗产研究倾向于原有的标准学科,说的标准学科即国务院学历办框定的十大学科门类,还有去年新增加的艺术门类,比如以工学为中心,有工学门类、文学门类、法律学门类等等,而人类学这样一个研究人的学科却没有成为独立的门类。这是有问题的。可能我说的这个话有点偏激,但处于学科中心地位的人类学没有在中国的学科门类中出现,的确需要好好研讨。我们应当通过研讨和努力,把人类学恢复到它应有的面目。这是回归,而不是新的加入。在研究范式上,目前我们把文化遗产清点出来顶多是开辟新的研究窗口,而并没有在文化上对此进行深刻的反思和阐释。在目前的形势下,需要对中国文化遗产重新理解,重新表述。我记得徐新建老师说过这样一句话"当文化遗产作为文明的过去式,在后现代语境中被重新唤醒乃至激活,重新进入当代世界的时候,我们的研究已不是进入而是回归"。我由此想到:有文明的过去式就有文明的现在式,还有文明的将来式。我理解徐老师是在告诉我们:以文明的过去式眼光来看,我们的一些观点是合适的。不过毕竟我们的共和国才成立六十多年,在国家体制不成熟同时又不得不依靠政府的指导下,关于文化遗产的研究显然是不太成熟的。

我们关注过2003年的世界"非遗公约",或许再往前点还包括1972年的《世界遗产公约》直到2011年中国颁布的"遗产法",这些官方文件的出现使得文化遗产"热"了起来,但是文化遗产到底应该怎么表述?我认为"遗产"就像我们早上看到的雾山和竹海,当这个雾早上出现或者中午散开,或者晚上回归的时候,我们看不到茶山竹海原来的面目,只有当风把雾气吹开,我们才能从不同的角度看到文化遗产应该有的现象。这也就是徐老师讲的文明的"过去式"、"现在式",以及我们还需要继续展示的"文明的将来式"。

很不巧又要用到叶老师说过的西方表述的问题了,就是说刚开始用西方的表述方法、语言逻辑谈到非物质文化遗产概念时,我们会感觉怪怪的。非物质文化遗产就是精神文化遗产,精神和物质是西方哲学的概念,所以把哲学的概念拿出来说成是非物质也不合适,所以我们还是遵从国际公约的说法,还是"非物质文化遗产",或简称"非遗"、"非物"都不变。我个人也曾经研究过究竟该用"非遗"还是"非物"当作简称。现在我们讲到对非物质文化遗产的研究,从文化表述方面来说不是一个途径而是一种规律,因此我们的出发点应该是人类学和文学等方面,研究的中心应该是原有学科自然逻辑的一种表述和研究,而不是重新建造一种体系或者用西方的所谓的人类逻辑来进行阐述。西方的这种研究方式我觉得不太合适。

另外,回归文化遗产应该就是回到文化遗产的文化根底,这让我想到去年的高考作文题"回到原点"。我们说回到原点,包括回到对人类认识的原点,对工作认识的出发点。同时我也在思考,在文化表述方面,面对所谓的文化遗产时代,我们是该走进还是回归?我想对在座的学生或者老师来说也是一种新的考量。我认为还是回到原点,重新出发为好。

这是我要跟大家交流的第一段话。第二段要说的是,文化遗产也是对中国的一种解释。中华民族既是历史的,又是建构的。这里想表述的核心意思是,中华民族可能是抽象的,也可能是具体的。对我们在座的各位来说,在谈到中华民族时,我们想到的是一个很抽象的概念,无论是汉族还是满族,都无法具体。但在重新审视中华民族这一概念时,我们又可以看到中华民族到底是什么。在用文化遗产的概念来看待中华民族这个符号时,我们发现有很多疑点。这个中华民族,谁是民族的主体?谁是核心?既然有56个民族,就不应该有核心的概念。但是我们的汉字,或者说普通话,有一个平台的特征,即把56个民族结合了起来。

人类学研究的对象之一是文化。对我来说,文化首先是多元的。多元是指有普遍共同价值还有历史的渗透积淀,都是可以各抒己见,进行评价的。在这个意义上,我要强调的是:非物质文化遗产的背后是中国。其中的意思包括三个层次:

第一个,非物质文化遗产作为一种新生的文化认知方式,是民族国家不可或缺的一部分。它作为一种想象,最终形成中华民族得以成立的一种文化根基,无论是我们强调的炎黄子孙还是各种方言。它们是政府导向的,立法确认的,学界热捧的,非物质文化遗产的代表,或者说世界遗产。它是我们民族文化的一种表述或者试图解读文化的一种行为。

第二,我认为非物质文化遗产作为一种实体性的存在,作为中华民族历史进程的一个重要凭证,也是传统文化在今天的存活。也就是说文化遗产和非物质文化遗产的形态有活的与死的、动态的和静态的以及过去的和现代的这样几种区分。我想,不论传统文化的保护是兴起或者是衰落,非物质文化遗产一定不能忽视了自身的存在方式。刚才叶老师讲到"三星堆文化","三星堆文化"给我们留下的是一种固体的文化形态,那么"三星堆文化"是怎样创造的,我认为用非遗的概念来解释的话,形成过程中就是文化传承的进化。

第三,中华民族非物质文化遗产是中华民族特殊性的一种强调,同时也是人类意义上多元文化的一种回应,更是当前情况下促进中华民族文化的一种新的表现方式。我所说的非物质文化遗产的话,自己心里也比较忐忑,也许有些不合适。但是,通过遗产我们看到了中国的形象,看到了其中的过去式和现在式,以及将来式。作为一个中国人,我们有理由为它的过去式而自豪,为现在式而骄傲,为将来式而展望。

叶舒宪：牟延林老师说，非物质文化遗产背后是中国。我们所说的中国文化不好表述，按照人类学家、社会家的说法，民族、国家是想象的构成物，包括一个广大地域中的广大人群，以及他们各自的文化和历史，确实不好笼统表述，应该怎么落实呢？非物质文化遗产，每一个民族，每一个地域集合起来，应该是有效表述的一个方面。这样还有一个问题，即将一个民族的这个项目列为遗产，那个项目则没有列为遗产，反而那个没有被列入的，会导致更加严重的遗忘和遮蔽。因为列入了昆曲，大家都知道昆曲，而还有更多的非昆曲该怎么办呢？还有一点，传统文化中哪些是经典该弘扬，哪些是糟粕，谁有权利来做这个判断呢？一切人类文化传承都有它的合理性。可见，这个表述问题背后还有新的问题。

"文化表述"的四个反思面向

彭兆荣

刚刚从海拔 3000 多米高的青海回来,又赶到重庆的竹林当中,思绪还没转过来呢。前几天,(叶)舒宪和(徐)新建丢了个话题"文化表述"给我,想想这个题实在不好定义,文化不好定义,表述不好定义,哪个不是文化的?哪个不是表述的?但是,总得说点什么,我觉得讨论文化表述,有四重反思的面向:

第一重,当然是对西方话语的反思。我们现在很多表述,包括话语、语汇,都是"夹生饭",比如"艺术"、"民族"啊,很多是从西方取道日本然后转过来的。就是近代国家衰落后,我们只看到历史上很多不平等条约,却没有发现我们的很多文化表述事实上也是在"不平等"的背景下舶来的,未及自觉的辨析、梳理,成为"夹生饭"。今天是我们反思西方话语表述最好的时候,包括我们的大学是不是培养属于中国自己的学生,孔夫子的教学体制去到了哪里?孔子是"教育先师",这在联合国都有"注册",可是他的教育传承在哪里?在我国现代的大学里有多少是他老人家的东西?我们都来不及去思考"西学东渐"、"东学西渐"的后果,表述便被强塞到我们的手里。就像我经常讲的例子"中华民族屹立在世界的东方",这两天奥运会,运动员得金牌,在冉冉升起五星红旗时,播音员旁白"中华民族屹立在世界的东方"。可是有谁想过,那是一个什么概念?中华民族就是世界的中心,"中国"就是世界的中心,什么时候,怎么跑到东方去啦?那是另一个"中心论"(欧洲中心)把我们挤兑到了"东方"。类似荒谬的概念我们都没有去反思。还有,中国学问和西方学问完全是两线的,我们因为曾经的崇洋,把西方的东西都接纳、变成自己的。我举一个例子,比如说 hospitality,我前段时间主持一个旅游人类学高峰论坛,主题是"Hospitality China",翻译成中文是"好客中国"。然而,彼"好客"非此"好客"。在我国传统中,"有朋自远方来不亦乐乎"是我们的原则,我称之为"元规则",只要读一下《尚书》、《礼记》之类的典籍便能明白。在甲骨文中"友"是两手交合朝同一方面，难怪《说文·又部》释："友，同志为友，从二又相交友也。"而西方的 hospitality 是两码事情，在香港及东南亚，hospitality 指接待业，而且 hospitality 与 hospital 同源，人出了问题要进医院，医院是专门救死扶伤的。事实上，西方的 hospitality 原来指对陌生人、危险的人甚至是敌对的人的处理态度，也有帮助那些无家可归、需要帮助的人的意思。德里达曾专门就这个词写了一本书，他说无条件的友好永远是没有的，hospitality 永远是有条件的、功利的、提防的。在古希腊与罗马的城邦制度里，把城外的人（为什么要修城啊）、外面的人，当成 hospitality 的对象，对待外人和陌生人我要用友好的方式，但事实上是在提防你，它也可以翻译成"友好"。同样的"好客"，中西方迥异。我们现在太多地去读洋文，洋文的意思反而把我们中国的本意给遮蔽了。所以我觉得文化表述在今天确实值得我们反思。

第二重，对汉民族话语的反思。我刚从热贡回来。热贡进入了联合国的非遗，同时也是中国政府最早的第一批（四个）文化生态保护区之一。热贡艺术主要以唐卡为核心。唐卡是什么呢？唐卡是藏传佛教的一种绘画。在此，我先给大家讲一个亲身经历。有一天，当地的文化局长接待我，我问他为什么要用热贡"艺术"？他说这是上面决定的。我说"艺术"原本是先从西方取道日本来到中国的。我说你们藏族有自己的"艺术"概念吗？他说有啊。我问这个艺术和现在我们讲的"艺术"是不是相同啊？他说不完全一样，他说"吉则"，它有自己的分类和意思，藏族大学者更登群培对此做了64 种分类，而更登群培的这 64 分类主要指性爱艺术，其主要来自《印度爱经》。这个例子告诉我们，藏族是有艺术的概念，那为什么一定要用"艺术"呢？另外，我们所知的"唐卡"（佛教的一种特殊的绘画工艺和形式）有其独特的分类体系，与所谓的"工巧明"有关。"工巧明"是藏族空间五明之一，即"内明、因明、声明、医方明、工巧明"，大体相当于手工技艺范畴。这些例子不仅涉及西方的话语问题，也涉及汉文化话语。我曾经看过许多少数民族博物馆，如藏族、蒙古族，他们有自己的年代，但从来都以诸如唐代、宋代、元代等来进行年代"换算"，难道就不能完全使用自己的吗？这种话语在很大程度上遮蔽了少数民族自我言说的权力和能力，这就是我们经常讲的那个表述。所以我觉得许多的东西值得反思。

第三重，那是纵向的、历时性的反思。"西学东渐"以来，我们把西方的东西看得太重，忘掉了自己历史的这条线，现在很多词，特别是现在一些没文化的小部分年轻人在网络上讲一些莫名其妙的话，这些表述是完全没有文化的根，你要去查一下我们中国自己的根在哪儿。举一个例子，"格物致知"大家都很熟悉,"格"字,风格的"格",去查一下甲骨文、金文,它有多少重意思,有度量、到达、宣告("通天地"的意思)、祭祀等,甚至还形成了"格学"。《尚书》中出现了大量的"格"字,我们只有把这些意思弄清楚之后,再来理解"格物致知"的概念,你这样就会明白中国文化是多么的博大精深。所以,我觉得中国人要到自己的历史空间去找自己的"元表述",了解其原意和延伸意义之间的关系。

第四个面向,是对"写文化"(Writing culture)的反思。事实上"书写文化"被提出来以后,给了我们一个很大的反思空间,也就是说,非writing 的东西、被遮蔽的东西,重新被焕发了生命力。我们可以想一下,为什么口传文化,口述传统(Oral tradition)在今天会这么受重视。这不是因为民俗学、民族学有什么了不起,其实民俗学早就在讲 Oral tradition,只不过民俗学这学科长期不被重视。现代为什么很多表述可以名正言顺地站在舞台上,除了口述以外,身体表达、绘画表达、音声表达、记事表达、行动表达,非常非常多,都走到了表述的前台,我想这些都与对"写文化"话语权力的反思有关。今天那个书写"上帝"被拉下了殿堂,其他的东西才翻身做主人,包括非物质文化遗产中的很多东西都属于非书写的东西。

叶舒宪:彭兆荣老师把表述问题具体化了,四个面向都很重要,里边说到一个"元话语"的问题,人类学家做的很多原住民的(话语研究),现在变成国际通用语,像什么图腾,原来就是一个族群的东西。进入每一个本土文化,去寻找"元话语",这是一个反思清理的工作,同时也是一个符号与媒介的问题,就是"元话语"究竟是口语的还是文字的?这里边涉及符号表述的问题,所以接下来请符号学家赵毅衡教授发表高见。

文化表述与人类学研究本质追问

赵毅衡

大家好！我是外行啊，如果外行来说就不太好，但是有时想想外行可能会说出一点怪事儿。这个世界上第一号外行就是那个说皇帝穿什么衣服的小孩儿，那是绝对外行，他不外行怎么会说出这话。我想问这么一个问题，人类学究竟是研究什么的。我问这个话呢，没有任何看不起人类学的意思，我恰恰最看重人类学。

我一直在想一个问题："符号学究竟是研究什么的。"西方叫做"Semiotics is the Study of Signs"，"符号学就是研究符号的"，这个话翻译成中文，绝对不负责任，但是所有的西方教科书都是这一条。到底符号是什么东西，西方有个学者写了几千字关于符号的定义，他最后说了一句，符号学有必要说清楚符号是什么吗，没有，为什么呢？因为物理学到现在没说清物体是什么，化学到现在没说清物质是什么，生物学到现在没说清生命是什么，心理学到现在没说清心灵是什么，那么符号学凭什么要说清楚符号是什么呢？这个话呢，应该说，是对的，又是错的，错在哪儿呢？符号学既然是研究意义是什么，那么要把意义是什么说清楚。

想一想，为什么符号学要提出这个问题呢？应该首先说明，符号是意义的携带者，任何的意义必须是靠符号来携带，没有符号携带不了任何的意义。今天讲"文化表述"，这个是非常对的，因为我认为如果文化不能表述的话就不是文化，同样，这个意义如果没有符号携带的话就不是意义，不可能有直接的方式表达任何意义，那么进一步问：意义究竟是什么呢？意义就是被另外一个符号所解释的潜力……

徐新建：什么？

赵毅衡：一种潜力。

徐新建：那就是一种还需要继续解释的存在？

赵毅衡：潜力就是可能性，符号的解释是永远没有底的，你可以用一个英文词来解释一个中文词，但这个英文词还需要解释；你可以用另外一个概念来解释文化，但是这个概念还是需要解释，这才是我们研究的符号的生命力之所在，因为如果知道了这个意义，就说明这个问题可以解决掉，那么，这个学科也就不存在了。所以我就来质疑，人类学到底是研究什么？

关于"文化表述"。文化，我的概念，文化是所有社会相关的意义活动的总集合，这是我从（20世纪）80年代开始形成的一个想法。全世界有几百个关于文化的定义，所以我这个定义没人理睬，但是呢，我自己理睬，为什么呢，我做符号学（研究）的，符号学研究意义，符号学就是意义之前，那么文化是什么呢，文化是一个社会相关的表意活动的总集合。什么叫"相关"呢？就是一个小孩儿，他刚在哭，那个时候叫"相关"，那不是一个文化的表达，但是当他进入社会以后，要吃要喝，对这个抱怨那个抱怨的时候，那个时候他就已经开始进入文化了，必须用文化的标准来解释他，不能用生物的、动物的本能来解释。

文化需要表述，不能表述就没有文化，这话追问一步，就是如果有同一个表述方法，那是同一个文化吗，这也是刚才彭老师说的，少数民族讲自己的时期，必须注明它与中原王朝相对应的朝代，它就需要同一个表述体系，以求进入同一个文化，这个同一个表述体系，我们称为"元语言"。

拥有同一个元语言的是同一个文化。因为我们中华民族有的东西是跟全世界不通用的，有的还要重新协调，那么不是每一个问题下都表现出同一个文化的"元语言"，在这种情况下，是不是我们可以说对每一个问题，文化的范围是不一样的呢？那文化岂不是原子化了，原子化到一定的程度，那每个问题就又散开去，归结到刚刚的问题：人类学究竟是研究什么的？

叶舒宪：根据你给的定义，文化就是所有意指现象的集合，是吧？

赵毅衡：社会相关意指的集合。

叶舒宪：你自称不是人类学的，但你跟人类学无师自通啊！原来人类学是做文化的、科学的，研究人类发展普遍规律的，到（20世纪）60年代，一拨人就认为文化就是研究意义和符号的，文化就是符号、象征等构成的意义之网，和你说的这个，只是措词不一样。

叶舒宪：这也表明人类学研究的一个转向，原来人类学就是调查自然规律，是研究自然科学、生命科学的。下面我们请著名历史人类学家王明珂教授从他的个体研究经历，边缘和中心的结合进行讲述，这是一个非常好的示例。

文化遗产 研究

"文本"与"情境"对应下的文化表述

王明珂

我不敢自称是历史人类学家,如果要自称历史学家可能又有历史学家反对,当然我更不愿自称人类学家。所以刚刚赵老师的问题,我不能从人类学的角度来回答。但是据我的了解,在人类学之中,每一代的人类学者,或即使同一代的人类学者,也有彼此不同的观点。刚刚赵老师提的问题非常对:人类学的研究对象是"文化",然而,究竟什么是文化?人类学一直想解决这个问题。但是近些年人类学似乎陷入低潮,主要原因是,新一代人类学家把他们的前辈给解构了。我觉得,这反而是人类学最精彩的地方。它对本学科的方法、理论经常有非常深刻的反思。我在上个世纪80年代、90年代所学的那些人类学必读课程,现在许多大学人类学的教学里都没有了。

回到今天的选题,我还是从我实际的田野经验来说明先前我们提到的一个问题。我很乐意来参加这个会,而且,我对于文化表述或叙事的问题特别感兴趣,这是因为我很多年一直想写一本书。这本书,一方面是回答别人经常问我的问题:我们如何以你的方法来进行研究,且相信所得结论是对的?这对我而言是一更深层的问题。我要问自己,为何我相信自己研究所得、所认知的是对的?所以,近六七年来当我在写一些基于田野与文献的新作时,我同时也在写另外一本关于历史记忆与文本分析或叙事分析的书。有些学生及朋友已知道,在2008年这本书便已完成了80%,但到现在还是一样——因为在写作中,我不断追问自己一些很难回答的问题。

我为什么会对"历史叙事"感兴趣,对我来讲这个是非常实际的。1994年、1995年我开始进入羌族地区。我1992年的博士论文几乎是解构了羌族。我认为汉文献里面的羌族,从甲骨文中的羌一直到汉代的西羌,表现的是当时商人或后来华夏心目中的一个异族概念,而不是真的有一个民族在那绵长的时间以及广大空间之中。那个年代非常流行一种理论,认为民族是在近代被建构出来的概念。1995年,我正式进入羌族地区进行田野,几乎没到两三天,那个问题就似乎已经得到解决——很多羌族老一辈的人告诉我,过去他们从来就没有听过"羌"的这个名称,以前从来没听过。如果我就此接受"近代民族建构论"的话,那么我就可以回去;我可以很得意地跟大家讲,那理论是对的,当代羌族是被建构出来的。但是,后来我在这做了十年的田野调查,每年的寒、暑假都到羌族地区。此时,我主要问一个更基本的问题:当他们不知道他们是羌族之前,他们到底是怎样的一个族群或民族,是什么样的历史记忆支持这样的一个认同,以及他们跟邻近人群间的区分。

多年来,慢慢地,我在许多羌族山沟中发现一种"历史"。他们所讲的这种口述历史有一种模式,那就是,若一个沟里面有三个寨子,问起这条沟里人是怎么来的,人们就说,从前有三个弟兄到这里来,老大到上寨,老二到二寨,老三到三寨……如果这条沟跟旁边的五条沟关系很密切,六条沟的人构成更大的人群,你问他们,这六条沟的人们是咋个来的,他们就说,从前有六个兄弟到这里来……我开始注意到这个现象。我的田野,也与一般人类学者的田野不一样,我采用的是一个移动的田野,从 differences 中去找寻意义。我的方法是,利用 text(文本)跟 context(情境)的对应关系。也就是说,我到一个比较汉化的地区(情境)进行田野,收集到一种弟兄祖先故事(文本),包括他特定的符号与结构变化。当我将田野移到比较藏化的地区时,我得到另一些弟兄祖先故事,他的结构跟符号与前者有了些变化。便如此,我在差异中探索文本与情境间的关系。当然,我也跟一般人类学家一样,进行一些诸如生产方式、婚姻与亲属关系等等的民族志调查,这是对情境的研究。但不同的是,我以文本来验证及修正自己所得的民族志知识。在取得历史记忆文本时,我不相信自己的 memory,所以当他们讲那些"历史"的时候,我都是将它们录音起来,然后把那些录音转化成文字。我用汉语进行访谈,对于羌族来讲,汉语几乎就是他们的母语,很多羌族人都不会羌语。在这种田野情况下,我开始思考一些历史事实、历史叙事的问题。而且,很明显的,他们的历史叙事有个结构,那个结构就是"历史"都从最早的几个兄弟开始。

由此,我反思,为什么我们觉得这个"历史"如此奇特。这让我思考,我们所有所谓文明世界的人所相信的"历史"都是起源于一个英雄,如亚伯拉罕、成吉思汗,或者黄帝、檀君,都是这样的英雄。我再从中国的历史文献里面,分析历史文献里面的文本。我举一个例子,跟巴蜀有关,最早的巴蜀方志《华阳国志》里面讲到当地历史,说是黄帝之子娶蜀山氏之女,生子高阳,然后高阳做了皇帝,"封其支庶于蜀"。这是说,蜀人统治家族的祖先是黄帝,但他们又是黄帝主干家族的一个边缘分支。《华阳国志》里面又有另一个记载。它说，"《洛书》曰：人皇有兄弟九人，治九州岛，人皇居中州，制八辅"。"辅"指边缘的地方。然后，这文本称，人皇的一个兄弟被封于巴蜀，所以巴蜀古帝王家族的祖先与中原的帝王家族为"弟兄"。大家想想看，其实这个"历史"与前面提及的弟兄祖先历史一样，它们都是一种历史心性下的产物，我称此种历史心性为弟兄祖先历史心性。值得注意的是，在《华阳国志》书写年代的巴蜀，此种历史心性已在消失之中，相关的"历史"被认为是神话。注意看那文本符号"《洛书》曰"，汉代人说"《洛书》曰"，表示他们认为其内容极不可靠。

　　后来我写了一篇文章，提到反思性研究。反思性研究在西方有很多不同的定义，其中有一个就是 self—reference，就是将自己作为一个参照。那篇文章的主题是《惊人考古发现的历史知识考古》。我讨论的是三星堆文化，但我强调的不是又发现了一个中国古文明源头，而是为什么当真实的历史出土时我们会感到如此惊讶。我们的惊讶代表一种认知断裂——我们认为在这么早的时期，蜀地不可能有如此高的文明存在。因此我们要问的是，这种知识理性是从什么时候开始出现的。我在此研究中，仍是透过文本分析，来解读汉晋蜀人写的一些本地历史。比如，《蜀王本纪》，我们可以看到写下这些作品的古蜀作者如何把本地"蚕丛"的历史遥远化，变成神话，并最后切断汉晋蜀人与古人之间的关系。近年来我一直在努力进行这本书的写作，根据我的田野经验，根据我对史料的阅读，来进行这本关于文本分析的著作。这本书写得很慢，是因为我要注意在相关主题、相关学科上西方学者们已有的意见与论述，如此才能与之对话、辩驳。

文化即表述

徐新建

我还是按照设计的程序讲。对话之前先陈述自己的观点。首先讲两个例子，一个是伦敦奥运会和北京奥运会的开幕式，一个是"好莱坞"的电影生产。

2012年伦敦奥运会开幕式由电视转播之后，引起中国观众的不少联想和议论。其中之一便是将它与四年前的北京奥运会开幕式做比较，思考彼此在文化表述上的同和异。我觉得可以将北京奥运会开幕式看做伦敦开幕式的"前文本"，就是说后者的创作团体多半会把北京奥运会开幕式当作一种对照，要么由此超越，要么与之对比。这两个影响全球媒体的"表述事件"跟我们今天的对话主题紧密关联。从文学人类学的眼光来看，北京和伦敦的开闭幕式乃至整个奥运会的运作和转播本身，都可以视为族群、国家及世界性的文化表述。更有意思的是这些此起彼伏的表述看似无关，实质是相互呼应，构成了整体性的全球话语，需要看到彼此间的内在联系方可予以解读。

以由开闭幕式展示的文化表述来看，伦敦即是北京的对照或延伸。一个体现不列颠的守成，一个突出大中华的崛起。伦敦的主题富有诗意和幻想，叫做"奇幻之岛"（Isles of Wonder），内容由"三部曲"组成，分别是"田园牧歌"、"工业黑幕"和"未来世界"。这三部曲的呈现，一方面试图呈现和回答不列颠及欧洲工业强国自己的问题，另一方面也在呼应并（试图）回答北京的问题、东方的问题、发展中国家的问题乃至世界的问题。总之，通过主创者们的精心构思，伦敦的奥运舞台呈现了暗含将东西方并置同时又体现彼此各不相同的二元世界。

可见，如今通过竞争在世界各国游走的现代奥运会——尤其是它的开、闭幕式，向我们揭示出一个重大的学理及现实问题，就是过去由"文学"（literature）理论所限定的所谓小说、诗歌和散文、戏剧等部类，已不足以涵盖人类应有的表述领域，就连内涵与外延都日益渐宽的"文学性"的概念也难以回应当前的文化表述问题。面对这些强大挑战，我们的学科、观念和分析工具都不够用，必须突围。这就是我认为人类"表述危机"的第一种现象，即以往的理论和工具均已跟不上现状。

如果以这样的方式来审视当下的世界电影，不难发现在中国与西方，比如美国的"好莱坞"之间也存在着类似于"奥运会开闭幕式"那样的多重差异，同样值得从文化表述角度加以对照分析。记得在中国大陆使劲推广自己的主流影片《孔子》时，院线里正遭遇"好莱坞"大片《阿凡达》的热映。两相比较，一个还在力图使先秦诸子"国族化"（然后"国际化"），一个已开始焦虑人类危机和星球未来。也就是说，一边在坚持文化的"族群表达"与"国家叙事"，一边在呈现"世界叙事"或"人类表述"。

类似的事例很多，与此相关的比较还可无限延伸下去。在这里我想强调的是，应当看到由于全球化的联通及媒介的推进，如今的人类已被裹挟到了一个整体相关的表述世界里。因此，"表述的世界"和"世界的表述"，已成为人类学的根本问题。如果对此没有清醒的眼光和准确的判断，我们的所谓研究乃至现实的生存都将会面临难解的疑惑和问题。

在这前提下，我想提出自己的一些新看法。时间有限，这里只能概述其中的要点。

第一，在人类各族群、各思想全面相遇的今天，表述已成为跨边界的基本问题，同时更面临日益加深的诸多危机。其中最主要的表现是，人们在表述的本意上已不知如何表述，或者说在实现沟通的意义上已无法表述。现实生活中，看似表述的言说和交流，正走向不是自说自话就是全盘抵牾的困境。

第二，"文化表述"的提出可以说是对人类自身文化的一种观察、认知以及阐释和反思，在此基础上的思想汇集，又构成了各种各样、可称为不同话语式的"表述文化"。

第三，文化在本质上就是一种表述。作为人类世界的创造物，文化的特征之一就是意义外显，也就是把自我的特征和意义加以揭示，通过表述，坐实意义。于是人类的存在方式便体现为互为依存的两面，内在和外显。二者并联，则又体现为循环抵达的过程。

在此意义上，人可称为表述的动物。表述的作用在于使人的生命得以立，也就是得到由内及外、由我及他的展现。古今各地的人类通过表述呈现自我、观照彼此，并借助表述完善自知、抵达超越。

从表述的视点出发，文化可称为人类的心性言说，及其导致的自然人化。

第四，从学术研究的角度来说，讨论表述问题需要关注三点：（1）表述的主体，（2）表述的对象，（3）表述的目的和方式。换成问题的话，即：为何表述？为谁表述？用什么来表述？

在这个意义上，我们不能悬空地建立新的理论，而应在原有的知识基础上完善、补充和超越，需要进行深入的反思和追问。比如说"文"、"史"、"哲"的分类，是一种表述的结合体，它相对应的表述意义就是"真"、"善"、"美"，但这样的表述显然不够。在今天，我们还会关注美术、音乐、博物馆、运动会，还有身体、心性等，都可以包含在这个表述体系里面。

除此之外，我们的讨论还应与人类既有的其他理论言说有所承继，形成对话，比如福柯的《词与物》、德里达的《语言和文字》以及人类学家杰克·古迪对于关于书写与口语彼此关联和对照的论述①。回到汉语的经典文献，则还有古代关于言与义、形和神以及像和道等范畴的阐释。这些论述都讨论的文化和表述问题。我们不应离开他们，另起炉灶，自言自说，建构一个新的系统，而是要回溯这些经典；只是在回溯的时候，既考虑东西之别，又要超越民族边界。

叶舒宪："文化表述"这个选题是新建兄提出来的，所以他不管是书面准备的，还是即兴表达的，应该说都阐述得非常全面。我接着再补充一点，"文化表述"的问题实际上是一种文化政治，今天的文化研究和传统的文学批评、文学欣赏的重大区别就是文化政治的问题。文化研究起源于英国工人阶级聚居的地方，从曼彻斯特到伯明翰这一带产生的话语，不同于牛津、剑桥这些贵族传统的、代表神学地位的学院话语，所以，工人阶级提出的文化关键词、文化与社会，基本上都带有英国左翼知识分子的色彩。今天所说的文化研究其实也是与文化人类学密切相关的，因为"Culture"一词就是从文化人类学里引申出来的，只不过其所关注和批判的是当代社会，而不是原住民和原始人，这个文化政治问题，在过去的文学理论中并没有提过。举个例子，南海的一些岛被取名为"三沙市"，虽然不管叫什么，岛还是那些岛，但在这个表述后面的意义是不简单的。表述的权力是谁赋予的？今天社会都在抢这个"符号权"。茅台酒能不能用"国酒茅台"来表述，如今也成了问题。法兰克福学派曾尖锐地批判这种符号的暴力，符号本身是有暴力，因为人是语言的动物，比如你不用真刀真枪，用一句语言就能逼得人上吊，所以，表述的背后涉及所有人与人、人与神之间的关系。从历史上来看，谁有

---

① 参见杰克·古迪《书写和口述之间的接合点》（The Interface Between the Written and the Oral），剑桥大学出版社，1987年。

权力表述？最高政权的统治者。按照《尚书·禹贡》的说法，我们今天叫的"九州"或是"神州"，这个叫"河"，那个叫"洛"，这些都是大禹说的，是谓"随山刊木"、"主名山川"。这位被我们奉为华夏文明中央政权的第一位功臣——大禹，他的族属在哪里，很多历史记录都说"大禹出西羌"——为何一个西羌之子成为塑造华夏族的祖先，这种表述从何而来？在甲骨文中，西羌是商朝最大的敌人，而之前关于大禹的表述几乎没有。今天了解的大禹是2000多年前孔子时代记录的产物，2000多年前的人记录4000多年前的事，那可信度有多少呢？史料中"大禹出西羌"的表述从何而来？羌文化又如何表述为后来的汉文化？或者说先进入中原的羌人被表述成"汉人"？那如何从人类学的角度解决这个问题呢？就像牟老师说的"找元话语"，怎么找？唯一的办法就是寻找本土文化特殊性的说法。

通过求真的话语把"表述"和"被表述"的问题深化，这也是文学人类学非常具有穿透力的一种理论工具。徐老师说到2012年伦敦奥运会开幕式以北京奥运会开幕式为前文本，那在这之前还有2004年希腊雅典奥运会，那次奥运会开幕式就是一个希腊神话的再现，体现了一种文化认同的符号。北京奥运会同样也是，这是一次文化表述的绝好机会，据说全球70亿人有40亿人在看（直播和转播），但是一个斐济岛的居民能辨别开幕式上的"孔门教学"的场景是真的历史再现，还是导演设计的戏剧吗？所以徐老师说"文化就是表述"，我要加一个，文化是表述以后再表述、再再表述，不断被表述，被改变了的表述。表述多了怎么办？一位人类学家说得好，神话讲第一遍的时候是神话，神话讲第二遍的时候是传说，神话讲第三遍的时候就成了历史。所以，"表述"与"再表述"的区别是非常微妙的，我们不承认有什么纯粹客观的历史，因为所有的历史都是由某个权力集团的执笔人书写表述出来的，你让他站在一个联合国大法官的立场上去书写一次战争，这可能吗？因此，所有的历史都是对那个客观发生事件的 representation。表述的背后是文化政治，作为人类学者，难道我们就任由历史变成一个"被打扮的新娘"吗？当我们发现历史是被创造的时候，我们就要放弃对原相的寻找吗？我们有没有责任去揭露那些"伪表述"？我们怎么样用求真的办法去找"元话语"？我们怎么样用所学的知识和法律公正性去尽量排除"伪表述"，发掘那些被遮蔽的、被埋没的、或者曾经发挥过重大历史意义的"真表述"？这就是我在这里做出的总结。

学者对话

王明珂：对于从"文化表述"层面看待遗产流失的问题，我稍微表达一下我的看法。我的看法比较悲观。语言是跟它被使用的情境有关：如某种社会情境一直在流失的话，那么母语的保存就很困难。但是从另外一个角度来讲，母语保存也有乐观的一面：从人类学习语言来讲，如果早点学习的话，一个人学习四五种语言没有什么问题。另一方面，我们也要注意何者为"民族语言"的问题，在中国，许多民族并没有统一的语言。比如，我认识的一些藏族知识分子，他们都非常热心于争取母语教学，但我提醒他们，统一的藏语教学与统一藏语的推广，会让上百种的藏区语言流失。

彭兆荣：我倒认为方言和非遗没有那么直接的关系，我相信方言总的来说不会丢失，我们在座的每一个人都操着不同方言的普通话，都带有方言，你出生在那块土地上，你就讲那个语言，根本就忘不掉，像我现在，普通话就讲不好，那是与生俱来的东西，不是一个非遗运动可以解决的。至于国家要不要强制性地去推广普通话，那是必须的，你必须只有一个官方语言，你讲得好不好没关系，但要有一个可以进行公共交流的语言，但那并不意味方言会因此丢失。二者并不存在必然的逻辑关系。所以我认为两个东西都是合理的。至于说有一些小语种丢失了，丢了也没关系啊，还会新生出别的语言来；语言本身就是一个自然流传的东西，有些有用的便流传下来，没有人再使用的就遗失，其实今天也正在出现一些新的语种、语言、语用。有些是物竞天择，像达尔文的进化论。

王明珂：说到口述的历史，我认为至少有三种。一是名人、重要人物的口述历史，这样的口述历史只是为主流历史添些枝节之末的知识，由于是从重要人物的口述里摘取你所需要的"真实过去"，所以不需要全文录写。第二种口述历史，是为了弥补被主流历史遗忘的声音，主要是原住民、少数民族、劳工、妇女的口述，在这样的口述历史呈现中，注意不要修饰他们的用词表述，注重他们特别词汇的使用。第三种口述历史，是从口述中分析一个人的认同情境，如此，我们把口述当成一种文本，自然需要口述内容的全文才能分析里面的时间、空间符号等等。

徐新建：回到刚刚提到的方言问题，方言相对应的是国语，那就相当于"方志"跟"国史"。我们没有追究它，是因为觉得无可奈何，但是要追究起来，这个问题的两面性就清楚了：无可奈何的是现实社会，但追究的是学理社会。学理层面和现实层面是有同构关系的，同时也有一种分离的关系。其实学术，在某种意义上就是做无可奈何的事情。但是它在真理的面向上是永恒的。而现实，那就是悲观的，这一点我觉得是很有意思的话题。

这个问题很大，谁规定这个就是国语？凭什么那一个就是方言？今天我们讲的官话就真的是最合理的吗？我觉得它语言的美不一定就能超过其他方言，比如粤语；而它的词汇的丰富和生动性，也不一定就胜过西南官话。但是由于西南官话被边缘化、被成为方言以后，才逐渐使它的持有人和使用者产生自卑感。

当然，从总的趋势来讲，再放大一点，就是世界语的问题。从全人类来讲，有没有必要用一种通用语，比如说联合国的官方语？现在还没有选，相对自然形成出来的是英语。但英语在成为世界流行语这个过程当中，也遭到了两种最强势的反抗：一个是法语，一个是汉语。所以，我觉得语言这个东西不能简单地用进化论去讲。

赵老师提到文化的定义，说从符号学意义上讲，文化是社会相关意义的集合。我同意。但从这里出发，我们说到文化的差异性和同一性的辨析。你提出如何认识一个文化及其边界，就是看它表意系统之间集合的一个有效性嘛，对它的一个共同的元话语。对吧？那么你的这个公式或者说你的理解，能不能具体地运用到现实的案例当中？比如唐卡能不能称为艺术？若能，为什么？若不能，又怎么办？我想提这个问题。

赵毅衡：如果用同一个元语言呢，就是同一个文化，比如说奥林匹克，有人说公平，我说不公平；他说不公平，我又觉得公平，这是运用了同一个原理，这是奥林匹克文化，这是可以解释的。你参加了，你要荣誉，你就参加了这样一种文化。再说唐卡是不是一种艺术，因为这个不属于我们的（艺术），我们无法说它是不是一种艺术，这是我们无法理解的艺术。

徐新建：那我再问一个问题，如果出现两套系统，其中一个可以称为艺术，彭老师挖掘出唐卡的自我表述，叫Jiza，我相信它是真实的，说是艺术也有可能，当两个放在一起的时候怎么办？用你的道理（解释）。

赵毅衡：这是两种不同的文化。

叶舒宪：照你这样说，那就无法交流是吧？严格地从符号学来讲，一个文化的粗浅层面最容易交流，该文化的精英独特的东西则难以向他者表达，甚至永远无法为外人道。

徐新建：那我再问一个问题，作为一个符号学家，如果遇到两种无法交流的文化怎么办？

赵毅衡：交给历史，历史会决定谁存留。估计人类学会挽救一部分，其他真的没办法。

徐新建：本次对话就到这里，谢谢大家！

文学、历史与人类学的跨界表述

——潘英海教授访谈录

主谈人:中国台湾暨南国际大学潘英海①

访谈人:罗安平、付海鸿②

题 记:2012年6月上旬,"中国文学人类学研究会第六届年会"在重庆召开,主题是文学、历史与人类学。潘英海教授应邀出席并作了有关台湾原住民族习俗记录研究的主题发言,同时接受了相关的专题访谈③。

潘英海教授在文化合成理论、族群研究(平埔族、畲族)、民俗知识、诠释人类学、知识人类学、数字文化与信息社会、物质文化研究等诸领域有大量著述,并担任"数字典藏国家型科技计划"生活与文化主题小组、人类学组召集人,行走于人类学的"学术"与"实践"间。

(说明:为节省篇幅,以下访谈内容里,主谈者简称为"潘",访谈人简称"问"。)

一、文学、历史、人类学:"三合一"的跨界书写

问:潘老师,您好!非常感谢您接受我们的专访。在会议发言中,您用人类学视角解读了《东番记》④,我们想请您讲一下文学与人类学的关系。

潘:真正讲起来,我不是研究文学人类学的。《东番记》刚好和我的研

---

① 潘英海:(1954—)美国奥立冈州立大学人类学博士(1982—1989),现任中国台湾暨南国际大学人类学研究所副教授兼所长,兼任该校原住民教育文化与生计发展中心主任等职。主要著述有《文化合成》、《区域研究的理论与实践》、《文化接触与国族、族群文化重构》、Rethinking Cultural Hybridity: Notes on the Ritual Process of Sirayan Worship、《马祖列岛发展文化观光产业的在地观点》、《族群意识与文化认同——以西拉雅族的正名运动为例》等。

② 罗安平:西南民族大学文学与新闻学院副教授,四川大学文学人类学博士生;付海鸿:重庆城市管理职业学院副教授,四川大学文学人类学博士生。

③ 本文已经潘英海教授审阅,题目为编者所加。

④ 《东番记》成于明末万历年间,时值1602年冬天,陈第所撰。

究有关，而且有些部分我已经写了十年。当年着手研究《东番记》，是因为我在做平埔族群史，刚好《东番记》写的是"安平"，那个地方是我主要研究的区域，《东番记》是第一部描述台湾的文献。在很多汉文的文献中，讲到的"台湾"其实都不是台湾。它们讲的空间、地理与人文都与现实对应不起来。在《东番记》里面，你一看就知道他讲的是台湾的哪个地点、哪个族群。而且从后来荷兰和清朝的文献里面，都有可以印证的记录。

《东番记》是我们研究台湾必读的一篇文章，也是很人类学的文章，是一个民族志，所以我要做一个人类学的解读了。我自己本身并不是做文学人类学的，但是我很有兴趣。大陆有几种著作，我都想关注，比如《西游记》、《三国演义》、《水浒传》等。包括像《山海经》，它们在中国文学与历史里面是比较重要的作品，以后有时间了，可以再来用人类学的方法解读。

问：潘老师，您将《东番记》看做是游记、历史文献与民族志。那么，您如何理解这三种文本之间的跨界问题呢？

潘：这三个东西呢，可以说是"三为一"或者"一为三"。因为在中国的传统里面，文、史、哲不分。关于"哲"呢，在德国的传统里面，人类学就是哲学的意思。讲人类学就是讲哲学，讲教育人类学就是讲教育哲学。在英美的人类学里面，看法是不一样的。文史哲在中国传统中本来就不分。

表面上看来，《东番记》是文学。陈第这个人很特别，他是一个淡泊名利的文人，他经常写了文章就烧掉，所以他留下来的文章不多。他也喜欢玩，主要是在福建、台湾一带玩。他也有他的癖好，作为文人，当时他认识了一些武将，比如戚继光、沈有容这一群人。加上他喜欢玩，所以他就比较熟悉人文地理。沈是当时福建海防部队的司令，本来这一块儿是戚继光管理的，因为戚继光当时被人陷害入狱，所以，后来沈就接替了戚继光的职务。当时，陈第跟着沈的船，有点像咨询顾问这样的身份。

之所以说陈第这个人特别，即在于他不是一个人类学家（当时还没有人类学家的概念）。但是，他的很多视野和看法，从他的文字里可以看出，是非常人类学的。第一个，他没有偏见。当时，他是把"东番"当作葛天之民呢。也就是说，有点像中国的亚邦。在中华帝国社会中的人，都没有他们幸福。当时，沿岸的渔民与倭寇用欺骗的手法与他们做生意，陈第担忧他们很快就会失去他们的纯朴。

当然这种担忧他只是在文章的最后写了一行。整个来说，他是很客观公正的。《东番记》整篇文章只有1438个字。我们今天可能五万字都写不出来，他只用了1438个字就把一篇民族志写完了，我觉得这个很难得。从今天来看，他比荷兰、西班牙时期对台湾原住民的描述都要有价值。当然这个价值是不同的。我觉得《东番记》的价值主要在于价值中立的立场。他没有用自己的观念去评断一个文化。但是，荷兰人是有的。当时荷兰的主要目的并不是要殖民台湾，而是要进入大陆。当时广州、福建这一带，清朝不让他们上来。于是，他们就跑到东南亚，刚好在雅加达。所以，东南亚有很多葡萄牙、西班牙人，因为当时哥伦布发现新大陆嘛，很多人从南美洲过来。

二、帝国的东番：异文化之书写

问：也就是说，当时的台湾，在那个时候处在与多个帝国的交往关系中。陈第的书写是明帝国汉人对台湾的书写。您也提到了这样的书写与荷兰人、西班牙人等的书写之间最主要的区别，请您就这个问题再详细谈谈吧。

潘：在这次提交的文章中，我没有比较他们的异同。其实，整个写下来，大概可以写一本书了。我有一本书的架构，可能要等一两年之后。

说到不同的书写，就要回顾各自与台湾的关系。

陈第是1602年到台湾的，西班牙人到台湾的时候是1624年，荷兰人到台湾是1638年。清朝后来将台湾收编入疆土是1682年（康熙二十三年）。

1602年的冬天，12月份，快过年前，冬天有海风，在一次与倭寇的决定性的战役中，陈第他们的20多艘船没有防御功能。幸好他们熟悉那一带的海域，还是顺利地赶走了倭寇。安平当时在台湾的地图上就是一个尖嘴的地方，在澎湖那带。在宋元时期，澎湖就有汉人往来，当时也有军队。从元代特别是宋代的时候，就有派驻军队，有点像预防海关走私一样。当时有数个巡警司，相当于一个警察哨。

台湾有一个很有名的曹永合先生研究明代的海洋史。据他估计，一直到明代，在台湾的汉人并不多，他估计有一万人（但我觉得多了，我觉得可能只有一两千人）。总之，在台湾的汉人不超过一万人。而且这一万人都不是常住的，只是随着季节变化到这里来捕鱼的，捕完鱼就回福建老家了。所以，台湾在那个时候，没有在帝国的脑海里。当时帝国的边疆一直是沿着陆地，到澎湖已经不错了。

我在会议上展示的那张图上，现在，台湾的西部是光秃秃的。但在以前，台湾90%以上是山，很多地方是灌木丛林。因为台湾是亚热带，有瘴气，所以没有人会在夏天闷热的气候中去那里。

15世纪末的时候，葡萄牙人经过台湾。他们经过台湾东部的花莲，也看不到人，就说："伊拉·福尔摩萨（Ihla Formosa）。"伊拉，就是岛屿的意思，福尔摩萨就是漂亮的意思。即：一个漂亮的岛。那个时候，原住民都居住在丛林里面，他们没有看到，就以为这个地方是一个无人岛。

其时，西班牙人在北边，荷兰人在南边。后来在1642年，西班牙人和荷兰人打了一仗，台湾就整个被让给了荷兰人。他们主要是来台湾淘金的，他们以为台湾有金矿，后来没有找到。所以说到15世纪末的时候，台湾就已经进入到国际的市场，包括南边的菲律宾。台湾有一个少数民族在东海岸一个叫南隅的地方，这个地方的雅美族是一个海洋民族，就是从菲律宾整个迁徙过来的，从巴干岛过来的。

当荷兰人到了东南亚之后，他们就在雅加达建立了基地。西班牙是在墨西哥建立的基地。在欧洲航海帝国的前殖民的时候，他们各自都有一个文书系统。比如说，在台湾的这个最高军官，每天写日记，写完后，每个月就送到雅加达。到了雅加达重新抄写，再送回到荷兰。西班牙的呢，是写完之后送到菲律宾，再从菲律宾送到墨西哥，再从墨西哥送到西班牙。目前是，西班牙有关台湾的记载有很多。荷兰更多，听说有一公里长的档案。后来台湾有人到那边去，整理了一些档案出版。我们现在是通过这些人的翻译去了解台湾的。

伴随着航海帝国们来的有两种人：商人与传教士。前面所述的文书系统主要是为了商业目的，这也是一个主要的官方系统。另外，传教士也要写。那个时候的教会，认为部落人都是未开化的野蛮人，所以就要改变他们。所以，他们的态度就和陈第不一样了。西班牙人和荷兰人的态度基本上相同，因为他们都是属于航海帝国，而且又是在同一个欧洲文化出来的，他们都是为了商业和改变"野蛮人"。

有关台湾原住民的文字记载，主要是清帝国、荷兰与西班牙。到1874年，刚好是在明治维新，日本改朝换代的时期，日本的很多武士流浪在社会中，有些人出来打拼，就是我们说的浪人倭寇。倭寇是蛮复杂的议题。一般认为倭寇主要关心钱财，没有什么文书系统，也没有看到相关的文字。

到了19世纪，很多人都想进入中国，又被挡在外面。所以台湾就变成一个缓冲地。当时在清帝国看来，台湾是可有可无，一个弹丸之小岛啊，没有也就算了。后来发生明治维新时的"牡丹事件"，是日本的一艘商船因为台风被搁浅了。搁浅靠岸之后，台湾山地的人因为与他们语言不通，就把全船的人杀了，结果有三个人被当地的汉族商人救走了。这几个人辗转到了大陆又从大陆回到日本，就把这件事情告诉了他们的长官，相当于市长。于是日本内部开始讨论，到底要不要出兵？因为当时清帝国在台湾的领地主要是在平原，而现在日本要攻打的是台湾山地的原住民，也就是说这不是你们的领土，所以要出兵。清帝国说：不对啊，外面的是我们的，当然里面的也是我们的了啊。

所以，清帝国从1875年就派了沈葆桢（当时的福建巡抚）、刘铭传到台湾，开始了台湾的现代化过程。沈葆桢是从福建监管台湾。刘铭传可以说是台湾的第一位省长。当时铁路啊、邮局，轮船啊等等就开始在台湾出现了。

可以说，在整个东南亚国家中，台湾的现代化非常早，仅次于日本的明治维新，几乎是同步进行的。因为当时台湾是边缘之地，反正慈禧也不知道，是李鸿章、刘铭传这类人在弄，所以台湾就比较没有束缚，发展很快。接着，因为《马关条约》，台湾被李鸿章出卖了。然后，日本就在刘铭传的基础上又往前走了，这是另外一段历史。日本当时是想要建立一个大东亚帝国，因此要找一个模范省，就找到了台湾。台湾成功之后，日本要将这个移到韩国，没有成功。有一些制度回到日本，也失败了。

所以，关于台湾地理、地形以及风俗习惯的资料，在当时已建置得非常完备，很多都是考古学家、人类学家在做这些资料，这些人替（日本）国家在做。有些人还从哈佛拿了人类学博士学位回来。所以，他们是有人类学的专业训练的，所以也带动了很多台湾的人去做人类学的调查研究。我认为这是东南亚最早的用人类学的方式做的调查了，而且非常有系统。我们现在来看的时候，都可以按口传的方式去看，隔了三四十年，口传都还能够与之吻合。

问：您提到日本与台湾的人类学的关系。其实关于鸟居龙藏做的台湾民族志的调查，我曾看到一位台湾的原住民学者孙大川先生写的《"鸟居龙藏特展"罪言》[1]，讲述了面对人类学家表述台湾时那种复杂矛盾的心情。您如何理解这样的心情呢？

潘：因为他要为国家服务嘛。我在讲田野工作课程的时候，我一定会警告学生，人类学这个学科不是一个好东西，它同时是一个魔鬼，它是一把刀的两刃。人类学其实一直是替殖民帝国服务的。就美国来讲，第二次世界大战，很多人类学者做了间谍，也有很多人去做了间谍之后回来读人类学的。几个早期的在（20世纪）三四十年代出名的人类学家很多都在军队服务过。

---

[1] 孙大川：《"鸟居龙藏"罪言》，参见中国民俗学网：http://www.chinesefolklore.org.cn/web/index.php?NewsID=3140。

所以，人类学在西方、日本来讲，都是一个国家要去侵略另外一个国家的知识武器。人类学一方面想要了解他人，这是好的。但是重点是，你了解了异己之后的目的是什么？为谁服务？所以，这个其实是蛮复杂的议题。

三、人类学：学习成长的学科

问：确实，人类学有其殖民工具的一面。其次，它还要面对自身的困惑。比如您也研究过马林诺夫斯基，您如何看待人们在他日记①公开后，对他日记与正式出版民族志之间的争论呢？

潘：这不是方法的问题，这是知识论的问题。所以，我是从知识论的角度来谈的。人类学有三个很重要的知识论支撑，其中一个是马林诺夫斯基20世纪20年代的《西太平洋的航海者》。所以，所有的人文社会科学基础都是来自于人类学，透过田野调查变成系统性的一些调查，所以它的研究方法是非常厉害的，很多学科都要用这个方法，这也就是为什么人类学可以和很多学科相通。有几个原因，其中就是因为它的田野工作的特殊性。

谈到田野与民族志的关系，这是我在教学生田野工作里面的第二个重点。我喜欢田野工作是因为它是人类学者拿自己当武器、当工具。在所有的人文社会科学里面，这是最公平的，等于这是用"我"来交换"你"。

简单来讲，我们在做田野工作的时候，因为我们要用自己当工具，因此我们要面对自己的成长的体现。所以我常常给学生讲，如果你要献身于人类学的工作，你要想清楚，愿不愿意不断的成长？因为人的不断成长也是一种痛苦，就像蛇每一年的蜕皮，你的人格要被不断地挑战与改变，不断地把自己重新打破，这是一个过程。

我觉得马林诺夫斯基的日记其实反映的就是这个状态。因为他在成长过程里面，很真实地表现了自己的情绪，他会有性幻想，会在那个日记里面骂他们是黑鬼、贪心、自私、小人、混蛋等。他会骂他们。马林诺夫斯基这个人，他的人格特征，用我们中国人的话来讲就是神经衰弱的人。他是数学、物理的双博士学位。你知道，即使是在现在，要拿到数学和物理的学位有多难啊。而且他的身体不好，以前的实验室不像现在有冷气啊，二十四小时要盯在实验室里，以前做研究太累了。所以他知道自己的身体不能够做自然科

---

① Malinowski. Bronnislaw：*A Diary in the Strict Sense of the Term*. [M]. New York：Harcourt, Brace&World, 1967.

学的研究，就去跟随 Wilhelm Wundt 做实验心理学家。结果他还是病倒了。他在床上读到了弗雷泽的《金枝》。其实《金枝》并不是一个好的人类学著作。人类学在理论上谈很多东西的时候，不会去用它。

问：既然您说《金枝》并不是一本"好的人类学著作"，它又何以能影响到马林诺夫斯基等众多的人类学者呢？

潘：《金枝》当然可以被研究了。但是不会把它当作人类学的知识体系来看。很重要的是，它写得很生动活泼。

问：您认为马林诺夫斯基只是被《金枝》的生动活泼吸引了？

潘：《金枝》里有很多异国的想象，马林诺夫斯基很感兴趣，于是他就跑去读第三个博士。跟着赛里格曼学人类学。那时候是第一次世界大战。在这之前，很少有田野工作超过两个月。那一次（1915—1917年），他带的盘缠没几个月就花光了。所以，他就打电报给他老师：老师，我的钱用完了，可不可以再汇一点钱给我？结果电报不通，也没有钱坐船。只有回小岛。他也不想和那些卖东西的白人混在一起。再加上他又多愁善感、忧郁，有女朋友又见不到面，所以，他就无聊地往小岛里面走，遇到了所谓部落的人，也就是土著，就跟着他们生活在一起，不知不觉就一年多了。

在这期间，他也就从中体会到了人类学的知识是什么。所以他就写《西太平洋上的航海者》的绪论，那是人类学田野工作的第一篇知识论述，是最重要的一篇。

四、民族志写作：人类学者的"生活美学"问题

问：您讲述的作为人类学者的成长过程与准备，这样的观点太好了。我们还想问一点民族志的问题，就是所谓"科学民族志"和"艺术民族志"，现在还有人提到"人类学之感"之类的构想。那您认为，在人类学写作中，"科学"与"艺术"的并置，这二者之间如何做到呢？

潘：可以啊。思考工作其实就可以看作是一种艺术。自然科学家只是把思考当作一个工具，可能没有思考的美感，所以思考对于他来讲，没有美学的问题，只有"真"的问题。人类学家在求知与认知的思考过程中，它有美学问题，不光是"真"，还有"善和美"的问题。也就是说，我们在思考的时候，因为我们要体验嘛，因此就会有身体的感受。身体的感受就是美学啊。但是做科学研究的没有美学感受，他只有脑袋啊。或者可以说，他的美感和我们的不一样。所以，人类学的田野工作整个就是一个生活美学嘛。

文化遗产 研究

关于这个生活美学,我常常给学生讲,你写民族志啊,其实你就是一个导演。人类学的导演和文学家不一样的就是,文学家可以去想象、创造人物、事件和情节。人类学家不可以创造,他要凭田野中当下的敏感度,把某些情景记下来,到后面(写作的时候)重新编排。这就是导演。比如说,在这个部落里面有100个人,那你要选谁来做主角呢,你要写什么主题呢?就是我们讲的问题意识嘛。你选定了,你就要安排谁是主角,谁是配角。

但是,如果你在田野的当下没有注意到,没有敏感度,你到后面就写不出来。我把这个叫作 anthropological sensitivity(人类学的敏感度)。你们都应该看过流心写的《自我的他性》①一书,是典型的诠释人类学,第一章《尼桑之舞》里记录了他在车里面跟着领导去赴一个约会。他只是在车里面听到领导与另外一个企业的老板约吃饭的对话,他没有见过对方,他只是听到这边的应答,他就立刻把这个写下来,这个就叫敏感度。你事先怎么会知道他会在车子里面讲这通电话呢?但是,他就有这个敏感度:咦!这个议题很有趣哦。这个就是敏感度,所以你当时要把它记录下来。你现场不能够录音,起码拿个笔记下来。这个就是敏感度,敏感度是一个艺术的东西呢。

问:那您认为,"人类学感"或"敏感度"能不能通过培养得来呢?

潘:敏感度也不是灵感,也是靠经验、知识、生活以及各方面的积累,但是最重要的是你必须要去思考。你在做田野的时候,你要和你看到的资料对话,要能够问,要能够对话。你们会不会对话?你们有没有到过庙里求过菩萨?怎么求?你们知不知道呢?我们做学问就像是求神,你要懂得怎么问。

我曾经在不止一个庙里面,也不止观察过一个人,一看就是整个上午、整个下午,就是看他们怎么求神。我当时在新竹,那是我回台湾之后的第一个田野。有的人可能两三下求完就走了,有的人一跪着问菩萨达两三个钟头。我那时在新竹做这个田野,就住在那个人家里,他姓林,我问他问题。我说:你刚刚和神灵讲些什么话?怎么会那么久?我看有些人几分钟就走了。他就说:我刚刚就问了什么,问了什么。首先,他只要面对什么神,就会讲出神的名字。所以,第一个你要搞清楚神的名字。其次,一定要知道这个神有什么功能等等,这个知识很重要。然后,因为来求菩萨的人这么多啊,你要告诉菩萨你是谁啊,你是哪一年出生的,住在哪里,还要告诉他你

---

① 流心《自我的他性:当代中国的自我系谱》,常姝译,上海人民出版社,2005年。

今天要问的是什么事情。如果你连你要问什么都讲不清楚，神怎么帮你啊？

所以，其实，求神的过程有很多作用：第一个就是自己思绪理清的过程，就是认知自己的过程，认识自己的疑问与问题所在。就像我们写论文，不懂得问自己，这个论文怎么写啊？同时你要有一套地方的知识体系。你要了解这个神，你要懂得怎么去问，要烧什么香，拜什么水果，你还愿要怎么还，而且还不能不还，等等，它是一套知识体系。神当然灵了，为什么不灵？就像我们写论文的过程，有些论文很精彩，有些论文就很平淡。有些人就会问：你到底要问什么问题啊？

我们做研究的就很知道，把问题意识写清楚是最困难的。每一年在弄硕博论文的时候，最累的就是和学生谈问题意识。写了十万字，你到底要写什么啊？很多人搞不清楚，就是把资料堆砌起来，让人家知道你有多辛苦。但是学问又不是靠辛苦。你要做一个演出，你就要变成一个导演；你要变成一个神巫，你要审美，你要进入到那个状况，你要懂得怎么样去沟通，怎么样去表达，对不对？那这个不是艺术吗？这个是表演艺术。此外，人类学的关键词除了这两个，还有一个叫"变魔术"，magic, ethnographer's magic，借用马林诺夫斯基的概念来说，我们的魔术就是要将田野透过文字变到我们的读者面前。

五、结　语

潘英海老师在访谈中，还谈到了自身的学术经历与人生感悟，但是因为时间关系，要去参加文学人类学年会设置的"大传统与小传统"的圆桌会议，因而此问题没有得到充分展开。我们希望今后能有机会再采访到他，为我们带来更多心得与启示。

参考文献

[1] 潘英海：《〈东番记〉：一个人类学的解读》，2012年中国文学人类学研究会第六届年会会议论文手册。

[2] B. Malinowski．：*A Diary in the Strict Sense of the Term*．New York：Harcourt, Brace&World, 1967.

[3] 周婉窈：《陈第〈东番记〉：十七世纪初台湾西南地区的实地调查报告》，《故宫文物月刊》2003年第1期，第22—45页。

后　记

转眼又是一年。

2011年《文化遗产研究》创刊号自面向各界公开发行之后，得到了海内外众多学者以及关心中国遗产事业的有识之士的大力支持。无论是赞誉还是批评，无论是积极的建议还是激烈的论争，都让参与本刊策划与编辑工作的整个团队感受到了肩上的重任。

从创刊至今，我们的宗旨——打造国内文化遗产研究领域的高品质学术平台，未曾改变。2012年，我们继续在四川大学"985工程"文化遗产与文化互动创新基地的大力支持下，坚持以理论与实践相结合为导向、探索前沿理论问题，为推动中国的遗产事业发展尽一份力量。

本期在进行栏目选题策划时，一个凸显的特色即是重视从多角度展现"遗产"在中国"多元一体"文化语境中所可能呈现出的复杂态势。其中不仅涉及多族群的文化传统——汉族、满族、维吾尔族、彝族乃至于台湾原住民族群的传统；也展现了传统作为"遗产"在当下所呈现的多种存在样态——包括文学创作、历史书写、学科史与历史遗迹等等。此外，本期的另一个特色是尝试围绕一个遗产对象和议题进行设计，以期从多维度形成作者与文本间的互文与对话。比如本期中的"个案专题"栏目就围绕中国传统文化的经典案例"易经遗产"进行组稿，由来自台湾和大陆的学者所撰写的精彩文章，折射出"八卦"文化在汉族文化传统与少数民族地区——尤其是其在新疆边陲之地与西南彝文化中的吸纳、对话与传承。此外，对田野实证调查方法的重视，以及对各种学术交流对话活动中现场交锋感的全面呈现也显示出本刊所秉持的开放多元的学术旨趣。

刊物付梓之后，我们并未感到丝毫轻松。紧接下来，便是对读者反馈与各方意见与建议的收集与整理。衷心希望各界不吝批评。每一位读者的关注和批评，都将是我们继续前行的鞭策与动力！

编者
2012年12月1日